社 政 文 典

本书受到国家社会科学基金一般项目"网络化时代的社会认同分化与整合机制研究"（批准号：13BSH036）资助

集体认同建构与现代性的多元呈现

—项社会学的考察

姚德薇◎著

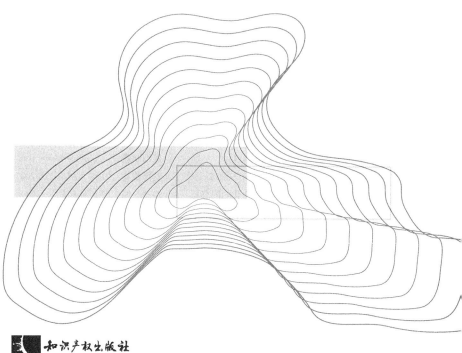

知识产权出版社

全国百佳图书出版单位

—北 京—

图书在版编目（CIP）数据

集体认同建构与现代性的多元呈现：一项社会学的考察/姚德薇著. —北京：知识产权出版社，2022.1

ISBN 978 - 7 - 5130 - 7907 - 5

Ⅰ.①集… Ⅱ.①姚… Ⅲ.①社会学—研究 Ⅳ.①C91

中国版本图书馆 CIP 数据核字（2021）第 278912 号

责任编辑：江宜玲　　　　　　　　　责任校对：谷　洋
封面设计：杨杨工作室·张冀　　　　责任印制：孙婷婷

集体认同建构与现代性的多元呈现

——一项社会学的考察

姚德薇　著

出版发行：知识产权出版社 有限责任公司	网　　址：http：//www.ipph.cn
社　　址：北京市海淀区气象路 50 号院	邮　　编：100081
责编电话：010 - 82000860 转 8339	责编邮箱：jiangyiling@cnipr.com
发行电话：010 - 82000860 转 8101/8102	发行传真：010 - 82000893/82005070/82000270
印　　刷：北京九州迅驰传媒文化有限公司	经　　销：各大网上书店、新华书店及相关专业书店
开　　本：720mm×1000mm　1/16	印　　张：17
版　　次：2022 年 1 月第 1 版	印　　次：2022 年 1 月第 1 次印刷
字　　数：278 千字	定　　价：88.00 元

ISBN 978 - 7 - 5130 - 7907 - 5

谨以此书纪念我的导师郑杭生先生

序

　　自 1987 年 9 月 14 日北京计算机应用技术研究所发出中国第一封电子邮件以来，中国网络社会已经有三十多年的发展历史。时至 2021 年 6 月，中国网民规模达 10.11 亿，互联网普及率达 71.6%。虽然直到现在还有人习惯性地把网络社会称为虚拟社会，但几乎谁也不能否认，网络社会已经无处不在。无论是个体信息交流，还是群体沟通互动；无论是政府行政管理，还是企业市场交易，社会生活的每一个角落、每一种层面，都已难以找到与网络行为无关的社会活动。

　　特别是在"新冠"疫情严重蔓延期间，很多地区或城市为了防控疫情而对地方空间采取了阻隔措施，家庭之外的面对面交往难以进行，而网络交往却变得异常活跃。人们通过网络交往沟通疫情中生成的各种心态，了解疫情蔓延和防治的政策与措施，评论疫情中各地发生的事件和问题。政府机构、社区和防疫部门也纷纷利用微博、微信同广大居民开展关于疫情的信息沟通和防疫指导。这些事实都充分地显示了网络交往已经成为普遍展开且十分便利的交往方式。

　　交往是社会的展开形式，是动态的社会联系方式，而当网络交往成为最活跃的基本交往方式之后，当代社会也就呈现了传统社会所不具有的崭新形式。当代社会学不应仅仅固守于传统社会学关于地方空间中的个体交往、群体交往和社区交往的视野之中，而应当高度重视对网络交往的研究，深入研究网络交往的表现形式、联系方式、交往过程、交往资质、话语沟通、观念共识、矛盾分歧等，因为这些都与传统的社会交往有着许多不同的形式、内容和特点。同时，社会学还应当把网络交往同地方交往联系起来研究。实际的交往过程中，人们已经很熟练地把地方交往同网络交往紧密联系起来进行了。

网络技术的广泛应用和网络社会的大规模崛起，使人类社会形成了一种新型的经验基础。经验是身体经历和心理体验的统一，传统社会学论述的经验主要是在特定场域中形成的、以身体经历为主的局部经验或地方经验。而在网络技术支持的网络空间中，人们通过信息交流形成了以心理体验为主的网络经验。虽然网络经验主要是通过对信息的接受、交流、感知和理解等心理过程形成的，但同时视觉、听觉甚至动觉等身体活动也在发生，同心理活动过程一起汇集到网络经验之中。因此，网络经验不仅是心理体验，同时还包含了身体经历。

这是网络技术推动当代社会发生的一个具有基础性的变化。人类社会是通过各种经验活动形成的，无论是社会的群体组织形式，还是复杂多变的矛盾关系，以及人类创造的各种资源财富，都只有通过经验活动才能成为现实。农业社会和工业社会的主要经验活动是物质生产活动，而物质生产活动一定要通过身体行动才能进行，因此，身体经历意义上的经验就具有了不可否认的基础地位，传统学术讨论的经验也主要是指身体的经历。但是，到了网络技术推动的信息化、数字化和智能化时代，虽然物质生产仍然具有基础地位，但这个基础离不开数字、信息、网络等技术的作用，而在使用这些技术时形成的网络经验也就具有了基础地位。

从经验事实出发，开展面向实际的经验研究，这是很多社会学家为社会学研究认定的基本原则和学科特点。在网络技术广泛应用的当代，网络经验已经成为人类社会的基本经验，亦即成为网络化条件下的新经验基础。因此，社会学研究不应该仅以传统社会的局部经验、地方经验或场域经验为基础，还应当承认和坚持网络经验在当代社会生活中的基础地位，在超越了地方空间的网络经验中发现和回答社会问题。另外，还应注意的问题是，网络经验是可以传递的流动经验，它可以通过信息沟通和网络交往而把某地的网络经验快速地在网络空间传播，使异地网民尽管没有亲身经历也可以形成深刻的心理体验和身体感受。因此，一些波及范围较广的网络群体事件，通常是以网络经验的传递效应为基础的。

网络经验的传递性引起了社会生活的高度不确定性。同其他社会科学一样，在不确定性中追求确定性，是传统学术研究的基本取向。但这种追求在网络信息化条件下遭遇了尖锐挑战。在传统社会也存在大量难以应对的不确定性，但一个基本事实是，农田、手工工具、机器和工业生产线，都是具有稳定性、确定性的生产资料，它们从根本上规定了农业社会和工业社会的相对确定性。而网络信息社会最重要的生产对象是信息，最先进的生产工具是由数字技术支持的计算机、移动通信和互联网，它们从根本上规定了当代社会的高度不确定性。

信息的本质特征和生命活力是不断地更新，信息不更新就失去了传递和交流的意义，而且不更新却仍然被传递的信息就变成了噪声。数字技术为了发挥信息更新的本质活力而不断地提升传递速度，以致可以极速传递持续更新的海量信息。无论何种层面、何种领域的行为与思维，都是在接受和处理了某种信息而后进行的。当人们面对快速更新且极速传递的海量信息时，人们的心理活动和社会行为通常会处于复杂变化和焦虑选择之中，社会的不确定性也就不可避免地被放大或强化。

基于这种变化，社会学研究不应再像传统社会学那样单纯地追求制度规定性和秩序确定性，而应在无法避免的不确定性中探寻形成新社会秩序的方式与途径。一方面，应当通过对网络信息社会的深入调查，明确揭示不确定性是数字技术支持的网络社会的本质特征，并且应当清楚地阐明，正确地对待和利用不确定性，可以增强社会活力、支持社会发展，不能坚持消除不确定性的简单立场。另一方面，对有可能带来社会风险的不确定性，不能沿用工业社会甚至农业社会的做法，即单纯利用制度规定、纪律约束而试图实行精细化的社会管理，使不确定性得到严格抑制。事实上，这种不符合网络信息社会本性的做法，不仅不能消除不确定性，相反会产生风险更大的人为不确定性。应对网络社会高度不确定性最有效的途径是促进社会认同的形成。与传统社会的自我认同相比，网络化时代的社会认同已经发生了深刻的变化，而最重要的变化是从自我认同转变为群体认同，从归属性认同转变为社会评价。在网络交流与网络行动中的群体认同是群体信任乃至社会信任的基础，基于网络认同、网络经验形成的社会信任，是应对网络社会不确定性和网络社会风险的最有效社会支撑。

由于网络社会的缺场交往、空间分化、传递经验、权力重构和不确定性等一系列复杂而深刻的变化，并滋生了很多难以化解的社会矛盾和社会风险，因此，如何有效促进、培育和维护社会认同，已经成为稳定社会秩序、构建社会和谐、激发社会活力、优化社会治理的重大时代课题。姚德薇博士的新著《集体认同建构与现代性的多元呈现：一项社会学的考察》，对新形势下的社会认同问题做了深入的探讨，其所论社会问题和思想观点，对于进一步开展社会认同研究，具有一定的启发性。相信这部著作有助于从事相关问题研究的学者开展更深入的研究，产出更重要的学术成果。

刘少杰

2021 年 10 月 2 日于北京世纪城时雨园

自 序

　　现代性（modernity）是一个具有高度概括性和抽象性的词汇，它不像我们熟悉的"现代化""现代社会"等词，可以使人容易地联想到发达的科学技术、便捷的城市生活和建立在工业发展基础上的社会制度和价值规范。现代性一词在某种意义上是"小众"的，它频繁出现的场合多半是在哲学、文学、艺术及社会学理论的领域中，被用来描述现代社会与众不同（最主要是与过去几千年的农耕或畜牧社会相比）的那些品质、气质，或者是人们希望的、想要追求的那些品质、气质和状态，关于社会生活的、关于文化审美的、关于精神反思的，等等；但有的时候，现代性则用来表达完全相反的态度，对现代生活的厌倦和否定。现代性像是一根线，前端连着"前现代性"（也可称之为传统性），后面连着"后现代性"（或可视为未来反叛的趋势）。资本主义、工业主义、理性化、启蒙主义、政治平等、言论自由、西方中心主义，都有可能是现代性的所指之一。从康德到海德格尔，从马克思到哈贝马斯，从波德莱尔到福柯，现代性沿着思想家们的心灵触角，仿佛绵延不断的时间和光耀不停的太阳，一直伸达现代社会世界的方方面面。

　　现代性不仅是社会物质面貌和精神气质的改变，它还是社会心理状态的改变。"作为一个现代人"不止是生活环境和时空的限定，更是存在的根本性变化：一个人需要去"确认"自己是谁，以便获得归属感和意义来源。那些束缚人们才华展现的等级制度、那些抑制人们真情流露的清规戒律、那些周而复始循环往复的耕作景象，像娩出婴儿的胞衣、像包裹胚芽的种壳儿一样被抛弃掉，人们获得了"自由"！可是，诸神离去后，茫茫人海中，谁来定义荣耀、不朽、伟大？人生的北斗星位于何方？马克思早在 1848 年就敏锐地看到，在这种现代社会里，"一切等级的和固定的东西都烟消云散了，一切神圣的东西都被亵渎了"。❶ 人们只能凭借自身的努力建构对自我和生活的意义理解，认同的不断建构便成为现代性的独特状态。无意义感、衰败感、碎裂感成为人们抹不去的体验，现代性的后果内在地表现为认同的全面危机。当现代性的规划逐步实现时，现代社会自身的合法性却受到威胁。现代社会在个人与群体及社会的互构中、在不同社会模式各异的集体认同建构中，形成多元现代性的形貌。

作为一名早年在哲学领域浸润的社会学人，我对现代社会的理论兴趣自然地归到对现代性的关注上，而在进一步思考现代性的时候，就越来越被吸引到社会认同上来了。安东尼·吉登斯在《现代性的后果》《现代性与自我认同》中对现代性与传统的"断裂"、现代性的不确定性风险造成的"沉重的自我"的探测，查尔斯·泰勒在《现代性之隐忧》《自我的根源——现代认同的形成》中对现代性"气质"和前景的反思、对现代认同命运的逆溯，都使得认同问题浮出思维的深渊。此后，如何应对社会认同的挑战、走向"更有共识的社会"成为学术界常议常新的话题。我的导师郑杭生先生主编的《中国人民大学中国社会发展研究报告 2009》❷，特以社会认同为主题，把世界性的"人类困境"与我国社会建设面临的本土矛盾结合起来，赋予社会认同在多元开放时代价值重塑的使命，这也启发了我进一步探究现代性与社会认同逻辑关联的思路。

本书梳理了社会理论中的现代性研究，反思了其中存在的二元思维和单向思维，提出现代性建构的内在尺度观；同时爬梳了认同概念在社会科学中的研究史，将社会认同危机在现代社会的全面出现视为现代性建构的必然结果。由于社会认同是一个具有较大概括性的词汇，出于避免歧义和具体研究的需要，本书使用了与之接近的"集体认同"一词，以免除"社会认同"中所含有的文化认同、政治认同、民族认同等专门领域的内涵，专心强调社会认同中较为抽象的"集体性"一面。书中选择和分析了农民工阶层和女权运动，用农民工阶层的认同建构说明现代性在中国的特殊性一面，用女权运动对性别认同的

---

❶ 卡尔·马克思，弗里德里希·恩格斯. 马克思恩格斯文集：第二卷 [M]. 北京：人民出版社，2009：34－35.

❷ 郑杭生. 中国人民大学中国社会发展研究报告 2009 [M]. 北京：中国人民大学出版社，2009.

建构说明现代性的普遍性一面。最后，本书对中国现代性建构及其中集体认同的多样化进行了探讨。

　　本书的基本框架是我的博士论文，是一位在社会学园地耕耘十多年的社会学人对现代社会世界、当代中国社会转型的经验观察和理论思考。博士毕业后，繁忙的工作使得书稿出版的计划一拖再拖，而日新月异的现实生活又源源不断地提供可资充实的新经验、新思考。近十余年来，社会认同不仅在学术界成为引人关注的议题，同时也成为公众和媒体讨论的主题之一。快速普及的互联网更是推进了人们对社会认同危机的认识，一批基于互联网社会交往的认同研究纷纷涌现。尽管如此，本书所尝试的连接现代性与社会认同的理论研究似乎还没有过时，其中主要的结论并没有单独发表过，这也是我鼓起勇气动念出版的原因。为保持原稿体系的完整性，本书仅小幅更新了资料数据、调整了格式规范。作者仍然愿意持书中主要立场与读者对话，欲使当初立下的议题保有生命力；又或者可以说，作者通过本书实现与过去对话、与自己对话。

　　本书付梓之际，要感谢知识产权出版社的江宜玲女士，她的耐心协调和沟通是本书得以顺利付印的重要保障。同时要感谢国家社会科学基金的资助，以及我所在的安徽大学社会与政治学院的大力支持。某虽不才，愿抛砖引玉，以盼同道佳作。

姚德薇
2021 年 3 月 29 日于合肥世贸翡翠首府

目　录

导　论

一、论域选择及意义

（一）认同理论：考察现代性的新视野

20 世纪中晚期以来，随着人类世界互动的日益深入和现实生活中各种关系的复杂化，对人类具体事务的考察层面和关注角度也越发增多。例如，在具体手段上，心理学家发展出多种精心设计的实验以显现人类行为中最不可捉摸的心理因素，经济学家建立不同层次的模型试图概括杂乱无章的经济行为所遵循的规律，政治学家、社会学家通过符合数学原理的量表与问卷收集民意、预测前景。在解释话语上，心理学有社会学习理论、社会认知理论等多个流派，经济学有新自由主义、制度经济学等不同见解，哲学中也涌现出分析哲学、语言哲学、后现代哲学等多种话语模式，社会学内更是理论纷呈，如符号互动论、常人方法学、新功能主义等。可见，社会科学各领域里"百家争鸣"，各学科内部"百花齐放"。这种局面尽管有点令人眼花缭乱，但我们仍然能够从中辨识统摄各类研究的基础因素，那就是以"现代性"为标志的现代社会世界。虽然现代世界并不是新近诞生的，历史学家已经推断它的寿命至少有 4 个多世纪（从 17 世纪算起），然而我们还是生活在"现代"之中，与其说现代世界已经很老了，不如说现代性是不断成长的。在相当大的程度上，我们仍然依赖现代世界最初秉承的那些信念、准则和思维逻辑，我们既在接受和丰富现代性，又在改变和创造现代性，现代世界物质生活的发展史，同时也是人类精神世界认识现代性的历史和人类自身的成长史。

与其他学科相比，社会学与现代性关联更为密切。这不仅因为英国社会学家吉登斯在有关社会理论和社会学理论的著名区分中提出"社会学的主要研究领域是现代性出现以来所产生的社会世界"，而社会理论则"涉及人类行为、社会制度及其相互联系的所有领域"，❶还因为社会学的崛起和繁荣只是现代世界里的事件，而且几乎所有的社会学话语都是围绕着如何理解现代性及其带来的影响而展开的。吉登斯指出，"现代性就其内在的特征而言，本身就具有社会学的性质"。❷自启蒙运动以来，社会科学更加密切地蕴涵于社会实践中，在社会科学内部，社会学又比其他学科更能系统地说明现代社会的现象，社会学的概念、方法和视角不断向其他社会科学内扩散是不争的事实。因此，将社会学理论的核心话语界定为现代性问题，应当可以得到普遍的认可。我们也可以从社会学发展的各个阶段中寻求印证。在古典社会学理论时期，马克思对资本主义生产方式的关注、涂尔干对社会分工的功能分析、韦伯有关社会各领域理性化的整理，都是对现代性内涵的诠释。在现代社会学发展阶段，帕森斯主导的结构功能主义确立了基于欧美资本主义现实的、以现代化目标为范本的现代性设计。其后，以社会冲突理论为代表的各种"反帕森斯"理论所做的努力，总体上也可视为对"帕森斯式"❸现代性的修改与补充。晚近以来，社会学随着人类社会生活的深刻变革进入当代发展阶段。在这一时期，学术界对现代性的认识出现重大分歧。一类观点认为当代现代性是"高度现代性"（high modernity）、"晚期现代性"（late modernity）、"流动现代性"（fluent modernity，liquied modernity）、"反思现代性"（reflective modernity）等，以吉登斯、哈贝马斯、鲍曼、布迪厄等为代表；另一类观点认为当代社会已经不是所谓的现代社会，而是后现代社会，在此人们发现之前孜孜以求的、确信不疑的一切，不过是极度的偏执与自我欺骗，因此需要用"后现代性"对现代性进行解构，全面批判现代性对人的身心造成的束缚与伤害，这类思潮以福柯、利奥塔、布希亚等人为代表。尽管存在上述分歧，我们还是可以找出

❶　安东尼·吉登斯. 社会理论与现代社会学［M］. 文军，赵勇，译. 北京：社会科学文献出版社，2003：2.

❷　文军. 西方社会学理论：经典传统与当代转向［M］. 上海：上海人民出版社，2006：17.

❸　"帕森斯式"现代性的典型特点，是以美国为范本的现代性。

它们的共同之处，即两类不同话语体系的核心仍然围绕着现代性问题而展开。现代性是当前人类生存的基本性质状态，各种议题都关涉到对现代性所做出的理解。

在现代性的研究方面，已有的文献可谓是汗牛充栋，几乎所有的社会科学学科都力图把自己学科领域受到的现代性影响进行彻底的阐明。哲学更是对现代性问题情有独钟，从对现代性的词源学考证、概念辨析，❶ 到现代性可能有的各种特征、内涵与暗藏的玄机、理性与现代性的关系等，都无一遗漏地揭示或批判，20 世纪的哲学史留下现代性研究的浓墨重彩。与哲学有着天然亲近关系的社会学，也在其基础上致力于挖掘现代性对人类社会制度、生活方式等各个面向的实际影响。然而，学科分割过细也造成视野狭窄和山头主义的毛病，经济学、人类学、历史学、社会学、社会心理学各学科依循各自的逻辑演进，以至于自说自话，互不理睬，仿佛它们面对的是彼此完全陌生的世界。经济全球化时代的到来一方面加剧了这种"非真实"语境的困境，另一方面也带来打破困境的契机。学科间出现相互借鉴和接纳的动向，学科内不同思想家的话语也渐渐集中到一些共同的主题上来。在当代社会理论家中，吉登斯、哈贝马斯、鲍曼、布迪厄、贝克等人的理论逐渐归于现代性的全球化、不确定性、实践性、风险性等有关现代性研究的新共识上。进而，面对发达国家和发展中国家所出现的新情况、新趋势，"现代性反思"浮出水面，如何统观把握现代性又成为新的难题。针对世界多元化力量角逐的现实，美国社会学家艾森斯塔特提出"多元现代性"（multiple modernities）概念，新儒家学者杜维明则提出建设"儒家现代性"（confucian modernity）的主张，❷ 詹姆逊（一译詹明信）提出"单数现代性"以强调英美现代性模式的影响和支配性地位，❸ 国内社会学家郑杭生等从继承中国优秀传统文化的角度提出"新型现代性"。❹ 一时间，经典的现代性（或抽象的现代性）遭遇了"地域性"命名这一似乎难以破解的困惑。

其实，困惑往往起于执迷局中。不如我们暂时离开现代性的地方性发展问

---

❶ 谢立中. "现代性"及其相关概念词义辨析［J］. 北京大学学报，2001（5）.
❷ 孔浩烽. 从"早期现代性"、"多元现代性"到"儒家现代性"［J］. 读书，2002（4）.
❸ 李世涛. 现代性视域中的中国问题——詹姆逊与中国现代性道路的选择［J］. 东南学术，2005（5）.
❹ 郑杭生. 新型现代性及其在中国的前景［J］. 学术月刊，2006（2）.

题，去思考另一个同样重要的问题：现代性是怎样成为现代世界的基本性质的？换言之，就是现代性给现代世界带来了怎样的后果？大致上，我们可以从现代性引起现代社会运作的基本理念、模式的转变等宏观层面，以及现代性对社会中个人的思维、心理、态度的影响等微观的层面去加以思考。当我们做具体考察的时候，发现有许多相互竞争的理论模型能够给出或此或彼的回答。其中，认同理论（或社会认同理论）提供了考察现代性的新视野。主要的理由如下。

首先，它不但回答了上述第二个问题，阐明现代性引发的新问题与后果，而且也为第一个问题的破解提供了很好的切入点。以认同理论为主导，现代性的地方性发展困惑也会豁然开朗。虽然在认同理论的研究中也存在哲学、文化、心理学、社会学、政治学等多学科多领域探讨的纷杂现象，但是这些不仅不会成为运用认同理论的障碍，反而显示出认同理论广泛的解释力。例如，对个人和群体心理归属感的探讨发现了基于认同的群际行为理论；对民族、文化的深层研究形成民族认同、文化认同以及区域认同、国家认同等用以说明较大范围社会现象的概念；对于社会变革中出现的新事物研究而形成的诸如阶层认同、失地农民与农民工的身份建构等新认识；针对社会发展的和谐诉求而提出的社会认同概念；等等。只要我们能从中抓住契合于社会学的视角，紧扣其与现代性的相互建构，还是可以发挥其理论解释的独特优越性的。

其次，以认同理论的视角为主分析现代性，符合现代性研究中重视批判与反思的共识作风。在现代性反思中尤以揭露社会理性化带来的偏差为重，这充分表现在以法兰克福学派为代表的社会批判理论中，以及致力于全面解构理性现代性的后现代思潮里。布迪厄的关系论或实践论社会学、吉登斯对实践意识的强调、新制度主义对感性选择和感性秩序的重视，都表明在当代社会学中出现一种"限制理性、提升感性的感性论转向新趋势"。❶ 无论理论的层面有多少，其所指涉的现实只能有一个，人们常会发出"生活是一团麻"的感叹，宏大理论必须面向"一团麻似的"生活世界才能焕发生机。认同理论所做的工作不是将这"一团麻"分类斩断研究，而是寻找它得以形成线条、互相缠绕攀附的原因与动力。

最后，认同理论（或社会认同理论）由于认真地面对现代性在经济全球

---

❶ 刘少杰. 当代社会学的理性化反省与感性论转向 [J]. 中国人民大学学报, 2008 (3).

化进程中不断引发冲突与调解的现实，而触及现代性的主体性性质。即是说，现代性在当代发展中所呈现出的不确定性、实践性、风险性等特点，实际上反映了现代性的主体性：现代性依赖于各主体在理解（其结果是形成相应的认同）的基础上，借助各种外在的表象去设定自己、表现自己、认同自己的新创造；然而不同认同理念之间的冲突、行动后果的非预期性、因此导致的总体行为的目标不明性等一系列因素的叠加，最终造就了我们如今感受到的现代性。认同理论是侧重动态机制与形成过程的一种建构理论，它给予人的实践经验情境以应有的重视，因而能够较为充分地揭示现代性的主体性性质。经由认同理论，现代性的内在机理将会得到全面会通和判断。

（二）连接具体研究与概括理论的一个尝试

在社会学领域里，长期以来形成的经验研究与理论研究相分离的倾向并没有得到根本解决。一方面，经验研究如雨后春笋般不断涌现，对各种数据获取的技术手段的运用和依赖也日益加强；然而，繁荣背后却难掩缺乏理论视野而造成的意义和深度的缺失，出现明显的理论滞后现象。其表现是："大量的经验研究缺乏深入的理论思考或明确的理论前提，以致许多课题重复开展，缺乏学术的积累性和递进性。"❶ 另一方面，理论研究遭受"非社会学研究"的质疑，没有受到充分的关注，已有的一些研究也存在由于不能敏锐把握现实的脉动，简单挪用西方实证社会学理论而缺乏说服力的问题。这种分离倾向既反映了社会学实证主义思潮的强大影响，也体现了社会学研究的内在张力。无论主张哪种研究都有失当之处。解决离心力的关键在于跳出"非此即彼"的圈套，树立"亦此亦彼"的辩证思维。实际上，经验性和理论性是社会学的辩证性内涵之一，它与其他几对关系——科学性与价值性、建设性与批判性、传统性与现代性、本土性与国际性——共同构成成熟的社会学研究所应具备的基本理念。❷

造成经验研究与理论研究相互脱离的原因中，固然有中国社会学自身发展

---

❶　刘少杰. 中国社会调查的理论前提 [J]. 社会学研究，2000（2）.

❷　郑杭生. 改革开放 30 年：日趋成熟的中国社会学——有关中国社会学发展全局的几个重大问题 [J]. 江苏社会科学，2008（3）.

的曲折性和受到西方社会学范式的影响因素（社会学学科首先在西方确立，实证社会学又是西方社会学的第一个形态，至今仍有强大的影响），也因为经验研究和理论研究常在不同的范围和研究层次上确立研究单位、使用基本术语。作为理论研究基础的经验研究常面向更为具体的生活现实，使用一些内涵精确、外延较小的术语，以便于对所关注议题有精确的描述，研究层次多为微观的和中观的。例如，"对广州市城郊失地农民生存现状的调查研究"，或"安徽省近年来农民工子女教育问题研究"就是典型的经验研究。而理论研究作为经验研究的基础或指导，其对术语的要求往往强调概括性和广泛适用性，所关注的层面更深、更宏观。从上面的例子来看，对失地农民问题的出现和解决，需要放在中国社会快速转型进程中去理解，并着眼于建立对弱势群体利益的基本保障、培育新型市民等方面的考虑指导解决方案。这些内容又是单纯个案研究中无法归纳或推论出的结论。类似这样的矛盾在实际研究中随处可见。经验研究与理论研究的这种矛盾也显示出不同研究层次的相对独立性。长期致力于贯通宏、微观研究的美国社会学家布劳，以"交换结构论"著称于世，却在后期认为，宏观社会学与微观社会学是对立的理论视角，因为微观社会学研究社会关系的内在动力，强调社会过程及其对社会关系的影响；宏观社会学则研究社会限制与机会对社会关系的影响，即偏重社会结构及其对社会学的影响。[❶] 虽说布劳的观点代表了陷于传统二元论的理论家的困惑，但是这并不是某个人的一时糊涂所致，而是长期困扰人类心灵的思维模式使然。

20 世纪 70 年代以来，随着社会建构论在"科学知识社会学"（Sociology of Scientific Knowledge，SSK）[❷] 和社会心理学研究中的兴起，人与生活世界相互建构或构型（constructions or configurations）的思想在社会科学中广泛扩散。受这一思潮影响，各种突破二元论思维局限，尝试重建综合性社会理论的努力增多。吉登斯的结构化理论和布迪厄的实践社会学集中体现了社会学研究中的建构主义取向。这种取向认为对社会现实的解释同时也意味着不断建构新的社会事实。现代性的问题也是处于不断地被建构之中。吉登斯在其著作中既分析

❶ 彼特·布劳. 不平等和异质性 [M]. 王春光，谢圣赞，译. 北京：中国社会科学出版社，1991：8.

❷ 苏国勋. 社会学与社会建构论 [J]. 国外社会科学，2002（1）.

了现代性的"制度丛"特点，又讨论了现代性对个人自我及亲密关系的影响，但是对于现代性与自我认同的互动问题，理论演绎多于经验探讨，至于生活在具体情境下的个人是怎样在周遭辨认、怀疑、建构认同的，也是语焉不详。换言之，吉登斯的理论仍然是高度概括性的，不太关注具体的细节，这使其理论的具体运用受到限制。此外，吉登斯所指的现代性及其全球化的表现是以西方现代性为基调的，未重视发展中国家的历史和现实与之的差异。因此，在理解现代性的复杂性问题上，我们还需要新的概念和思路，而兴起于社会心理学研究的社会认同理论，则提供了很好的启发。

由泰费尔和特纳等提出的社会认同理论，是有关群体间行为的新解释。该理论认为，个体对群体的认同是群体行为的基础，个体通过社会分类、社会比较和积极区分原则建立社会认同。❶ 社会认同理论通过群体实验室实验研究，揭示了群际行为的内在心理机制，在群体偏见和种族问题等领域得到广泛应用。它给我们的启示是：对社会现象的分析既要从大趋势上进行概括和定位，又要针对具体情境做"在地的"（local）研究，使外部的结构因素与主观的认同差异结合起来，以便产生有效的应对方案。在现实中有一个常见的悖论是：一方面，理论家们忙于绘制现代社会的抽象画；另一方面，决策者们疲于应付层出不穷的"现代"问题——其中有些问题是由之前的决策引起的。这种情况迫切需要结合具体研究与概括理论来加以改变，使理论研究面向社会实践的逻辑，使具体决策能够区分轻重缓急按步骤进行。

认同表面上看来是个人的主观意向，实际上却是以群体认同为基础的，多元的群体认同之间的复杂勾连既反映了多元的利益关系，也牵扯着情感、文化领域自有的解释逻辑，它们推动形成现代社会的多样态面貌，形成"各种"现代性。多样态展现的面貌虽各个有别，却又有某种"家族相似性"（family resembalance），认同研究是揭开"家族相似性"秘密的很好路径。当前我国理论界的认同研究在一些具体领域已经展开，虽然有关研究尚未形成系统，但是对国家认同、文化认同、族群认同、区域认同以及社会身份认同的研究表明，认同研究有助于认识我国在社会加速转型期间所经历的巨变，是连接具体研究与概括理论的有益尝试。

---

❶ 张莹瑞，佐斌. 社会认同理论及其发展 [J]. 心理科学进展，2006，14 (3).

由于认同广泛存在于不同层次与大小的集体，选取适当的研究单位非常重要。鉴于自我认同过于侧重个人心理机制，难以表达结构与制度的制约性，民族认同等概念又显空泛庞大，不足以反映生活世界的现实，本书以集体或社会认同为单位。"集体"可在小群体范围内使用，也可在扩展的意义上延伸至职业、阶层等领域使用而不致引起误解，扩展意义上的"集体"是构成民族或国家的实在成分。因此，集体认同连接宏观、中观、微观的各层次，弥合现代性研究的领域分裂。从集体认同的特征、成分、建构模式的差异考察现代性，可以综合以往现代性研究中偏重于经济、社会分工或社会理性化等维度的分裂视域，力求完整地呈现多元现代性的事实。

(三) 探讨集体认同与多元现代性关系的现实意义

经过改革开放 40 多年的发展，中国社会在发展经济、改善民生、建设民主、促进开放、增强国力等方面取得了举世瞩目的成就，成为国际社会具有影响力的大国，也为中华民族的伟大复兴奠定了良好的基础。在全球化浪潮日益席卷全世界的力量裹挟之下，中国的社会转型实践出现了许多新情况，表现为"经济体制深刻变革，社会结构深刻变动，利益格局深刻调整，思想观念深刻变化"❶，如果处理不当很容易引发社会矛盾和社会动荡。中国社会如何保持和谐发展、增进社会进步？"中国模式"或"中国经验"是否具有长期效应以及普遍推广的可能？等等问题都指向对社会实践的再认识。通过调查研究和理论提炼，构建中国的现代性，实现中国社会发展的"范式转换"，是学术界面临的紧迫任务。

在中国社会发展的关键时期，对中国社会转型、变迁方向的把握至关重要。探讨集体认同与多元现代性的关系，就是要从理论上阐明现代性在成长过程中的多元化。对中国社会转型的性质必须保持理论上的清醒认识，它不是转向西方式的资本主义制度（姑且不论是否存在纯粹的资本主义模式），不是某种非此即彼的理解，而只能理解为中国现代性的成长。中国现代性不同于西方现代性，也有别于亚洲其他国家的现代性，它就是它自身。用不适合的词语去

---

❶ 中共中央关于构建社会主义和谐社会若干重大问题的决定 [EB/OL]. [2006 – 10 – 11]. http：//www. gov. cn/govweb/gongbao/content/2006/content_453176. htm.

描述无异于画蛇添足，弄巧成拙。例如，汉语中的"包子"到了英语中被译成 steamed stuffed bun（s）——"蒸熟的有填充物的甜面包"，相信熟悉包子的中国人都会对这一叫法感到愕然。此物之所以是此物，彼物之所以为彼物，应从二者的特性差异去探源，而不是以一物命名另一物。西方的、东方的、其他地方的现代性，其形成与作用的机理不会完全一样，我们希望借助富有弹性的集体认同概念去加以挖掘和解释。

集体认同与多元现代性的关系不仅是一项理论研究，还具有积极的现实意义。"中国现代性"的说法本身就包含了多元现代性的前提，意味着存在某种先在的参照（经典现代性），或者说与其相比之下中国现代性是另一种现代性。其中，所蕴涵的基本问题就是对中国现代性的普遍性与特殊性的认识。普遍性的一面无须赘言，那些体现在市场经济、民主政治、法制社会、基本人权等领域之中的、在国际社会得到广泛认可的基本制度规则和有关信念，构成现代性的基本共识。即使再削减内容，从最低限度的标准看，"在一个现代社会中，科技发展达到一定水平，经济上则是市场经济得以发展，政治或意识形态注重平等和参与"，仍可视为现代区别于传统的内容。❶ 中国现代性的关键问题不是其普遍性而是其特殊性如何。发展中大国是我们最大的现实，这个大现实里包含一系列具体的复杂性。

第一，是多民族多元化共存的特殊现实。中国的国家形态与西方近代以来形成的民族—国家相比，无论是在历史上还是表现形式上都有较大的不同。中国的国家形态以王朝的方式延续两千余年，且很早就形成多民族聚居的格局；西方社会在罗马帝国灭亡后长期处于无国家状态，只到近代才在民族形成的基础上建立国家。中国的王朝前后继替相似，西方的国家并列建立相似。这种现实是中国社会的族群认同和国家认同感的建构模式的主要来源。

第二，中国近代以来的历史经历造成的特别影响。西方经历的是现代性自内部形成并向外扩张的过程，发展历程相似；中国经历的却是现代性自外部强行入侵并被迫承担发展代价的过程。中国近现代化的历史几乎是写满屈辱的不堪回首史。难以计数的战争蹂躏这片土地，各种各样的社会思想也在这里播

❶　S N EISENSTADT. Comparative civilization and multiple modernities：Two vol［M］. Leiden：Brill, 2003：929. 转引自张友庭. 多元现代性理论及其对中国研究的启示［J］. 人文杂志, 2008（2）.

种、试验。截然相反的经历造就中国人对待传统文化和外来文化上的矛盾态度，使文化认同的危机加剧，导致现代性问题上的分歧认识。

第三，中国发展环境的特殊性。西方国家的现代性发展基本上是循序渐进的，尽管各个国家为了争夺领导权相互之间发生过战争，但是最后相互牵制占据主导，大致上前后相继完成现代化，进入工业社会。中国社会由于近代以来国家独立遭遇的危机，严重阻碍了现代化。新中国成立后，现代化建设才逐渐步入正轨。目前中国发展的内部环境复杂，既拥有一些水平先进、高新技术支撑的新兴产业，同时农业等基础产业领域又长期处于落后状态，面临发展的不平衡性。外部环境中，全球化的出现和冲击使得国际分化加剧，发展的风险和矛盾加大，后工业社会引起的"后现代"问题进一步带来发展的挑战。置身其中的中国人因而分化为不同职业和阶层、不同社会关系和地位中的人，职业认同、阶层认同、身份认同的不断建构及其困难与问题也随之显现，构成对中国现代性前景的疑问。

第四，在意识形态方面，与苏联、东欧地区国家政权的颠覆不同，中国政府在保持稳定的前提下进行自我调适性的改革。这种自我更新的优势是避免社会动荡、减少社会浪费，但是会遇到各种体制转换的惯性阻力，使发展目标的实现过程变得更复杂。特别在产业结构迅速调整、社会组织快速变革引起的社会资源非均衡配置、社会分化加剧的情况下，社会意义领域的部分原有共识也面临瓦解。如何协调不同群体的认同冲突、重塑社会认同，是社会建设的重要议题，也是中国现代性的应有之义。

中国现代性的上述特殊性与集体认同有着密切的关联，找出它们之间相互促动的缘由，为中国的和谐社会建设贡献新思路，不仅能够推动中国现代性的顺利成长，而且可以为多元现代性的其他地方性命名提供可资借鉴的参考。

二、文献回顾与本书创新

（一）现代性与认同问题的研究综述

跟随现代性而来的认同危机、认同建构问题，在社会理论中受到越来越多的关注，激起了广泛的讨论，为我们加深对现代性复杂性的理解提供了丰富的资源，也为进一步地阐明认同与现代性的相互关系打下了基础。然而只要粗略翻阅资料便可以看到，许多研究都是将现代性问题和认同问题作为两个相对独立的问题对待。在二者的关系上，至多是把认同尤其是自我认同视作现代性的一种积极或消极的后果加以分析，这给我们在关系研究时的文献梳理带来一定的困难。因此，下面的综述中对一些与研究主题关系不密切的内容将做简略或放弃处理，而集中选择国内外学者在现代性与认同问题上比较有影响或者启发性意义较大的观点、思想或理论。

1. 西方社会理论对现代性与认同问题的研究

（1）现代性研究。

"现代""现代性"的呈现及其问题都起源于欧洲，西方学者对现代性的研究视角广泛，成果丰硕。现代性问题是多学科持久关注的话题，哲学、美学、文艺学、政治学、教育学、社会学、文学艺术等领域都有对现代性的谈论。概而言之，凡现代性影响之处皆有现代性的言语，然而不同学科、不同倾向的学者眼中的现代性面相却不尽相同。社会学领域里有关现代性的争论，主要体现在考察视角、作用评价、类型划分等方面的分歧，围绕这些分歧形成迥然不同的现代性理论。

在现代性的考察视角上，最早的、也是最典型的是进化论的或演化的视角，认为现代性的出现是不可避免的。以帕森斯为代表的现代化理论集中体现了对社会发展的态度，认为现代社会是比传统社会更为先进的、在社会结构—功能上发生巨大变迁的新社会，新型的经济、政治、文化诸要素推动社会生活和社会组织模式朝向相互更加适应的方向发展；各个不同类型的社会最终将"趋同"于经济工业化、政治民主化、文化包容化的一致状态。现代化就是摆脱传统，或从传统出发走向现代，实现现代化的过程就是获得现代性的过程。与这种态度相应的是对现代性结果的积极作用评价，认为在社会发展中遇到的各种失范可以通过各个子系统的不断适应加以调节，从而达到整体表现的均衡。显然，现代化理论排除了不同种类现代性的可能，是倡导只有一种现代性的"一元现代性"理论。虽然后来又出现了依附理论、世界体系理论等新的发展理论，但是它们均侧重于发展的地区差异分析，并未撼动隐含的进化论视角。

与进化论视角对延续性的承认相反，吉登斯对现代性的考察是非延续性的视角。他坚持认为现代性具有"断裂性"的特征，绝不能把现代资本主义社会看作从封建社会中发展而来的一种高级进化形式，它是在西方的政治革命和工业革命的共同作用之下，历史发生"断裂"的结果。这个结果造就了一种全新类型的、与以前的社会秩序有巨大差异的社会。吉登斯将现代性定义为17 世纪以来出现在欧洲的那种社会生活方式和社会组织方式，并且以欧洲为源地，自那时以来程度不同地在世界范围内产生着影响。❶ 吉登斯从制度着手，提出现代性的发展有三大动力机制：时间与空间分离；通过象征符号和专家系统带来的社会制度的脱域化（抽离化）；以及反思性的制度化。在现代性的作用评价上，吉登斯持建构主义的原则，认为现代社会制度与个人之间是相互建构的；"现代性的后果"是双重的，不仅带来人们享受和喜爱的一切，也带来各种风险：生态破坏、贫困、全面战争和极权政治。吉登斯认为全球化是现代性制度的延伸过程，其所带来的严重后果是全球性的共同问题。在现代性的类型划分上，吉登斯将当代社会（现在的现代性）称为"晚期现代性"，以区别于现代性发端时期的早期现代性。但是此种划分仍然属于欧美现代性的内部分期，是"一元现代性"的，没有关注现代性在世界性蔓延过程中的具体形态。与吉登斯现代性划分类似的，还有鲍曼的"固化现代性"和"液化现代性"之分。

考察现代性的第三种视角是文化、文明的视角。它与前两者最大的不同是把基于文化、文明的差异纳入现代性的研究，从而赋予现代性生动、具体的感受性。广义地看，从文学艺术角度对现代性的研究都属此类。从波德莱尔的名言"现代性是短暂、易逝、偶然的，它是艺术的一半，艺术的另一半是永恒和不变"，到马泰·卡林内斯库描述的"现代性的五副面孔——现代主义、先锋派、颓废、媚俗艺术、后现代主义"，所展示的截然不同于前述视角下的理性主义现代性，而是一种重视感觉体验和风格表现的审美现代性。由文艺拓展至整个文化领域，现代性在更为宽泛的层面上发生影响。C. 泰勒指出，虽然看起来我们的文明随时间在"发展"，但人们总能感觉到一种失败或衰落，那些触及人们困惑的主题可以概括为现代性的三个隐忧：一是由极端的个人主义

---

❶ 安东尼·吉登斯. 现代性的后果 [M]. 田禾，译. 南京：译林出版社，2000：67.

导致的意义的丧失、道德视野的褪色；二是在工具主义理性猖獗面前目的的晦暗；三是由前两者决定的工业—技术社会制度和结构所带来的政治自由的丧失。❶可见，泰勒强调了现代性最重要的内在性后果：现代认同问题。在现代之前，社会认同是建立在每个人认为理所当然的社会范畴上，从没作为一个问题而出现。然而在现代社会无论是个人层面还是社会层面上，认同都日渐成为问题。从文明视角研究现代性的著名代表是艾森斯塔特，他认为现代性是一种独特的文明，在一系列独特的现代规划基础上产生了西方现代性，随着现代性内在逻辑的充分展开和向外扩张，又产生了"多元现代性"，自始至今现代性的建设性和破坏性的潜能都非常强大，需要我们仔细辨认和认真对待。此外，包括福柯、利奥塔、布希亚等在内的一批后现代主义思想家，对现代性的批判和否定，基本上也是从文化、文明的视角做出的。他们站在现代性的对立面上解构现代性，用后现代性对抗现代性，走向现代性研究的极端。他们笼统地把现代性视为一个阴暗的整体，虽然在一个侧面上揭示了现代社会问题的根源，但是缺乏积极的建构性思考使得这类批判的理论意义大打折扣。

（2）现代性研究中的认同问题。

对认同的关注起于哲学研究中的"同一性"问题，即主体（或个体）及其自我意识能否在时空历程中保持一致或同一。精神分析学家埃里克森提出自我同一性概念和"同一性危机"问题，使认同问题开始在心理学和社会科学研究中受到重视。尤其是当社会心理学对群体进行实验室实验研究，并提出社会认同理论以来，对认同心理机制的经验研究和理论认识都取得了较大的进步。社会认同理论对群际关系的研究表明，引起不同群体间冲突的因素不仅包括客观的物质资源，也包括主观的认同差异，从而揭开了纯粹个体心理及行为的社会根源。社会心理学家泰费尔、特纳、霍格等的研究成果，在集体行为、种族问题等领域得到重视和应用。但是作为一种经验面向的中层理论，社会认同理论对现代性的总体特征缺乏关注和反思。而在社会学理论对现代性的研究中，长期以来注重社会宏观后果的话语传统遮蔽了认同问题，即使是一些对现代性的体验、感受研究（如齐美尔），也没有进行系统的探源。库利和米德促

❶　查尔斯·泰勒. 现代性之隐忧［M］. 程炼，译. 北京：中央编译出版社，2001：12 - 13.

成的符号互动论对自我的讨论触及了认同形成的社会性，但没有将其置于现代性的特定情境之中，符号互动像是一种不受时空限制的普遍原理。虽然后来的角色理论实际上是在讨论社会认同，然而关注的中心问题却是社会结构对个人心理的影响，对认同问题的内在主体性所论甚少。随着认同问题在现代性诸多问题中的不断凸显，吉登斯、泰勒、图海纳、哈贝马斯等也注意到认同问题在现代性研究中的重要性。

在众多现代性研究中，吉登斯对认同问题的关注是最突出的。他对现代性的多维度剖析，不仅涉及现代社会的宏观制度层面，也注意到微观生活领域里的深刻变化。在其专著《现代性与自我认同》中，吉登斯重点论述了全球现代化制度对自我认同的塑造，和个体对这种冲击的吸纳及强化作用。现代性改变了人们日常生活的实质，由于社会生活失去固有的规则和实践的控制，自我虽然多了自由选择的机会，却也陷入深深的焦虑之中。但吉登斯并不同意焦虑必然加速自我分裂的观点，而是认为个人可以使用情境的差异化形成独特的自我整合与认同。个人通过反思控制自己的生活环境，消除无意义感的威胁，经由"生活政治"实现重构社会制度。吉登斯是在社会与个人相互建构的立场下讨论自我认同的，个体自我是受到强大结构影响又必然试图反抗的一极，社会是诸多类似的自我生存并创造的另一极。吉登斯充分强调了现代情境带给自我的各种影响，却没有对集体认同（或社会认同）这一确立自我认同最重要的参照系进行描绘，从而使自我实现的理论反思在落实为"生活政治"的过程中，缺乏必要的中间环节。

与吉登斯不同，泰勒明确地将认同危机作为现代性导致的一种深刻的内在后果来对待。他认为现代社会在各个层面上都出现了同一性的危机。现代社会瓦解了传统时代的等级结构，也瓦解了过去同一性认同的社会基础，我们不得不在与他人的交流中获得认同。个人主义文化强调在私人领域里的自我实现（包括日常生活的满足），这高度依赖于和他者的关系，然而对自我实现的迷恋带来的后果是生活被狭隘化和平庸化；在社会领域中，程序正义、公平原则的要求，使得平等认同成为民主社会的迫切需要，但真正的平等认同并不是仅认可不同存在方式的平等价值，还要共享一个参与式的政治生活。泰勒针对西方现代认同的困境指出，认同本质上是一个道德概念，现代认同是由关于"善"的概念、对自我的理解，以及在此基础上对生活意义的表达、对人类主体性的理解构成。❶ 泰勒力图从根源上清理现代认同问题的凸显,并通过构建现代认同思想体系对现代性做出了自己独特的理解和辩护,也为后来的认同研究提供了理论基础。

与泰勒相似,图海纳也从文化角度关注认同,他在《我们能否共同生存?——既彼此平等又互有差异》一书中分析了当代条件下认同的主体性方面面临的矛盾。由于外在的客观世界和内在的主观空间日益分离,使得社会关系中"我怎样才能和别人交往并和他们相处"以及"我们怎样才能把我们的差异和集体生活的统一性结合起来"成为问题,主体的自由(自我认同的要求)与责任(集体认同的规范和制度)的矛盾是当代社会特有的,解决的途径是在尊重差异的基础上建立相互沟通共处的社会理念。图海纳是在全球性文化背景下分析社会关系问题的认同性质的,把认同的个人层面和集体层面都置于讨论之中,拓展了认同主体的覆盖面。

哈贝马斯从政治哲学的角度研究现代社会的认同。他认为,在传统社会向现代社会的转变过程中,个体认同与集体认同也经历了认同模式的转换,"个人不再从传统的、非反思的集体认同中获得构建个人认同的源泉;相反,他们共同参与文化与集体意志的形成过程,在这个过程中,集体认同需要他们共同的塑造"。❷ 只有那种经过主体间交往并体现了个体自主性的集体认同形式才会在现代社会取得合法性。在现代性条件下,生活世界日益理性化,认同的内涵逐渐集中于最能够体现共同体成员的公共意志和个人自主的抽象规范——法律规范上面。在反思民族主义的基础上,哈贝马斯又提出宪法爱国主义(constitutional patriotism)的观点,即爱国主义在德国意味着认同宪法所确立的政治秩序和基本原则,而不是认同特殊的历史传统或种族情感。哈贝马斯不同意泰勒对自由主义的批判,认为"个人,包括法人,只有经过社会化,才能充分个体化",❸ 持不同文化认同的公民们在政治参与过程中形成的"政治文化"(political culture),既能保证共同体的政治整合,又能保证不同群体独特认同的共存与延续。哈贝马斯将集体认同作为其现代性研究的一个重要侧面对

❶ 刘金增. 泰勒现代认同思想的体系 [J]. 广西社会科学, 2006 (5).
❷ 尤尔根·哈贝马斯. 重建历史唯物主义 [M]. 郭官义, 译. 北京: 社会科学文献出版社, 2000: 103.
❸ 马珂. 哈贝马斯集体认同理论的发展及其对中国的意义 [J]. 学术探索, 2007 (5).

待，阐述了集体认同观念的发展、变化，积极应对在当代条件下如何建立和培育集体认同问题，为现代性的发展披荆斩棘。

（3）小结。

通过梳理西方社会理论对现代性与认同问题的研究，可以发现：

第一，在现代性问题上，存在因关注点不同而带来的考察视角、后果评价、现代性本质方面的认识分歧与争论。同时，现代性研究也因此在横阔和纵深两个向度得到扩展。但是，绝大多数研究都是针对西方现代性的，无论是现代性的形成机制还是后果影响，也无论是保卫还是抨击现代性，非西方国家处于现代性研究的边缘。导致现代性研究"西方中心论"的根源在于，模糊或否认现代性产生和发展的特定文化背景和国际秩序场景，预设其普遍适用性的标准。然而，现代性扩张和推广的过程和效果充满了不确定性和复杂性，现代性全球化的过程反而使现代性本土化问题成为中心议题。

第二，在认同问题上，社会心理学进行了微观层次基础的经验研究，社会学的理论探讨主要集中在现代性对自我认同的影响、现代性对集体认同的影响等方面，至于认同在现代性形成过程中的作用则缺乏论述。

2. 国内对现代性与认同问题的研究

（1）现代性研究。

国内对现代性的研究以往集中在现代化问题上。自洋务运动以来，围绕如何实现和实现怎样的现代化问题，诞生了中国社会学，开始了强国富民之路的理论与实践。随着中国现代化进程的加快和全球交往体系的形成，20世纪90年代以来，国内社会科学和人文学科领域的许多学者从不同层面和角度对"现代性"问题进行了广泛深入的探讨。中国学者基于理解和解决中国自身问题，从现代性的内涵、影响和语境等方面，对当代西方围绕现代性的种种争论做出回应。

首先，现代性的内涵研究。在何为现代性的问题上，中外学者们都是观点各异，答案亦莫衷一是。谢立中以西方有关文献为基础，对"现代性"及其相关概念"现代""现代主义""现代化"进行了词义辨析，指出现代性在广义上可理解为新奇性、飞逝性，在狭义上特指17世纪以来的新文明。❶ 万俊

---

❶ 谢立中. "现代性"及其相关概念词义辨析 [J]. 北京大学学报（哲学社会科学版），2001（5）.

人认为，西方现代性的内涵主要有个人主义、市场经济和民主政治三方面，其核心理念是主张个人权利优先的自由主义。❶ 汪晖认为，现代性是一个整体性的概念，其中涉及政治、经济和文化之间的内在张力，其话语核心是"理性"与"主体的自由"。❷ 方敏认为，虽然现代性是一个歧义颇多的概念，我们还是可以概括出现代性的两重内涵，即以韦伯为代表的理性主义的现代性和以波德莱尔为代表的审美现代性。理性主义现代性以形式化的理性为原则，审美主义现代性以感性或感觉为原则。二者之间存在对抗的矛盾。❸ 王贵楼指出，现代性的恒定质是"资本"和"理性"。从横断面上看，西方学者对现代性的各种定义不过是从不同角度表现了"资本"的特性。实际上，使现代社会区别并超越于传统社会的是资本，使现代社会表现出动荡性与混乱性的也是资本，使现代社会表现出制度化特征的还是资本。资本不仅从外部勾画出现代社会的框架，也从内部本质上规定了现代社会的核心特质。从纵向程上看，西方现代性的不断生成与变动，由强调人的主体性、批判性向强调人的反思性、超越性的推进，始终没有动摇理性拯救未来的基本信仰❹。以上选举几例，虽未全面涵盖现代性的内涵研究，但亦足见在此问题上多重话语的端倪。

其次，现代性的影响研究。可分为学者们对现代性在现实生活中的问题化研究，和对现代性问题的理论反思。从某种意义上说，现代化过程中出现的绝大多数社会问题都是现代性的影响所致。在中国从传统社会转变为现代社会、从计划经济转变为市场经济，以及当代全面开放走向世界的复杂过程中，随社会转型变革而引起人们工作领域与日常生活方式的种种迷局及困扰，皆可视为由现代性而生成的问题。在现代性问题的理论反思方面，周宪认为，现代性范畴标志着现时代政治、经济和文化的方方面面及其总体性，抓住现代性问题，便抓住了现时代种种问题的症结。而且，现代性本身是一个开放的概念，是包容性极大的文化范畴，为多学科和跨学科研究提供了广阔的空间。因此，现代

❶ 万俊人. 普世伦理及其方法问题［J］. 哲学研究，1998（10）.

❷ 汪晖. 韦伯与中国的现代性问题［M］//汪晖. 汪晖自选集. 桂林：广西师范大学出版社，1997：2-12.

❸ 方敏. 现代性的历史进程、内涵和实质［J］. 安徽师范大学学报（人文社会科学版），2007（5）.

❹ 王贵楼. 现代性：多元动荡下的恒定质追问与求解［J］. 中国人民大学学报，2008（4）.

性成为当代社会科学和人文科学各领域可通约的"共识性"话题。❶ 万俊人指出，现代性具有观念和话语的多样性，以韦伯"新教伦理"为代表的是现代性的"西方知识"，而现代性的"中国知识"则应当从中国文明和文化中寻求可利用的资源。❷ 庞立生、王艳华从社会学的角度指出，现代性在发展过程中自身蕴含的矛盾不断敞开，社会学的理论意识也随之得到强化，批判性与人文性价值向度的增强是社会学理论发展的重要趋势，面向世界社会实践，社会学将在自然科学、社会科学和人文学科的多重向度中，实现对社会生活的整体性理解。❸ 学者们日益认识到现代性问题的求解必须置于全球化的基本背景之下，现代性的实现或展示也必须诉诸历史和文化的前提性语境。

　　最后，有关中国现代性问题的研究。这一问题既牵涉谈论现代性的基本语境，也波及中国现代化的相关讨论。在语境认识上，赵景来指出，对于中国学界来说，现代性话题应全面质疑现代世界体系，全面反思当代中国现代化或现代性发展道路，我们只能在第三世界的立场上与世界对话。❹ 周宪认为，在将西方现代性理论应用于中国研究时，必须加以限定和修正，注意处理外来理论和本土文化的相关性问题。❺ 刘小枫主张用中国的现代经验参与西方社会理论的修缮，以推动对现代性问题的思考，建立能够担当协调中西现代性的命运和历史差异之间张力的中国社会理论。❻ 而郑杭生、杨敏提出的"社会互构论"，恰好是以社会学理论的形式展开与西方社会理论的对话。社会互构论将现代性区分为使人与自然、社会不和谐并日益陷入危机的"旧式现代性"，与力图实现人与自然、社会之间双盛双赢的、代价最小的"新型现代性"。❼ 新型现代性既是对现代性概念内涵的积极延展与拓宽，也是对中国优秀文化传统的继承和弘扬，是以中国社会转型为基本观照的。❽ 在中国现代化问题上，金耀基认

---

❶　周宪. 现代化研究：主持人絮语 [J]. 南京大学学报，1999（3）.

❷　万俊人. "现代性"的"中国知识" [J]. 学术月刊，2001（3）.

❸　庞立生，王艳华. 现代性的变革与当代社会学理论的发展趋向 [J]. 吉林大学社会科学学报，2008（3）.

❹　赵景来. 关于"现代性"若干问题研究综述 [J]. 中国社会科学，2001（4）.

❺　周宪. 现代性与本土问题 [J]. 文艺研究，2000（2）.

❻　刘小枫. 现代性社会理论绪论 [M]. 上海：上海三联书店，1998.

❼　郑杭生，杨敏. 社会互构论的提出——对社会学学术传统的审视和快速转型期经验现实的反思 [J]. 中国人民大学学报，2003（4）.

❽　郑杭生. 新型现代性及其在中国的前景 [J]. 学术月刊，2006（2）.

为，现代化除了富强的目标外，还应是中国寻求新的文明秩序的历史过程。这一过程，应该不只是拥抱西方启蒙的价值，也应该是对它的批判；应该不只是中国旧的传统文明秩序的解构，也应该是它的重构。中国的新文明是"现代的"，也是"中国的"。❶ 李世涛指出，第三世界国家的现代化建设既有自身的需要和发展的光明前景，又有西方的诱惑、陷阱，是挑战与机遇共存共生的结局。他赞同中国现代化道路的选择要把民族性和世界性统一于现代性之中的看法。❷ 张琳认为，现代化后发国家在由传统向现代的转化进程中，也程度不同地遭遇了现代性问题。对于今天的中国来说，现代性既是一项正在进行而又未完成的事业与方案，又是一个有待建构的问题。现代化并不简单等同于资本主义化，我们应在借鉴西方的现代性模式的同时，克服西方现代性的弊端，探索出自身的现代性模式和现代化道路。❸ 总之，学术界对于中国现代化转型、现代性建立过程的复杂性有着较为清醒的认识，但在现代性建构的具体建议上各有不同的侧重。

（2）现代性研究中的认同问题。

国内对认同问题的研究主要有两个角度，一个是基于社会认同理论而展开的认同经验研究，另一个是基于现代性理论而展开的认同理论分析。对国外认同研究的翻译、介绍，和运用国外认同理论解释、分析中国的社会现象，多属于第一个方面；而将认同置于现代性话题的研究中，大多集中于自我认同的方面，对集体认同的研究偏少。在涉及群体认同的研究中，多注重由社会结构变迁带来认同危机的研究，忽视集体认同构成中不易变化的文化特性。具体来说包括：

第一，对国外认同理论的介绍、阐述和运用。张莹瑞、佐斌全面介绍了社会认同理论的提出背景、具体内容和新的研究进展，并进行了评价和展望。❹ 王沛、刘峰则介绍了影响社会认同建构的社会认同威胁。❺ 周晓虹分析了源出

---

❶ 金耀基. 论中国的"现代化"与"现代性"——中国现代的文明秩序的建构 [J]. 北京大学学报（哲学社会科学版），1996 (1).

❷ 李世涛. 现代性视域中的中国问题——詹姆逊与中国现代性道路的选择 [J]. 东南学术，2005 (5).

❸ 张琳. 现代性：规范、反思、建构——对当代中国现代性建构的思考 [J]. 江海学刊，2006 (1).

❹ 张莹瑞，佐斌. 社会认同理论及其发展 [J]. 心理科学进展，2006，14 (3).

❺ 王沛，刘峰. 社会认同理论视野下的社会认同威胁 [J]. 心理科学进展，2007，15 (5).

社会学和心理学的两种认同理论，认为社会学的认同理论重点在社会的结构性安排以及个人之间的联系上，而心理学的社会认同理论重点则在认同被激活的群体情境特征。两种不同理论之间存在整合的可能性。[1]

第二，现代性条件下的自我认同问题。李慧敏、张洁认为，吉登斯理论中关于现代性条件下自我认同的机制主要有两个：反思性选择和反思性自恋。现代性条件下，选择是不可避免的，人的一生就是由各种选择构成的过程，选择很少是传统意义上的遵从，更多体现了对自我的开拓，最能表达反思性选择的是那些"富有命运特征的时刻"。反思性自恋，指的是个体在对自我的反思性建构中，为达到稳定、连续的自我认同而对身体的关注和建构，与个人习惯、气质等有关的生活制度最能表达反思性自恋的存在。[2] 洪小雁从文化层面得出现代性的社会与自我认同是以二律背反关系出现的结论，自我认同与现实世界之间的关系可以用"眼睛"来隐喻：眼睛可以看出视界内的一切，唯独看不到眼睛自身。[3]

第三，对集体（社会）认同的研究。王成兵认为，当代认同具有独特的个体性和鲜明的集体性，个体的认同是个体的社会属性的认同，其与集体认同之间既有差异又有联系，二者都是社会性意义上的相互塑造。[4] 郁晓晖、张海波探讨了我国城市化进程中失地农民的社会认同心理，认为失地农民的社会认同现状源自他们对过去社会结构的历史记忆和现在社会时空转换中的体验，从微观层面探讨了其认同心理背后的社会建构。[5] 李春玲从主观身份认同与客观阶层归类的一致性程度入手，分析了基于十个社会阶层划分的阶层身份认同，认为各阶层的身份认同的一致性程度各有不同，认同率的高低取决于此阶层所处的状态，处于社会顶层和底层的阶层内部身份认同率较高。[6] 李友梅认为，从社会学的角度看，福利渗透、意义系统和社会组织是社会认同的三个基础性领域，随着市场经济体制的发展，社会认同也发生了结构性演变，重塑转型期

[1] 周晓虹. 认同理论：社会学与心理学的分析路径 [J]. 社会科学，2008 (4).
[2] 李慧敏，张洁. 选择与自恋：现代性条件下自我认同的机制 [J]. 河南大学学报（社会科学版），2006 (1).
[3] 洪小雁. 现代性自我认同中的二律背反 [J]. 科教文汇（上旬刊），2007 (11).
[4] 王成兵. 试论个体认同与集体认同之间的内在关系 [J]. 理论学刊，2007 (8).
[5] 郁晓晖，张海波. 失地农民的社会认同与社会建构 [J]. 中国农村观察，2006 (1).
[6] 李春玲. 社会阶层的身份认同 [J]. 江苏社会科学，2004 (6).

的社会认同秩序必须使各基础领域之间达成相互匹配。❶ 方文认为，认同研究的无序和术语混乱非常不利于认同理论的发展，认同过程应当理解为行动者对因为社会力量雕刻而获得相对应的群体资格的认同建构或解构、重构过程。群体资格能够统合不同的认同研究传统，多元社会认同是以多元群体资格为基础的，因此，群体资格路径具有方法论的意义。❷

（3）小结。

国内学者关于现代性与认同关系的研究，一个侧重点是前者对后者稳定性、同一性的影响，另一个侧重点是现代性不同成长阶段的差异研究。主要的缺陷之一，是对中国传统以及历史经验在现代认同与中国现代性形成中的作用认识不足、重视不够。

由于社会实践快速变化的影响，国内对认同问题的研究受到经验现实的牵引，集中于一些明显问题化的领域。主要缺陷是集体认同或作为研究背景被忽视，或只在某些群体范围内受到重视，研究的层次局限于当前的社会单位上，对集体认同建构的历史文化特征重视不足。

3. 主要研究成果与不足之处

（1）研究成果。

通过以上文献梳理，可以将国内外对现代性与认同问题的研究成果概括为：

第一，形成了关于西方现代性的形成机制、后果影响以及当代发展的现代性社会理论。

第二，对现代性在全球性传播过程中引发的诸多问题的理论反思，现代性研究从单数的 modernity 变为复数的 modernities，不仅有发展时段上的区别，还有扩展空间上的分别。

第三，认同被纳入为现代性问题的重要后果，认同研究在更为具体和可以识别的层次上揭示了现代性。

第四，形成了关于认同机制以及群体影响的社会认同理论，并在自我、文化、阶层和身份、区域共同体等领域进行了丰富的经验研究和理论反思。

---

❶　李友梅. 重塑社会认同与探索社会自我调适系统 [J]. 探索与争鸣，2007（2）.
❷　方文. 群体资格：社会认同事件的新路径 [J]. 中国农业大学学报（社会科学版），2008（1）.

（2）不足之处。

由于现代性是对现代社会的性质与状态的概括反映，它必然会随着现代社会的变化而改变，并随着人们认识的程度而不断显现出来。因此，对现代性的研究也呈现出逐渐深入和递进的特点。其中，稍早期的研究在稍后期看来总是存在这样那样的缺陷，尽管前者是后者的研究基础。当前关于现代性与认同的研究主要的不足之处有：

第一，对现代性与认同的相互关系研究不够。突出表现在研究者多倾向于将认同与现代性当作两个不同的领域，现代性研究偏向于作抽象层次的宏观概括，认同研究则偏向于微观分析或局部深入。

第二，关系研究中的单向思维和视角局限。在为数不多的关系讨论中，多是把认同作为"现代认同"即现代性带来的后果进行研究，但是缺乏认同对现代性的影响研究。究其原因，乃是研究视角的局限所致，未能运用建构主义思维确立现代性与认同之间的互动互生关系，从而使认同带上了被动的色彩，这与认同自身所具有的主动性特征相悖。

（二）本书意图解决的问题

毋庸置疑，尽管内部存在政治、经济、文化、宗教诸方面的差异，人类社会已经无可挽回地步入现代时期，现代性全球化浪潮正在席卷人类生活的所有领域。现代生活无论在技术方面还是在制度、文化方面都快速瓦解着人的认同的稳定基础，给人们带来强烈的碎片感和焦虑感。现代性不仅带来对自然和人自身的改变，同时也带来建立于人人关系上的社会的改变，或者说现代社会在实践其最初设定的理念时，陷入不断修补和颠覆的困局。在欧洲发展起来的现代性政治文化信条在传播中不再畅通无阻，而是出现了变形，每一个和欧洲不同的社会都试图实现自己所理解的现代性，于是，"多元现代性"问题成为不能回避的话题。

针对前述现代性与认同研究中存在的不足，本书意图在现代性与认同的关系上解决以下疑问：现代性是如何进入我们的社会和心灵之中的？认同是否影响了我们对现代性的理解？自我（个人）认同与集体（社会）认同之间的关系如何？不同语境中的"我们"和"他们"的认同模式完全一致吗？我们今天的现代性争论是不是与不同的认同有关？如果有的话，会是什么样的关系？在今天现代性全球化的冲击下，到处被削弱的认同如何重建它的基础？诸如此类的问题即使在有关研究中被提及，也没有得到系统、细致的讨论。

本书希望在厘清现代性与认同的相互关系基础上，以集体认同的建构为切入点，通过对建构模式的分析，探究多元现代性的机制差异，从而整合处于分割状态的现代性研究和认同研究，并以中国当下的社会实践为依据，为中国社会问题的解决和中国现代性的确立贡献思路。在现代性条件下由于自我认同或个人认同问题的感受性更为明显，相关研究比较多。相比之下，集体认同的研究被置于政治诉求或文化规范的较狭窄的范围，不能有效刻画认同研究的全貌及其与现代性之间的内在关联。本书正是借助集体认同的建构研究力图有所突破和创新。

三、研究方法与基本理路

（一）研究方法

研究对象的特点决定了研究方法的选择。本书主要在理论层面辨认多元现代性的集体认同基础，同时也涉及通过具体的或典型的例证来展现这种影响。因此，本书采用以下三种研究方法。

1. 文献法

通过查阅有关现代性研究和集体认同研究的著作及论文等资料，以及中国与西方近代以来的相关历史资料，从中整理出本书所需的论据。

2. 例证研究法

对能够典型体现集体认同建构的社会现象，采用例证解剖法或专题研究的形式进行深入分析。本书在众多现代集体认同事件中，选取农民工的认同建构和女权运动的兴起两例为代表。其中，农民工的认同建构问题，体现了中国现代性确立过程中社会结构变动带来的社会阶层认同的新问题；女权运动的兴起则关系到人类自身认同的基础领域——性别认同的建构，体现了现代性原则中追求解放甚至颠覆的一面。

3. 比较研究法

通过对早期认同与现代认同、一元现代性与多元现代性、中国女权与西方女权、中国现代性与西方现代性等进行比较研究，揭示其中蕴含的异同因素，更好地论证书中的观点。

（二）基本理路

本书在理论预设上接受学界关于认同与现代性是"两个密切关联的孪生论题"的主张，认为对现代性争论的解读绝不能脱离认同问题。现代性在肯定人的主体性原则的同时，也制造了人对自己生存连续性质（即认同）的焦虑，而个人和群体正是通过建构认同来确立生活世界和社会世界的意义与秩序的。因此，揭示现代性与认同之间的关系是本书的基本任务。具体思路如下：

（1）考察现代性研究的内在尺度和外在尺度，分析其与认同问题的瓜葛；

（2）借鉴建构主义的理论立场，剖析认同与现代性之间相互影响、相互建构的多元表现；

（3）从社会认同理论的角度分析认同研究的具体化和科学化，并以集体认同为研究单位探讨现代性的成长与变化；

（4）分析集体认同的建构模式，并以之为依据考察多元现代性问题；

（5）分别以社会阶层领域农民工认同问题和社会性别领域的女权运动为实例，对现代认同的建构进行经验论证；

（6）思考中国现代性构建过程中集体认同的确立模式。

四、研究的基本框架

本书围绕集体认同建构现代性的主题，对现代性与认同的相互关系展开论述。第一章，考察现代性的研究情况和其中存在的问题。第二章，介绍社会认同理论的主要观点和有关研究成果，对认同问题在现代性研究中的地位予以阐明。第三章，联系中西文化传统剖析集体认同的建构模式及其异同。这几章中主要指出，在社会理论对现代性的研究传统中，对宏大社会现象的关注与解释使有关自我的话语被忽视。随着现代性影响的扩散和深入，认同问题才从遮蔽走向显现。社会认同理论的兴起使认同研究取得长足的进展，并为全面认识现代性提供了视角，理解认同的建构模式是理解现代性多元化的关键。第四、第五章，在经验层面探讨现代性与认同之间的互动。当代中国社会转型过程的鲜明特点之一是"社会结构深刻变动"，它引起社会各阶层的流动与变化，由农民工、失地农民、下岗失业人员等构成的新社会阶层，面临重建社会认同和有效融入社会的问题，他们的生活经验是现代认同的生动诠释。而女权思想的社会扩散，则从另一侧面展现现代性追求自由与解放的基本宗旨，以及对"承认"的认同建构动力的表现。第六章，围绕中国现代性建构中的认同问题，分析中国现代性的历史基础与内外资源，提出引导集体认同建构的基本思路。

　　本书最后得出的结论是，认同是现代性的内在面向，现代性与认同之间是相互影响、相互建构的关系。集体认同建构模式上的差异是导致现代性呈现多元化样态的根本原因，因此，现代性在其全球化进程中必然表现为日益本土化的面貌。

第一章

现代性研究及其问题

20 世纪以来，现代性研究已经成为人文、社会科学领域最具广泛性和深刻性的主题话语。随着讨论的深入和全球化进程的不断加快，人们对现代性的认识也逐渐深化，越来越多的学者认同现代性的成长特性和建构特性。即，现代性的内在逻辑与诸多理念是逐步展开的，现代性是个体与社会、个人主观意识与结构客观制约之间相互建构共营的结果。然而，在现代性发端和发展的早期，上述特性并没有得到充分的认识。经典社会理论中，迪尔凯姆的社会分工（分化）论、韦伯的社会理性化论、马克思的社会实践论，分别代表了现代性的几个典型模型。虽然不同模型之间难以相互通约，但是模型的交织和类同却有迹可循。从 20 世纪后半叶始，现代性在发展研究、现代性批判和后现代主义思潮的推动下经历了成长的蜕变，从而成为认识和把握现代社会世界的关键概念。尽管如此，对现代性的精确定义仍然是困难的，因为"它的分析用法正是源于其概念的不精确，源于它解释在许多学科中的大量杂乱现象的能力，以及源于同样为数不少的论战"。[1] 当代社会理论对现代性的争论依然未果，但它逐渐开出了现代性研究的新意涵，使现代性问题在内在尺度和外在尺度上都获得较大的延展。尤其在现代性引起高度不确定性的层面上，现代性的主体性作用愈发明显。在相当的程度上甚至可以说，现代世界存在于现代性所刻画和规范的意义上。哲学家贝克莱的名言"存在就是被感知"不仅是一句唯心主义的口号，它同时也触及了当代现代性的玄妙之处。现代性改变了人类的自我意识，而觉醒了的自我意识又改变了现代性的发展前景甚至命运。破解现代

---

❶ 达尼洛·马尔图切利. 现代性社会学 [M]. 姜志辉，译. 南京：译林出版社，2007：1.

性的矛盾困境和前行风险，不仅受制于人类已有的物质环境条件，更取决于人类社会共同体的精神文化沟通状况。因此，现代性解读与想象的推动力，必定离不开对现代性研究的历程回顾和得失辨析。

第一节　社会理论中的现代性

一、现代性的基本含义

"现代性"是与"现代（的）""现代主义""现代化"以及"后现代性"等词同源的一簇概念之一，其中，"现代"（modern）一词出现得最早，源出于公元 4 世纪的拉丁语单词"modernus"，据说拉丁作家卡西奥多尔（Cassiodore）最早使用 modernus 这个词指称当时已经基督教化了的"现今"，以区别古罗马异教的"往古"。"现代"在 5 世纪后期的罗马已非常常见，是一个与"古代"相对的时间性的概念。❶ 也有学者认为，modern（现代）及其派生词源自拉丁语 modus（尺度）。晚期拉丁语派生词 modernus 衍生出作为时间尺度的"当下"（just now）之意。公元 6 世纪，神学家卡西奥多鲁斯（Cassiodorus）用 modernus 来区分他所处的时代与早期罗马教父作家的时代。到 12 世纪，人们又用 modernitas 来区分当时的时代与过去的时代。❷

在其后的世纪里，"现代"逐渐获得了具有冲突性意味的内涵，既有"新颖""当代"的意思，又有"陈腐""老套"之意。❸ 而用以表示"现代"的

---

❶ 谢立中. "现代性"及其相关概念词义辨析 ［J］. 北京大学学报（哲学社会科学版），2005（5）. 哈贝马斯在其 1980 年的演讲论文《现代性对后现代性》中则认为 modernus 的首次运用是在 5 世纪后期，载周宪. 文化现代性精粹读本 ［M］. 北京：中国人民大学出版社，2006：137 – 148.

❷ 有关现代性的词源，新近材料见米歇尔·艾伦·吉莱斯皮. 现代性的神学起源 ［M］. 张卜天，译. 长沙：湖南科学技术出版社，2012：导言. 作者认为，"现代"概念是在 12 世纪的教会改革背景下产生的，其含义与今人理解完全不同。中世纪的学者认为，现代人是站在巨人肩上的矮子（重要性远不能和前人相比），虽然能够看得更远，但是所见并不是通向光明未来的康庄大道，反而是末世临近。仿佛站在时间的尽头，即将进入永恒。这种观念与今天人们赋予"现代性"积极肯定的价值，恰好相反。吉莱斯皮认为，"这种观点与后来的观念之间有一个巨大的鸿沟"。

❸ 马泰·卡林内斯库. 现代性的五副面孔 ［M］. 顾爱彬，李瑞华，译. 北京：商务印书馆，2004：29.

人或事物所具有的性质或品质的"现代性"一词，是法国 19 世纪文学评论家波德莱尔于 1863 年最早提出的，在《现代生活的画家》系列文章中，波德莱尔从审美的角度定义现代性："现代性就是过渡、短暂、偶然；它是艺术的一半，另一半则是永恒与不变。"其后，现代性在各种层次和意义上被广泛使用。根据谢立中教授的概括，人们主要在三种意义上使用"现代性"一词：第一，将"现代性"理解为"现代社会生活"或"现代世界"；第二，将之理解为贯穿在现代社会生活过程中的某种内在精神或体现、反映这种精神的社会思潮；第三，将之理解为现代社会生活中的人与事物（在时间和空间上）所具有的一种特殊性质或品质，以及人们对这些特殊性质或品质所获得的某种体验。但是在上述意义上，"现代性"常常与它的同根词之间形成含混不清的近义关系，带来阅读和讨论的麻烦，因此，界定术语的确切内涵是必要的。学术界大体的倾向是，将"现代"看作比其他概念更为一般的术语；将"现代性"看作"现代时期""现代状况"；将"现代主义"界定为一种社会思潮或文化运动；"现代化"则是实现"现代性"的一种过程。不仅如此，在实际的运用中，每一个词又都至少有广义、狭义两种含义。泛指的"现代性"，就是每一个"新"事物或"新"时代所具有的那种特性；特指的"现代性"是从 17 世纪以来的历史演变时期及其性质与状态。❶可见，光是在术语解释上，就有如此复杂的区分，更不用说以现代性为主旨的各种社会理论了。

二、经典社会理论中的现代性

由马克思、迪尔凯姆和韦伯等人的思想构成的经典社会理论，对现代性的特征以及发展模式进行了奠基性的理论表达。马克思认为现代社会是一个与过去所有时代截然不同的新型社会，资本主义生产关系极大地解放了生产力，社会物质财富急剧增加，更有活力的政治和经济模式正在形成。但是，在资本主义条件下，出现在人和人的劳动上的异化现象也更为突出，工人的劳动不再是其人性的体现，而是一种外在的奴役，最终的结果是人与人的异化，即"人同自己的劳动产品、自己的生命活动、自己的类本质相异化，人对自身的任何

---

❶ 谢立中. "现代性"及其相关概念词义辨析［J］. 北京大学学报（哲学社会科学版），2005（5）.

关系，只有通过人对其他人的关系才能得到实现和表现"。● 马克思的社会理论强调历史唯物主义的基本立场，从物质生产的现实出发，把与生产方式相联系的、它所产生的交往形式即市民社会作为理解历史的基础，把宗教、道德、哲学等各种社会意识的形式作为社会的上层建筑，以一种宏阔而宽广的视野探寻现实社会的结构性特征。同时，马克思的社会理论还具有鲜明的批判精神，在实证研究的基础和人文追求的观照下，发现现代社会的矛盾并找寻科学解决的途径。就资本主义社会而言，"只能是在事实上承认现代生产力的社会本性，因而也就是使生产、占有和交换的方式同生产资料的社会性相适应。而要实现这一点，只有由社会公开地和直接地占有已经发展到除了社会管理不适合于其他管理的生产力"，● 并且，负有使命完成这一事业的是被压迫的无产阶级。马克思的社会批判不仅具有系统性和结构性，而且矛头直指现代性的冲突品格——追求自由与创造奴役、生产丰富与感受贫乏、展示智慧与显露愚蠢、开拓事业与自掘坟墓等一系列如影随形的紧张。尽管阶级斗争理论和全人类解放的理论诉求遭到自由主义论者的反对，但谁也不能抹去或忽视马克思所揭示的资本主义社会的历史现实和发展风险。不管马克思的思想是获得了肯定还是受到了质疑，都是现代社会研究不能回避的里程碑之一。因此，马克思不是一位"死去的圣人"（a dead saint），而是一位"活着的思想家"（a living thinker）。●

　　迪尔凯姆和韦伯就智识上的关系来说都是在与马克思思想"幽灵"的对话中发展起来的。他们不认为革命斗争是解决现代社会危机的最终方案，替代性选择的提出，主要依据他们对"什么是当代人面临的最急迫的社会与政治问题"的诊断。在迪尔凯姆那里，社会分工（或社会分化）才是社会发展的基本动力，与马克思的生产方式论强调经济领域的根本作用不同，迪尔凯姆认为社会劳动分工还涉及更为复杂和广阔的社会功能专门化的形式。除了经济世界的分工，在政治、行政、司法、艺术等各个领域，都体现出劳动分工的重要性。由于将社会理解为群体意义上的存在，迪尔凯姆把集体意识作为社会的信念与情感，分工使个体与社会群体的状态及关系都发生了变化。一方面，个体

● 文军. 西方社会学理论：经典传统与当代转向［M］. 上海：上海人民出版社，2006：111.
● 《马克思恩格斯选集》（第3卷），437页. 转引自文军. 西方社会学理论［M］. 上海：上海人民出版社，2006：115.
● ANTHONY GIDDENS. Capitalism and modern social theory［M］. Peking University Press，2006：244.

由遵从集体共有的道德转变为"被迫发展其独立而负责任的人格，并同时使自己的行动相容于其他人的发展"；❶ 另一方面，社会由一种集体意识强烈的、同质的、未分化的"机械团结"类型，转向集体意识弱化的、异质的、分化的"有机团结"类型。个体不再淹没于社会集体之中，但是却比以前更加需要相互依赖。通过论证劳动分工带来社会团结，迪尔凯姆确立了他所理解的现代性的基本问题：在分化的社会中，如何才能建立新的社会共同意义？如何才能确保行动上越来越独立的社会各领域之间的沟通和交流？或许意识到在分化运动强调个性特殊性和整合目标追求道德一致性之间，存在难以消除的紧张，迪尔凯姆给予行会或职业团体以较多的关注，认为行会可以在引导个人摆脱孤立状态、形成共同道德规范方面发挥中介作用，从而使社会能够用道德的约束力量去平衡经济活动中的无止境欲望。迪尔凯姆致力于解决现代性导致的传统信念和行为方式的失效，然而，在个人独立性与社会依赖性同步增长的情况下，迪尔凯姆的解说充满二元性。理性契约不能充分解释非理性的情感，个人的自由追求与社会的秩序要求之间始终存在张力。因此，与其说他找到了解决问题的灵丹妙药，不如说他表达了对任何解决方案的道德忧虑。

　　韦伯强调理性化是现代社会的逻辑。理性主义的传统并不是始自韦伯，即使我们放弃从古希腊哲学中辨明它的来历，至少也可以将笛卡尔的唯理论哲学视为理性主义主张的发源地，启蒙运动则把理性推举到原先上帝的位置，以之为破解干预世事神秘力量的利器。换句话说，现代社会开始于接受一切事物都可以通过理性预测的信念之时。韦伯的"理性化"（rationalization）概念既接受了理性思想的传统馈赠，同时又表达了现代社会的特有制度特征。理性的成长经历是一个"世界醒悟"的过程，理性化（或合理化）是现代性的根基，从法律领域到宗教领域，社会生活的所有范围都显示出类似的理智化结构和过程，西方的特殊性也由此显现。

　　韦伯的理性化思想有两个主要影响，一是形成了现代性的西方模板印象。在这一印象中，"理性的""资本主义的""西方的""现代的"诸词联合为一体，营造出欧洲中心主义的优越论。二是对现代性发展前景的忧虑态度。随着理性化程度的加深，在包括经济、管理、科学甚至艺术在内的社会世界，"行

---

❶ 达尼洛·马尔图切利. 现代性社会学［M］. 姜志辉，译. 南京：译林出版社，2007：25.

动者即使不是唯一地受到工具利益的指引，至少也越来越多地受到目的合理行动的指引"，❶最终迫使人的行动服从形式合理性强加于他们的外部标准，人的自由受到威胁，成为失去意义的一种生存。在《新教伦理与资本主义精神》一书中，两种影响都有表现。西方宗教改革后形成的新教以其奇特的伦理把对上帝的信仰化为入世的禁欲主义理性行动，而世界其他地方的宗教却不能激起同样的资本主义活动。在以新教伦理为起源的现代性早期阶段，宗教、经济领域理性化的传播是积极主动的、有条理的并且充满活力的；但是当理性资本主义彻底取得支配地位后，个人的精神特质（主观方面）在其社会角色履行（客观方面）中的作用逐渐降低，责任伦理的要求侵占了价值伦理诉求。然而不管理性化的力量有多强，人类还是难以舍弃对终极意义的追求，价值伦理或许仍在某处召唤。

在韦伯那里，"现代性就是人性与合理化的、自主性的诸领域之间的关系，后者给理性行为提供了可能性。但是各领域的自主性受到理性本身力量的威胁"。❷ 这一概念同时具有结构性和规范性双重意涵，规范性是指现代性在发展中受到经济理性逻辑的驱使，理性偶像变成了非人格化管理与权力的铁笼，难以实现人的自主与自由。结构性是指现代性瓦解了前现代时期的社会同质状态，使经济、政治、文化各领域相互分化、多元发展，各领域内在的价值不会与其他领域的相混淆。虽然韦伯的现代性模型不同于马克思和迪尔凯姆的模型，但他也同样指出了现代性的问题：在现代社会得以有效运作的必要原则——形式理性与实质理性——之间存在固有的紧张关系。

在经典社会理论家中，齐美尔对现代性的分析是通过货币哲学完成的。货币产生了社会分化，并彻底改造了社会世界。货币把在质性价值上具有无限丰富性的世界转变为只在量化意义上存在的单调而冷漠的世界，把每样东西都降格为碎片。齐美尔的现代性是对世界碎片的悲剧性体验，是受商品交换与流通

❶　达尼洛·马尔图切利. 现代性社会学［M］. 姜志辉，译. 南京：译林出版社，2007：146.
❷　艾伦·斯温伍德. 现代性与文化［G］//周宪. 文化现代性精粹读本. 北京：中国人民大学出版社，2006：64.

主宰的社会里，客观文化对主观文化的压制。❶ 主体和客体、内在性与外在性、人与世界的距离和分裂是形成现代状况的必要前提。齐美尔以其特有的随笔风格，对引起分裂的各种社会过程和媒介形式进行了例证研究。在沉寂了半个世纪之后，齐美尔的思想以各种面貌复活于芝加哥学派、社会冲突论和后现代主义思潮之中。

三、现当代社会理论中的现代性

经典社会理论对现代性的描绘与刻画，是建立在 19 世纪和 20 世纪初的思想传统和社会现实之上的，20 世纪以来，变化的经济、政治和战争带给我们的，是一个可能会令经典思想家们瞠目的世界。超出他们预见可能性的信息革命，逐渐变成现实的道德忧虑，以及那更多的、始料未及的现代性的风险与方向性迷失，都迫使我们拓展诠释的潜能和极限。现代性不再是时代先知敏锐的洞察，而是每一个人深陷其中的生活现实。我们自己时代的精神代言人又是怎样解释的呢？

马克思的批判立场和智识见解被吸收到不同的研究主题中去，特别是当其从理论变成席卷世界的马克思主义运动后，对现代性的发展可能性产生了极大影响，社会主义国家的实践改变了现代性思维的基本景观，正在崛起的中国已经显示出非西方方式的魅力。就西方思想家而言，法兰克福学派的代表们延续了马克思对现代资本主义社会的批判性立场，布迪厄对实践和资本的关注发展了马克思学说的一些基本概念，尽管最终的解释可能与马克思完全背离。例如，布迪厄把对日常实践的分析作为其理论的主要特点，扩展了资本概念，认为除经济资本外，还存在文化资本、社会资本和符号资本等不同类型，资本之间有独自运行和相互转化的关系。❷ 鲍曼在当代背景下"提出两个在马克思视

---

❶ 齐美尔的客观文化是指人们在历史进程中制造和生产的各种文化因素，如宗教、哲学、科学、工具、技术、艺术、伦理、组织、团体、制度等；主观文化是指行为者生产、吸收和控制各种客观文化因素的能力与倾向，是行为者身上内化了的文化因素的综合体现。齐美尔认为现代工业社会里，客观文化越丰富，主体的能力却越低。侯钧生. 西方社会学理论教程 [M]. 2 版. 天津：南开大学出版社，2007：102 - 104.

❷ 布尔迪厄. 文化资本与社会炼金术——布尔迪厄访谈录 [M]. 包亚明，译. 上海：上海人民出版社，1997. 布迪厄又译为"布尔迪厄"，如本版译著。——编者注

域中没有出现或不太突出的社会现象，即消费资本主义与'废弃物'满载的现象，事实上这两个方面已经从整体上改变了资本主义社会原先的权力模式和社会结构"。❶ 现代性因此也由"固态的""厚重的"形态，转变为"液态的""流动的""轻盈的"形态。在"流动的现代性"条件下，资本再一次摆脱社会的控制，以电子信息的速度自由移动，资本全球化冲击和统治着民族国家及其社会生活，导致了时空压缩、地球满载、地理终结或空间贬值等现象。鲍曼通过剖析"资本逃逸"造就的流动的现代性，对资本主义发展进程中新一轮转折的历史情境作出理论解释和回应。

帕森斯是现代社会学理论的中流砥柱。他的出发点是韦伯提出的社会行动，但是更多地继承了迪尔凯姆的社会功能思想，用结构功能主义、社会化、现代化等概念和模型发展出一套精致的现代性理论。他以 AGIL❷ 表示的结构功能分析模型，解决社会行动的协调问题。"社会化"使个人的人格与社会的规范标准之间实现了一致或平衡，因为社会化过程既伴随社会分化的外在事实，又承载个人从儿童到成人的人格形成过程，合乎社会系统的社会化会得到肯定的评价。现代化是由社会分化引起的现代变迁，各社会子系统经过一系列相互调整之后将走向新的平衡。帕森斯对现代性的前景相当乐观，认为美国社会的现代化为世界提供了社会进步的典范。

迪尔凯姆有关社会分化的主题在布迪厄的著作中也有体现。布迪厄认为，现代社会是分化程度较高的社会，经济资本和文化资本是主要的分化动因，社会世界中大大小小的场域，既是具有自主性的客观力量，也是符号象征、惯习（habitus）❸ 实践的主观建构。社会不满和苦难可能是分化带来的普遍性表现，❹

---

❶ 陶日贵. 从马克思到鲍曼：现代性理论的转型 [J]. 广东社会科学，2008 (2).

❷ 杰弗里·亚历山大. 社会学二十讲：二战以来的理论发展 [M]. 北京：华夏出版社，2000：67-68. 在该书中，作者指出，AGIL 是帕森斯分析社会系统的理论模型，为四个子系统的首位字母缩写，分别为"适应"（A：Adaptation），"达到目标"（G：Goal attainment），"整合"（I：Integration），"维持模式"（L：Latency）。

❸ 侯钧生. 西方社会学理论教程 [M]. 2 版. 天津：南开大学出版社，2007：400-402. 在该书中，作者指出，惯习是布迪厄社会理论的核心元素之一，他试图用此概念展示实践与社会、客观条件与人的认知结构的相互建构，以及人类社会在历史、现实、未来之间的联系。总之，布迪厄力图弥合二元主义的对立。

❹ 布尔迪厄. 世界的苦难：布尔迪厄的社会调查 [M]. 张祖建，译. 北京：中国人民大学出版社，2017.

然而通过惯习的作用和资本形式的转换，分化社会中的整合仍然有机会实现。

卢曼却彻底抛弃了有关社会整合的任何假设。从系统理论出发，卢曼解释了降低环境复杂性的机制与功能。由于系统间存在结构联系和相互渗透，系统间的沟通及其媒介获得了重要性。在复杂的现代社会，功能不再取决于结构，而是具有多种可能性。因此，与其说社会分化是社会整合的载体，不如将分化视为"在自身中再现产生系统和环境之间的差异的过程"。现代社会的特征通过功能分化显现出来，某个局部系统（如政治、行政、经济、宗教）的优先是暂时的，社会秩序是在子系统之间的沟通协调和反省的基础上形成的。每个系统都有自己的独立逻辑，这保证了单个系统的自由，也导致了整体的偶然性。各个系统都有关于自身发展的明确的自我定向，但是，处于整体性状态的社会却没有始终中心的定向，偶然性是无法回避的。另外，系统在与环境打交道的同时，也与自己的复杂性打交道，不断地面对和适应内在的不可能性与缺陷。总之，复杂性"意味着选择的必要性，选择的必要性意味着偶然性，偶然性意味着危险"。❶ 在分化程度较低的社会中，损失的危险来自环境；而在高度分化的社会，损失的危险来自之前的决定。现代社会自我呈现为一个危险的社会，从根本上说，当前时代的重要决策必会产生长远影响，故而始终负有对将来的历史责任。社会分化变成了不可抗拒的偶然性的起源，而社会现实是一种高度概率论的结果，现代性彻底地成为偶然的动力。

埃利亚斯、福柯、哈贝马斯等的现代性理论，对韦伯理性化的思想遗产作出了多种可能的解读。在埃利亚斯看来，关于"思维和行为方式从较少理性向较多理性的过渡，是否改变着社会"，是没有意义的问题，因为，"理性化的进程也和全面的文明进程一样，其本身既是心理现象，同时也是社会现象"。❷ 理性化并不是一个"净化"的、笼统而静态的概念，而是基于社会组织的全面社会变革逐步形成的。渐进的理性化和整体的文明转化，一直是和不同阶层与集团间的相互争斗联系在一起的。"理性化"无非是在某种社会组织形式中，人的特征在这一时期变化方向的表现，例如武士的宫廷化。"理性化

---

❶ 卢曼. 社会系统［M］. Suhrkamp 出版社，1984：47. 转引自达尼洛·马尔图切利. 现代性社会学［M］. 姜志辉，译. 南京：译林出版社，2007：138.

❷ 诺贝特·埃利亚斯. 文明的进程：文明的社会起源和心理起源的研究 II ［M］. 袁志英，译. 北京：生活·读书·新知三联书店，1999：308.

所表现的仅只是整体心灵全面变革的一个方面。它和相应的本能结构的变革联袂而来。总之，它是诸多文明现象中的一种。"❶ 埃利亚斯把体现在品行教化、各种礼貌要求中的自我克制和社会约束，视为现代文明内在性的表现。

福柯的立场通常被认为是后现代主义的，因为他对现代性的激进态度和充满解构色彩的解释。福柯通过对现代社会中人们视为当然的真理、权力、伦理等内容的考古学探讨，深入揭示了真理体制、话语实践、权力运作以及自我规训的机制与相互关系，指出社会的理性化和世俗化运动，并非人文科学和古典文化所认为的趋向于完美，或韦伯所说的在各个领域中进行的一系列过程，而是存在一种"军事梦想"，"其基本的参照物不是自然状态，而是一架机器的相互协调的齿轮，不是最初的契约，而是持续的强制，不是基本的权利，而是不断的矫正，不是普遍的意志，而是自动的服从"。❷现代性的中心问题，是意图把理性的普遍原则应用于所有处境的可能性和愿望。福柯将现代性看作一种态度，或精神品质（ethos），而非一段历史时期，它的特点是面向"界限"（limit）勇于改变自身以及我们所处的环境。

哈贝马斯对现代性的阐发，是从破解韦伯关于社会理性化的困境开始的。形式（目的）合理性与实质（价值）合理性的矛盾并不具有必然性，"铁笼"并不是可能的唯一前景。人的社会行动不仅存在目的取向，还存在社会关系考量的沟通取向。在沟通行动中，潜藏着不同于目的—工具理性的另一种理性：具有反省、批判、论证能力的沟通理性。发展沟通合理性，将会改变生活世界被系统殖民化的状况。面对后现代论者的解构，哈贝马斯指出当今时代仍然是"现代性"的，现代性并没有死去，它是一项"未竟的事业"（Modernity is being designed）。❸"主体性"原则仍然是现代性的自我确证原则。另外，通过法律和民主商谈的途径发展公共领域，达到社会成员的共识是可以期望的。

吉登斯在其一系列著作中对现代性问题做了系统的探讨。他的现代性定义

---

❶ 诺贝特·埃利亚斯. 文明的进程：文明的社会起源和心理起源的研究 II ［M］. 袁志英，译. 北京：生活·读书·新知三联书店，1999：316.

❷ 福柯. 监视和惩罚 ［M］. Gallimard 出版社，1975：171. 转引自达尼洛·马尔图切利. 现代性社会学 ［M］. 姜志辉，译. 南京：译林出版社，2007：235.

❸ 杨芳. "现代性是一项未竟的事业"——哈贝马斯现代性理论探究 ［J］. 贵州大学学报（社会科学版），2006（6）.

也获得了广泛的影响。现代性"指的是社会生活或组织形式,大约 17 世纪出现在欧洲,并且在后来的岁月里,程度不同地在世界范围内产生着影响",❶ "在其最简单的形式中,现代性是现代社会或工业文明的缩略语"。❷ 现代性的特征极为复杂,它与传统的关系是断裂性的,其后果在时空上表现为全球性,现代性同时具有安全与危险、信任与风险等双重性特征。如果从多维制度的角度看,资本主义、工业主义、监督机器和对暴力工具的控制,是现代性的四个制度性维度,它们共同构成现代社会的整体形式。吉登斯还深入考察了现代性的动力来源,认为时空分离(separation of time and space)、社会制度的脱域(disembedding)、反思性(reflexivity)是推动现代性发展的主要机制。吉登斯特别指出,现代性不仅是一种外在的转型,还完全改变了日常社会生活的实质,影响到我们的自我认同。在现代性的后传统秩序中,"自我认同成了一种反思性地组织起来的活动"。❸

通过以上梳理,可以看出,现代性是伴随现代社会的产生和发展过程的。经典社会学家开辟了认识现代性的基本途径,现当代社会学家的争鸣,一方面延续了经典理论的观察视角,另一方面在总结社会生活新变化新问题的基础上,提出对现代性的更新诠释。纷呈的观点令人眼花缭乱,难分伯仲,然而社会生活本来就是仁者见仁、智者见智的,现代性的历史给我们提供了各种现实的和可能的面相,在如此丰富的资源中分辨、甄别乃至确立我们自己的现代性立场,成为一项不可推卸的任务。

第二节　现代性研究中存在的问题

由于现代性的成长特性,即它的基本性质和显著特征是在现代社会进程中逐步呈现的,人们不但不能立刻从现代性的种子(理性)预见它的实际面貌,

❶　安东尼·吉登斯. 现代性的后果 [M]. 田禾,译. 南京:译林出版社,2000:67.

❷　安东尼·吉登斯,克里斯多弗·皮尔森. 现代性——吉登斯访谈录 [M]. 北京:新华出版社,2001:69.

❸　安东尼·吉登斯. 现代性与自我认同 [M]. 赵旭东,方文,译. 北京:生活·读书·新知三联书店,1998:5.

而且受到思维传统和思维定式的作用，往往运用旧的有缺陷的思维模式分析新的社会现象，概括新的时代特征。尽管现代性的研究取得了丰硕的成果，形成了有关现代性的形成机制、后果影响、发展趋势等方面的社会理论，但是不能不看到，在现代性研究中仍然存在不容忽视的问题，制约着对现代性的准确认识，二元思维、单向思维等是比较突出的问题。

一、现代性研究中的二元思维

二元思维是人类在历史发展中形成的典型思维模式，它根植于长期实践生活的经验，以主体与客体、主观与客观、感性与理性、表象与本质等一系列互生范畴之间的对立为基本表现。二元思维一方面是人类利用自然、发展社会世界的有力工具，另一方面也制约了人类的发展潜力，甚至成为损害发展的直接原因。二元思维是就人类认识世界的本体论特征而言的，在现实中有各种具体的表现形态。社会科学里二元思维的表现，主要是在基本预设上，将作为主体的个人与各种社会客体（例如制度和规范）相对立，并认为只有其中之一是正确的；与此相联系，在研究方法上形成个体主义与整体主义的对立；在研究层面上，则存在微观与宏观的差别。在社会学中，二元思维还表现为个人与社会、行动与秩序之间的张力关系。

现代性研究中也或明或暗地存在二元思维模式的影响。20 世纪五六十年代兴起的现代化理论是关于现代性具体实现内容和模式的理论，帕森斯等经典现代化理论家们认为，社会由传统转变为现代是客观的潮流，是我们必须适应的进步性，个体通过社会化过程将社会的规范要求内化为个人人格。适应现代化不仅是生产更多更新的物质产品，创造过去不曾有的财富和效率，关键是同时还要实现"人的现代化"。英克尔斯通过把"人的现代性"概念操作化为包括 438 个具体指标、24 个维度的综合量表，向我们展示了"人的现代化"所涉及的条目及其重要性（见表 1.1）。❶

---

❶ 风笑天. 社会学研究方法［M］. 北京：中国人民大学出版社，2001：107. 原文出自阿列克斯·英克尔斯. 从传统人到现代人：六个发展中国家的个人变化［M］. 顾昕，译. 北京：中国人民大学出版社，1992：146，461.

表 1.1　人的现代化综合量表

序号	维度	序号	维度
1	积极参与公共事务	13	信息
2	年老者的角色	14	大众传播媒介
3	教育期望与职业期望	15	亲属义务
4	可依赖性	16	社会阶级分层
5	对变革的认识与评价	17	新经验
6	公民权	18	妇女权利
7	消费态度	19	宗教
8	对尊严的评价	20	专门技能
9	效能	21	对时间的评价
10	家庭大小	22	计划
11	意见的增多	23	工作信念
12	对国家的认同	24	了解生产

在他看来，"人的现代化"的衡量指标主要包括：具有与宿命论相对立的效能感、乐于接受社会变迁、愿意接受新的生活经历即具有开放性、尊重并愿意考虑各种不同的意见、积极获取并关心新的知识和信息、守时惜时具有较强的时间观念、无论是在公共生活还是在私人生活中都趋向于计划性、基于对理性的信赖而对周围的人给予信赖、重视专门技术和公正的分配、有较高的受教育和职业期望、具有普遍主义的取向、不因特殊的个人特征而给予不同的对待、对生活采取分析的态度、倾向于更积极地解决问题而不是回避问题……❶"人的现代化"是现代人所应具备的品格，涉及人的观念、思维方式和素质表现，可以通过文化素质、行为方式以及人生态度的现代化加以实现。

在帕森斯那里，我们看不到人的主体性在现代化中的作用。社会化过程是个人必须经历的生命历程，个人只有充分地社会化才能获得社会的肯定，任何违背现行社会秩序的行为都是与"失范""越轨"联系在一起的。同样，英克尔斯的理论中也体现出传统和现代、客观和主观的对立。现代社会在基本理念上对立于传统社会，现代人在基本品质上对立于传统人，现代制度和现代组织的性质决定了社会全面现代化的客观要求。只有在主观思想和客观行为上进行彻底转变，才是真正的社会现代化。虽然英克尔斯正确地强调了人的因素在现

---

❶ 郑杭生. 社会学概论新修（修订本）[M]. 北京：中国人民大学出版社，1998：420.

代化中的重要作用，但其思维方式仍是二元特征的，主客分离而非主客互动、互构是其理论的基本前提。现代性的获得是人的一项使命和任务，其本身是外在于人的一种客观力量。

现代性研究中的另一类二元思维，表现在对现代性基本后果的价值判断上，即认为现代性是"好的"或"坏的"。现代化理论表面上没有体现出价值判断，实际上把现代化等同于社会进步和社会发展的方向，不容任何质疑，如果为遭受现代化冲击的传统辩护，会被视为保守、倒退。早期现代化理论中还隐含了文明或种族的对立，认为现代化就是西方化，"非现代"的非西方国家只有参照西方的标准才能实现现代化，获得现代性。因此，现代化理论认为现代性是"好的"。与此相反，社会批判理论却认为现代性是"坏的"，因为它造成了人的全面异化，使人成为"单向度的人"。马尔库塞用"单面性"（one - dimensionality）概括当代资本主义社会——现代性的最新发展阶段的基本特征。他指出在资本主义制度下，人们虽然获得了比过去更好的物质享受，却丧失了批判的革命意识，被动地接受资本主义市场强加给人们的"虚假的需要""抑制的需要"，把"小汽车、高清晰度的录音机、现代化的高级住宅、第一流的厨房设备作为自己生活的灵魂"。❶ 科学技术成为一种新型的统治力量，借助技术进步出现的种种文化传播媒介（如广播、电视）操纵了大众意识，使资本主义社会的人性受到了全面的控制，人们丧失了作为主体的自主意识，人的身心都成了异化劳动的工具。显然，现代性的主要成就是压抑性的和破坏性的，是有待解放的状态。现代化理论和社会批判理论孰是孰非？选择任何一方的回答都必然落入二元思维的窠臼。与其认为现代性存在自身无法解决的矛盾，不如换一种思维，把矛盾看作现代性逻辑发展的内在驱动力，现代性可能带来的，既有自由的犒赏，又有奴役的风险。

二、现代性研究中的单向思维

单向思维与二元思维有联系，但又不同。二元思维是在概念的两极中做

❶　马尔库塞《单面人》第9页，转引自钱广华. 现代西方哲学评析［M］. 合肥：安徽大学出版社，1996：455.

"二择一"的判断和选择，单向思维本质上是一种形而上学的思维方式，认为只存在一种作用的方向，缺乏或忽视互动的视角。就其只重视起作用的一方力量而言，单向思维与二元思维是相似的，但是两种思维模式的主要区别是，在单向思维那里，被忽视的因素根本无法与所强调的力量相比，历史上演的是一幕"独角戏"。现代性研究中的单向思维，在对现代性的自主性和现代性传播的认识上都有体现。

现代性的自主性，表现为现代性在其发展中逐渐显露出倔强的力量，不论人们怎样理解现代性，都不能使其不发生作用。现代市场经济的基本规则、运作模式，现代政治体制的基本架构，现代社会组织的构成方式和进出原则等，一旦形成便具有了顽强的生命力，再也难以回到之前的传统状态。面对现代性的自主性，个体的力量显得无足轻重，除了竭尽全力抓住现代性的剪影之外，不能再有什么作为。受这种单向思维影响的研究，往往十分关注现代性对传统造成的巨大冲击、现代性对人们的工作领域和生活领域的重新塑造，现代性的力量得到了深刻地，但却是片面地揭示。在这一类话语中，现代性的自主性变成了纯粹的外在性，是通过我们之手改变世界的力量，类似于黑格尔所说的"历史理性的机智"，❶ 人只是被挑选出来感知和表达"历史理性"（现在是"现代性"）的部分品质，是承担历史命运的接受方。至于现代性思想是如何在近代欧洲的思想温床上孕育和诞生的，以及我们的现代信念又是怎样推动现代性不断走向新的表现形态等问题，却被遮蔽了。

在现代性的传播和扩散过程中，也存在单向思维的认识，认为产生于西方的经典现代性品质，因其卓越的成就（使西方国家率先进入科技发达、物质产品丰富、人民生活富裕、民主、文明等优越状态）而具有普世的推广价值。非西方社会必须遵循同样的标准才能成为完整意义上的现代社会，全然不顾民族、文化、历史以及环境的既有差异，任何改变都会受到质疑，而且急于按照标准的现行理解版本加以对照。"全盘西化论"是比较典型的例子，不仅在社会学中有，其他社会科学领域中也广泛存在，尤其是经济学、法学、政治学这

---

❶ 于海. 西方社会思想史 [M]. 上海：复旦大学出版社，2004：159 - 162. 黑格尔用"历史理性的机智"表示隐藏在个别历史现象背后的理性的规律性，个人活动的价值只是在服务于理性的意义上存在。因此，任何个别人即使是英雄，都不能改变理念自身的运动。

些在西方历史悠久、对现实生活影响巨大的学科。理论界关于现代性的单数
（modernity）与复数（modernities）的争论，本质上就是现代性的唯一性与多
元性争论，反映了单向思维与多元思维的分歧。尽管众多西方学者讨论的
"现代性"或"后现代性"，不言自明地指向西方现代性，仍有艾森斯塔特等
少数社会学家明确使用"多元现代性"概念。一个值得注意的危险是，在经
验研究的领域，国内一些学者完全参照西方的概念标准研究中国的问题，实际
上不自觉地陷入了单向思维，影响其研究结论的适用性。

三、现代性的内在性研究不足

与现代性研究中二元思维和单向思维模式密切相关，社会理论对现代性引
起的宏观社会变迁、现代性发挥威力的范围和途径等外在表现方面做了系统、深
入的研究，却忽视了对现代性内在面向的挖掘，忽视了对自我、对认同的研究。

现代性作为现代社会的性质、状态或气质，不仅要通过外在可见、可感的
事物表现出来，更要通过内在于人类心灵的信念揭示出来，披露出来。然而，
社会科学对现代性条件下的自我意识和人格完整问题，不是疏于研究，就是倾
向于将它们归到不正常或疾病的范畴。心理学可谓是详细地研究了意识的发生
过程以及作用原理，但是由于注重人的基本心理过程与结构，从而抹去了人在
不同历史年代的差别因素，也抹去了现代人的独特心理特点。精神医学对现代
人的心理关注是建立在个体病史的基础之上的，精细的治疗方案追求的是个人
的精神康复和人生幸福。弗洛伊德对人的潜意识的杰出揭示却因为"力比多"
的主宰与泛滥，最终失去了解释现代社会复杂性的说服力。在《文明及其不
满》中，❶ 弗洛伊德把本我的冲动、自我的现实、超我的社会要求之间的矛盾
冲突，视为文明的基本力量，社会与文明是对本能的压抑和升华的产物。然
而，把本质上是个体心理学的解释向充满历史复杂性的社会中推广，推得越
远，思辨和武断的嫌疑就越大。自我意识和人格的发展，不是个体本能力量的
"压抑—爆发"式的结果，相反，是社会情境的塑造，因为人从来不曾仅仅在

---

❶　西格蒙德·弗洛伊德. 文明及其不满［M］. 严志军，张沫，译. 杭州：浙江文艺出版社，
2019.

动物的意义上存在。离开了基本的社会关系和社会群体，人便不再是人。弗洛伊德之后，社会心理学的诸多流派❶对个人和群体的社会行为有了更多层次和角度的考察，但这些理论对人的心理和行为的分析仍然缺乏现代的意味和整体的高度。

现代性的内在面向是通过人对于自身作为主体力量的认识和认可得以阐明的。在传统社会，有关社会秩序的认同是继承的、共同习得的；而在现代社会，认同却是需要建构和自我确认的。现代社会的急速步伐和剧烈变迁，是觉醒了的主体性力量的行动后果，在"上帝死了"❷之后，主体的一切束缚都被解除，绝对自由的尽头却是绝对的奴役。哲学家们发现，"主体性的黄昏"似乎已经到来，甚至于"人已死"，❸意义问题将在世界程序里被彻底清除。这种最为严厉的警告，把我们的目光从虚无的幻想拉回到自身。既然上帝已经死去了一百多年，❹那么，这一百多年的问题与它的成就一样，是我们亲手造成的。我们引出了现代性，现代性改变了我们，我们也不断地调整认同的标准，以适应现代性条件下自我的"本体安全感"❺需求，维持我们在任何境遇中作为某个群体中个体的存在。

现代性研究中存在的问题和不足，反映了人们对现代性的特性认识还不够深刻和全面，也表明现代性自身的成长特性，只有在发展进程中才得以暴露的问题不可能被消灭在萌芽状态。况且现代性所昭示的，既有实现西方理性信念的企图，如经济市场化、政治民主化，又有伴随理性实现而出现的始料未及的消极影响，以及向外推广的强硬逻辑，如普遍的焦虑感、意义的去除、霸权的

---

❶　除了弗洛伊德代表的精神分析理论之外，西方社会心理学的主要流派还有：社会学习理论、群体动力学理论、社会认知理论、社会交换理论、符号互动理论、社会角色理论、参照群体理论、社会生物学理论等。周晓虹. 现代西方社会心理学流派 [M]. 南京：南京大学出版社，1990.

❷　"上帝死了"是尼采借疯子之口说出的惊世之语，尼采采用之指代西方文化中几千年之久的稳定性信念的消亡。既然上帝已死，那么一切价值等待重估。尼采强调主体创造性的思想对社会理论产生了持久的影响。

❸　福柯认为，西方哲学所强调的人类的主体性（拥有独立的人格，可以自由地表达自己的意志）在 20 世纪的实现已经不可能，在这个意义上说，"人已死"。

❹　尼采在 1882 年出版的《快乐的知识》中宣布"上帝死了"，距今已有一百多年，此处借指现代性迅速发展的开始。

❺　吉登斯提出，本体安全感是大部分人类活动的特点，与日常生活中的自然态度有紧密联系，是有关人和事物的共享现实感，体现人和环境的基本信任。

主导。这些情况催促我们反思现代性研究的基本模式，寻找更为贴近现代性真相的研究思路。

第三节　现代性研究的基本尺度

建构主义思潮的兴起代表了突破二元思维模式的智力努力，为我们认识现代性提供了基本的方法论。著名国际关系学者温特（A. Wendt）指出，建构主义有两条基本原则："（1）人类关系的结构主要是由共有观念（shared ideas）而不是由物质力量决定的；（2）有目的行为体的身份和利益是由这些共有观念建构而成的，而不是天然共有的。"❶ 这两条原则强调了主体及其理念在社会世界中的重要解释力，社会成员参与了社会结构的形成与运作，人们的基本信念影响了权力、利益和身份的构成。现代性同样也是建构性的。

一、现代性的建构性

现代性的凸显和它在各个领域引起人们的热议，恰好说明它的新颖性，"新颖性"是现代性概念里的基本内涵："现代性广义地意味着成为现代（being modern），也就是适应现时及其无可置疑的'新颖性'（newness）。"❷ 在时间之流中不断逝去又不断再生，眼前还属于"现代"的东西很快就变成"过去"，现代性所具有的这种短暂性、飞逝性、新颖性与传统的稳定性是相对立的。因此，现代性不是对传统的基本延续，不是社会渐进发展的至高点。相反，现代性带来了传统的毁坏，形成了与传统的断裂。吉登斯认为，（20世纪中后期以来）我们日益生活在"后传统的社会"，即现代性全球化了的社会，"在这一社会中，社会纽带被有效地建立，而不是由过去继承而来……在权威方面它是去中心化的，以新型的相互依赖为焦点……在人际生活领域，对

---

❶　亚历山大·温特. 国际政治的社会理论 [M]. 秦亚青，译. 上海：上海人民出版社，2008：1.
❷　马泰·卡林内斯库. 现代性的五副面孔 [M]. 顾爱彬，李瑞华，译. 北京：商务印书馆，2004：337.

他人开放是社会团结的条件……"。❶ 对这种新兴社会秩序的认识，必须摆脱结构功能主义的思维局限，树立社会建构论的立场。"系统"的稳定性不能仅仅被认为是一种能够实现自我平衡的因果环链，更是通过反馈和反思形成的自我调控；"结构"不是行为的稳定模式，而是生成规则和资源；"构造"取代"功能"用以说明互动系统的"结构的二元性"；社会现实不是系统整合功能的显现，而是经过行为互动实现的社会的生成和再生成。❷吉登斯将他的社会建构论称为"结构化理论"，并用它来分析"晚期现代性"或"高度现代性"的当今时代。

其实，现代性从一开始就是建构性的，只不过在现代性的早期发展中，由于科学、宗教、社会心理等领域的变革相对迟缓，使传统仍然被保留在社会的核心位置，建构的特性还没有充分显露。早期现代性不仅依赖于既存的传统，还"发明"传统。霍布斯鲍姆指出，❸ 某些自认为是"古老的"传统常常是最近才起源的，"古代的原料"被用作现代的目的，尤其是用以产生现代权力系统出现的合法性。早期现代性在其发展中，利用了传统所具有的形式化思维和仪式化表现手段。

现代性的建构性也体现在其内容要求上。现代性的目标不是维持现有的状况，更不是对过去的复归，而是指向未来的规划性。现代性的核心"是一种独特的社会'想象'（imaginaire）的成形与发展，与一套或几套新的制度形态的发展相结合，空前的开放性和不确定性是其核中之核"。❹ 现代性在文化上持有一种未来观念，认为通过自主的人的能动性，众多的可能性得以实现。也就是说，由于肯定了人的自主性、解放性和创造性，有关社会秩序、本体论秩序和政治秩序的合法化甚至它们的前提都不再被认为是理所当然的了，而是可以被质疑的，存在多种不同解释的可能性。文化上的这种信念也使政治领域的构建和政治进程的特征发生了根本性的变革，"政治秩序的传统合法性已然衰

---

❶ 安东尼·吉登斯. 为社会学辩护 [M]. 周红云，陶传进，徐阳，译. 北京：社会科学文献出版社，2003：62.

❷ 安东尼·吉登斯. 为社会学辩护 [M]. 周红云，陶传进，徐阳，译. 北京：社会科学文献出版社，2003：102.

❸ E. 霍鲍姆布斯，T. 兰格. 传统的发明 [M]. 顾杭，庞冠群，译. 南京：译林出版社，2004.

❹ S. N. 艾森斯塔特. 反思现代性 [M]. 旷新年，王爱松，译，北京：生活·读书·新知三联书店，2006：7.

竭，而建构这一秩序的各种可能性则相应地被开辟出来，结果，在人类行动者如何建构政治秩序的问题上，出现了聚讼纷纭的局面。它把反叛的倾向、思想上的反律法主义与建立中心、设立制度的强烈倾向结合起来，引起了社会运动、抗议运动。这些运动成为政治过程的一个持久成分"。❶ 因此，现代性的具体形态是建构出来的，是与特殊社会或文明联系在一起，并随着它们自身内部以及外部的不断互动，而得到反思和发生变化。

不仅如此，现代规划在实现的过程中还会因为修补、应付意料之外的问题，造成方向的改变。例如，在冷战持续的近半个世纪里，美苏两大对立的意识形态阵营互以对方为假想敌，从而维持了各自现代规划的模式与秩序。然而，苏联解体和东欧剧变（值得注意的是，解体的主要动力来自内部，而不是假想敌的成功策划）带来世界格局的新变动，欧盟、日本成为与美国竞争的实体，西方的现代性建构不是因此完成了，而是重新面临选择和反思。自由主义的胜利带来的不是福山预言的"历史的终结"，或者丹尼尔·贝尔宣称的"意识形态的终结"，而是沃勒斯坦具有反讽意味的"自由主义的终结"。❷

从时间跨度上看，现代性的建构性不仅着眼于现在，面向着未来，还延伸至过去，弥补过去的亏欠也成为现代性方案的常规预案。例如，免除穷国的债务可以看作发达国家对自己过去行为的某种补偿；大国承担减少排放温室气体的责任，也是针对其已经消耗的化石能源而言的。

总之，建构性是现代性的最主要特征之一，在未来仍将存在，它与现代性的风险和人们对这种风险的意识紧密联系在一起，成为我们分析现代性的基本前提。

二、现代性的建构尺度

如果从波德莱尔 1863 年发表在《费加罗报》上的系列文章《现代生活的

---

❶ S. N. 艾森斯塔特. 反思现代性 [M]. 旷新年，王爱松，译. 北京：生活·读书·新知三联书店，2006：83-84.

❷ 针对 20 世纪 90 年代苏联解体和东欧剧变，西方学者在不同的视角下提出"终结论"。较为典型的有福山《历史的终结及最后之人》；丹尼尔·贝尔《意识形态的终结》；沃勒斯坦《自由主义的终结》。

画家》❶ 中首次提出"现代性"一词算起，现代性研究已达一个半世纪，尽管实际上现代性理念的起源要比这早很多。在这一个半世纪里，现代性激起了文学、哲学、社会学、法学、历史等几乎所有人文社会科学的研究兴趣，自然科学则用技术的语言实在地生产着现代性的物质外壳。不同学科之间难以达成一致的现代性图景，众多研究视角却共同反映出现代社会与传统社会相比的巨大独特性。现代人身处其中一隅，但又无比迫切地想知道全貌，这种状况非常类似苏轼《题西林壁》诗中描写的情境：横看成岭侧成峰，远近高低各不同，不识庐山真面目，只缘身在此山中。

从现代性的建构性中，一方面我们看到了现代性展现、更新其内容的无限潜力，和我们试图驾驭现代性的困难；另一方面也启示我们拓展思维，不要因为现代性某些特征的重要性而贬抑其他特征。对现代社会各领域的特性研究，其实就是对现代性内容建构的表达。如果我们把现代性的研究内容归结在一种建构尺度上考察，就会发现存在两个基本的尺度：外在尺度和内在尺度。所有那些对现代社会的宏大展现，各种对结构、制度、资本、工业的描述都是现代性的外在尺度或客观尺度；而关于现代性对人们内心世界带来的影响等研究则构成现代性的内在尺度或主观尺度。

现代性的建构尺度之所以既有外在的又有内在的，乃是因为，现代性首先带来社会形态从传统到现代的全面变迁，社会制度、社会组织和发展动力都受全新的模式、机制的支配，社会成员按照新规则进行了排列组合，人类在比过去更大的程度上改变了自己的生活环境。现代性在改变外部世界的同时深深重塑了人的内心世界，"就其动力、就其侵蚀传统风俗习惯的程度及其全球化的影响而言，现代制度与以前所有形式的社会秩序迥然有别。然而，它们不仅仅是外在的转型：现代性完全改变了日常生活的实质，影响到了我们的经历中最为个人化的那些方面"。❷

外在尺度的现代性是人们易于直接看到、听到和感受到的变化，特别是随着机械化和现代工业的诞生，世界的物质面貌首先发生了翻天覆地的变化：桥

---

❶ 马泰·卡林内斯库. 现代性的五副面孔 [M]. 顾爱彬，李瑞华，译. 北京：商务印书馆，2004：55.

❷ 安东尼·吉登斯. 现代性与自我认同 [M]. 赵旭东，方文，译. 北京：生活·读书·新知三联书店，1998：1.

梁、铁路、车辆、城市里鳞次栉比的高楼大厦和拥挤的人群……马克思、恩格斯在《共产党宣言》中对此做了最生动的描述：

> 　　资产阶级在它的不到一百年的阶级统治中所创造的生产力，比过去一切世代创造的全部生产力还要多，还要大。自然力的征服，机器的采用，化学在工业和农业中的应用，轮船的行驶，铁路的通行，电报的使用，整个大陆的开垦，河川的通航，仿佛用法术从地下呼唤出来的大量人口——过去哪一个世纪能够料想到有这样的生产力潜伏在社会劳动里呢？❶

与资本主义强大的生产力相匹配的经济制度、政治制度和社会制度也建立起来，货币、法律、教义、金融制度等被迪尔凯姆称为"社会事实"的东西，对生活于其中的人有着巨大的约束力。迪尔凯姆在社会实在论的立场下，将社会事实定义为"从外部给予个人以约束"，而且"普遍存在于该社会各处并具有其固有存在"的行为方式。❷ 可见，外在尺度的现代性，因其直观性和实实在在的影响力，首先进入社会理论的议题。

三、现代性建构的内在尺度

现代性不仅塑造了现代社会的客观形象和标志，还塑造了现代人的心灵；现代性不仅意味着服从制度之手的差遣，还意味着人作为主体对现代性状态的反思和互构。现代性的外延扩展与它的内涵深入是同时存在的，具有一体两面的表现，而且"现代性的显著特征之一在于外延性（extensionality）和意向性（intentionality）这两'极'之间不断增长的交互关联：一极是全球化的诸多影响，另一极是个人素质的改变"。❸ 内在尺度上的现代性建构，或迟或早都会进入理论研究的视野。实际上，"现代性"一词的最初含义——短暂、飞逝、偶然——就来自对现代艺术风格的理解、领悟和评论，而不是用来直接概括现代社会的总体性质和状态。因此，可以说现代性的体验是理解现代性各种特征

❶ 马克思主义著作选读 [M]. 北京：高等教育出版社，1994：372 – 373.
❷ E. 迪尔凯姆. 社会学方法的准则 [M]. 狄玉明，译. 北京：商务印书馆，1999：34.
❸ 安东尼·吉登斯. 现代性与自我认同 [M]. 赵旭东，方文，译. 北京：生活·读书·新知三联书店，1998：1.

的意识基础，尽管对体验自身的关注要晚于社会宏观特征关注。马克思在概括资本主义社会关系的特征时，将现代生活的特别体验呈现了出来："一切固定的古老的关系以及与之相适应的素被尊崇的观念和见解都被消除了，一切新形成的关系等不到固定下来就陈旧了。一切固定的东西都烟消云散了，一切神圣的东西都被亵渎了。人们终于不得不用冷静的眼光来看他们的生活地位、他们的相互关系。"❶ 齐美尔也认为现代人的处境堪忧，客观文化与主观文化之间的差异及其对主观文化的优势不断增加，人的碎裂感日渐加深。"在现代性中，个体不是感到拥有的东西太少，而是感到拥有的东西太多。事实上，物体有一种不断增加的他性的形式，物体入侵人的生活。"❷ 人的现代体验是多重的，有分裂，有妥协，有压抑甚至眩晕，因为眼前总有大量的事物走马灯似地出现。

现代审美意识或审美现代性从艺术领域演绎现代性的内在气质。无论是"只忠实于当下"的现代主义，还是以拒斥过去和崇拜新事物面目出现的美学极端主义流派——先锋派，以及过于追求细节以致破坏艺术作品的整体性、使其解体为过度书写的片断的"颓废风格"，依赖于时尚的短暂流行、面向消费者的媚俗艺术，以颠覆现代主义标榜自身、实际上不过是现代主义的一种改头换面形式的后现代主义，都是现代性的面孔之一。❸ 如果说源于工业与科学革命的现代性是理性主义的、外向的，那么源自美学领域的现代性就是强烈批评理性甚至公然非理性的、内向的，两种现代性不是和谐并存，而是处于深深的分裂之中，对现实碎片及碎片感的意识与抓住总体的强烈愿望之间存在难以和解的冲突。

对自我认同的研究直接触及现代性的内在后果，"我是谁?""我们是谁?"的追问表明现代人的心灵和时代的精神状态出现了危机，个人或群体需要确认自己的归属，人们赖以行动的基础背景变得不够稳定，这使行动的未来指向也变得不够清晰和确定。于是，认同问题成为人们必须经常面对的自我诘问，成为现代性的独特问题。正如查尔斯·泰勒所说的，在更早的年代，认同从没作

❶ 马克思主义著作选读 [M]. 北京：高等教育出版社，1994：371.
❷ 达尼洛·马尔图切利. 现代性社会学 [M]. 姜志辉，译. 南京：译林出版社，2007：316–317.
❸ 马泰·卡林内斯库. 现代性的五副面孔 [M]. 顾爱彬，李瑞华，译. 北京：商务印书馆，2004：94，126，168，242，312.

为一个问题出现，社会认同是建立在每个人认为理所当然的社会范畴上，但是自我的同一性不是先验地形成，而是依赖于社会，依赖于和他人的交流，现代条件下却大量存在致使认同交流的需求失败的可能条件。❶ 现代性的快速进展及其"作品"并没有带来普遍的成就感，反而是失败和衰落感，泰勒认为意义的丧失、目的的晦暗和自由的丧失是"现代性的隐忧"。❷ 吉登斯对自我认同的讨论，也突出了个人无意义感（personal meaninglessness）的潜在威胁是现代社会自我的各种两难困境的共同因素。❸

因此，认同问题毫无疑问地落入现代性的范围，成为从内在尺度上考察现代性建构的主要议题之一。甚至后现代性的解构主义取向，以及由各种否定性的前缀用词"去—"所表示的对现代性的虚化和不可忍受，各种对建构的绝望和抵制，都可以看作以极端的方式表现的对现代性的认同危机。对现代性内在性的重视和研究，已成为当前社会理论不可忽视的基本视角。

小　结

本章通过回顾社会理论中的现代性，对现代性的基本含义、经典社会理论中的现代性及其在现当代社会思想中的延伸与变化，进行了探讨和论述。现代性研究在取得丰硕成果的同时，仍然存在制约研究进展的问题，主要表现为二元对立性思维和单向决定性思维，使得对现代性的内在性研究不足。依据建构主义观点，现代性具有建构性，其建构的外在尺度是各种宏观的、物质的客观性表现，其建构的内在性尺度是微观的、精神的主体性表现，即认同。各种认同问题在最为内在的意义上诠释了现代性。

---

❶ 查尔斯·泰勒. 现代性之隐忧 [M]. 程炼，译. 北京：中央编译出版社，2001：55. 文字有改动。
❷ 查尔斯·泰勒. 现代性之隐忧 [M]. 程炼，译. 北京：中央编译出版社，2001：12.
❸ 安东尼·吉登斯. 现代性与自我认同 [M]. 赵旭东，方文，译. 北京：生活·读书·新知三联书店，1998：236.

第二章

认同研究及其对现代性的影响

认同问题随着现代生活的延伸，逐渐成为学术界的深度关注话题和生活世界的显著问题。已经"启蒙"了的人类，似乎再也不能回到前现代时期那种自然而发的、朝暮相处的共同体之中了。这个世界流变得太快，以至于人们常常不知自己到底是谁、身处何处。"人一次也不能踏进同一条河流"，古希腊的一句诡辩十分贴切地成为现代图景的写照。

作为现代性的内在表现尺度，认同研究也经历了从被遮蔽到浮现再到凸显的过程。由一个哲学概念，演变和扩展为心理学、社会学概念，并且构成政治学、文化研究的重要范畴，认同研究在不同的意义上穿越多个学科，在跌宕的思维之流中磨砺，在深浅的实践之路上丰满。社会认同理论的提出和应用，使得认同研究有了坚实的基础，朝向更加系统化发展迈进。并且，认同研究越是深入，我们对现代性的理解也越是全面。认同为我们打开了现代性诊断的"内窥镜"，合理的认同观念是确定"我们是谁""我是谁"的重要依据。有了它，就有了根，就有了家。

第一节　认同和它的浮现

20 世纪晚期以来，"认同"（identity）是在国内外学术舞台上频繁出镜的一个术语。2009 年 3 月 24 日，在谷歌搜索引擎上，输入"认同"，会得到 171 万个有关认同定义的结果，以及 220 万个有关认同理论的相关信息；在中国学术期刊网上，会得到 10039 篇相关文章。如果缩小范围，将主题限制在"群体认同"或"社会认同"时，所能搜索到的论文数量急剧下降。在精确匹配的条件下，只剩下大约472条有关"社会认同"的文章，和51条有关"群体认同"的文章。2020年8月7日，在百度搜索引擎上输入"认同"，会得到1亿个结果。当然，查询的时间越近，数字则会越大。这种现象鲜明地反映出认同研究的特点，当对认同概念只取其最宽泛的外延时，会有极为丰富的应用；而当需要在一个相对精确的内涵下进行系统研究时，研究者发现，它的话语伙伴少得可怜。换言之，人们多半是在自说自话。这种既令人兴奋又令人烦恼的研究现状，需要我们对认同的历史和含义做认真的梳理，然后才能箍紧论题的主干方面。

一、认同与同一性

在汉语中，"认同"作为复合词，主要的含义有：认为跟自己有共同之处而感到亲切；承认或认可；赞同、同意。母语为汉语的中国人能很容易地意识到"认同"一词对"认"之动作的强调，"同"的结果基于"认"的确定，"认同"是与主体的分辨、选择密不可分的。

英语中的 identity 出现于16世纪，❶ 源自拉丁词 idem，后者为名词兼形容词，意为"同作者""同样的（字、书、根据等）"。在英语中 identity 的含义主要有：同一，相同，一致；身份，本身，本体；个性，特性。在 identity 的同根词中，identical（identically）的释义为：the same, exactly alike（同一的，完全相同的）；identify（identification）的释义主要是：show who or what sb or sth is; establish the identity of; treat as identical; equate（证明；鉴定；认为同一；视为相等）。国内有的学者将 identity 译作"同一性"，❷ 但是从中国期刊网搜索的结果来看，以"同一性"命名的论文有312篇，其中不少文章是关于哲学同一性问题的。因此综合两种语言的构词和词义特点，将 identity 译为"认同"比较妥当，也更为常见。

---

❶　GLEASON P. Identifying identity: a semantic history [J]. The Journal of American History, 1983, 69（4）：911. 转引自方文. 群体资格：社会认同事件的新路径 [J]. 中国农业大学学报（社会科学版），2008（1）.

❷　安秋玲，王小慧. 社会同一性理论述评 [J]. 石家庄学院学报，2007（3）.

（一）哲学中的同一性

Identity 起初是哲学用语，表示形式逻辑的"同一律"，意指"人或物在所有时间及所有场合与自身等同"。近代哲学家笛卡尔提出身心二元论，使人的同一性问题显现出来。既然物质（身体）的本性是广延，精神（心灵）的本性是思想，物质和精神是两个独立的实体，那么身心的分裂如何解决"自我"的连贯性问题？因为无论根据普通人的经验和常识，还是按照笛卡尔的"普遍怀疑"，都不能使"我"不是"我"而成为他人，也不能否认身心之间确实存在的相互作用。

其后，洛克提出人因为有个人意识的连续性而拥有自身同一性，休谟则从不可知论的立场否认绝对的同一性，而代之以知觉恒常性的相似性。德国古典哲学中，费希特和谢林更是以讨论同一性作为哲学的主要任务。费希特认为，人有了"自我"之后才能有经验，"自我"是经验的根据，并据此提出"自我设定自身""自我设定非我"的哲学命题。谢林用"绝对同一性"来概括主体和客体、自然和精神的矛盾发展，"绝对同一性"是无意识的、无差别的、无条件的，一句话言之，是先验的。❶ 哲学上对人的同一性问题及其同一的基础所做的探讨，其意义并不仅限于"思维和存在何者为第一性"的哲学基本问题，还不可避免地牵涉到人的心理意识与现实。在现实中，个人和组织是有生命特征的持续存在，在保持自身的同时又不断更新，同一性既意味着连续又包含了差别。波洛斯基（Borowski E. J.）把同一性视为一组家族相似概念（identity as a"family resemblance"concept）。其中，历时同一性（diachronic identity）可以作为个人同一性存在的基本支撑。历时同一性是时间中的过程同一性，即对象在时空连续性中能够维持自身的多数关键特征或多数关键关系的连续性。❷ 例如，一个人从童年到青年和老年，其血型、性别、种族、主要亲属关系等体现个人"多数关键特征"的因素没有发生改变，因此，童年的"我"和青年的"我"及老年的"我"之间具有同一性。同样，一个历经岁月的组织或群体，

---

❶ 冒从虎，张庆荣，王勤田. 欧洲哲学通史：下卷 [M]. 天津：南开大学出版社，1992：180 - 201.

❷ BOROWSKI E J. Identity and personal identity [J]. Mind, New Series, 1976, 85 (340)：481 - 502. 转引自方文. 群体资格：社会认同事件的新路径 [J]. 中国农业大学学报（社会科学版），2008 (1). 文字有改动。

尽管内部成员会有变化，但是只要用以体现、辨认组织性质或群体特征的"多数关键特征与关系"的东西不发生改变，我们仍然可以在同一性的前提下谈论该组织或群体。

哲学同一性以思辨的方式引出人的主体性，对开启现实的社会关系和社会心理研究，提供了重要的背景支持作用。

（二）社会科学中的同一性

在社会科学领域里，心理学家埃里克森开创性地将"自我同一性"（ego identity）概念引入社会心理分析，认为自我同一性是人格发展的基本目标。所谓自我同一性，"简言之，是个体在寻求自我的发展进程中，对自我的确认和对有关自我发展的一些重大问题，诸如职业、价值观、信仰等的思考和选择，以及选择后具有的个体内在的一致感、连续感和统合感"。❶

埃里克森在弗洛伊德关于自我的精神分析理论基础上，关注了社会和文化环境对人的发展的影响，提出按照个体生命周期划分为 8 个阶段的人格发展渐成说。该学说认为，人格发展伴随人的终生，个体在每一个生命阶段都有不同的发展任务，或面临一个发展危机。能否成功解决危机，将决定能否建立自我同一性和以后的人格适应能力。具体而言，八个阶段及其危机分别是：①婴儿期（0～1 岁）的发展危机是信任—不信任；②儿童早期（1～3 岁）的发展危机是自主独立—羞怯疑虑；③学前期（3～6 岁）的发展危机是主动性—愧疚感；④学龄期（6～12 岁）的发展危机是勤奋—自卑；⑤青年期（12～18 岁）的发展危机是同一性—同一性混乱；⑥成年早期（18～25 岁）的发展危机是亲密—孤独；⑦成年中期（25～50 岁）的发展危机是繁殖—停滞；⑧老年期（50～死亡）的发展危机是完善—失望。健全的人格意味着实现了生命阶段的基本目标，建立了自我同一性，否则就会导致同一性混乱或危机。❷

埃里克森将哲学同一性思想过渡到社会科学的同一性问题研究。他本人在对经历过"二战"的士兵的临床经验中，发现"这些士兵缺乏的是同一感。

---

❶ 靖建新，王兰锋. Erikson 的自我同一性理论及其评价 [J]. 华北水利水电学院学报（社科版），2008（1）.

❷ 埃里克森. 同一性：青少年与危机 [M]. 孙名之，译. 杭州：浙江教育出版社，2000：79-127.

他们知道他们是谁，有个人的同一性，但似乎他们的生活不再连结在一起，有一个核心的障碍，称为自我同一性的缺失"。● 之后，西方心理学界在自我同一性问题上进行了广泛的研究，尤其在同一性概念的操作定义、同一性状态的情感、认知及行为结果等方面的实证研究，为社会心理学、社会学等学科的相关探索，提供了内在心理机制的研究基础。

在社会心理学上，一般将自我同一性问题置入社会化和社会态度中加以研究。个人在接受、适应社会教化的同时，也能动地选择吸收社会的文化，形成自我意识。完整的自我包含以下内容：①自我概念，指"我是谁?"的问题；②自尊，指自我价值感；③自我认识，指如何解释和预测自我；④社会自我，指"我"的各种社会角色以及"我"的群体特性。● 也就是说，人的自我不仅包括对"我"（即有关个人属性）的认识，还包括对"我们"（即有关个人的社会定义）的认识。社会态度是社会心理学研究的传统主题，指人们对社会中的人和各种事物的态度。态度的形成要经历模仿与服从、同化和内化的过程。其中，同化的过程就是认同的实现，"认同指个体自觉自愿地接受他人的观点、信念，以使自己的态度与他人要求相一致"。● 社会态度的形成是一个由表及里、由外而内的进展，同化阶段的态度已是出于个体自愿，但还未纳入个人人格稳定的组成部分。可见，社会心理学的同一性（或同化、认同）概念，包含了个人能动认知因素和受他人社会规范影响的双重意涵，为认同的系统化研究奠定了基础。

二、认同的概念

如果单从社会化的角度看，任何时代的人们在人格形成过程中，都会经历这样或那样的认同问题，遭遇或大或小的认同危机。但是在传统社会，传统和习惯在社会秩序中起着主导作用，人们的个人生活和社会身份的变化发展，基

● JANE KROGER. Discussions on ego identity [M]. London: Lawrence Erlbaum Associates, 1993: 5 - 14. 转引自郭金山. 西方心理学自我同一性概念的解析 [J]. 心理科学进展, 2003, 11 (2).

● 戴维·迈尔斯. 社会心理学（第8版）[M]. 侯玉波, 乐国安, 张智勇, 等 译. 北京: 人民邮电出版社, 2006: 31.

● 华红琴. 社会心理学原理和应用 [M]. 上海: 上海大学出版社, 2004: 146.

本上按照可以预测的轨道运行。而且，生存的问题即使不是唯一的，也是主要的奋斗目标，自我反省只属于少数多愁善感的心灵。然而在技术发达、财富增长的现代社会，基本生存问题得到解决之后，生存的意义与价值、归属感、在快速变化的生活中试图抓住自我的确定性等问题，开始浮现出来，成为现代人生命历程中的特有内容。先前较为抽象的"同一性"概念，也向更为具体、通俗的"认同"概念转化。并且，在多学科研究的推动下，identity 从单数的同一性裂变为复数的 identities，"空洞、抽象而整体性的社会语境以及与之对应的整体性的自我同一性，裂变为独特、丰富而具体的社会力量以及与之对应的动态而丰富的多元认同"。❶

（一）认同的几种定义

当有关 identities 的讨论取代 identity 之后，一个显而易见的事实是，人们在到处谈论认同问题，却不是基于一个共同接受的认同定义。换句话说，存在各种各样的认同。如同当代西方哲学家和社会学家马克·费瑟尔斯通（Mike Festherstone）指出的："最近若干年来，人们对于认同很感兴趣……'认同'在当代社会科学和人文科学中的使用范围极为广泛，也使人迷惑不解。它可以被用于一个人、一个地方，一个国家甚至这个世界。它能够被用于无生命的东西上……在某些用法中，'认同'是'人格'和'自我性'（selfhood）这些术语的继承者；在其他的用法中，它又被视为一种文化、一个国家甚至一个社会的质（哈贝马斯就提出了这样的问题：'现代社会有没有一种认同？'）。"❷ 之所以出现这种情况，与认同自身的特性不无关系，认同问题在广泛领域的复杂存在，以及在不同时期中心议题的流变，都影响到对认同定义的理解。就我们的研究旨趣，下面择取几例有关认同的典型定义加以分析。

在 2003 年出版的《当代西方社会学·人类学新词典》中，认同（identity）的定义是"指群体中的成员在认知与评价上产生了一致的看法及其感情"。该词条进一步解释了产生认同的原因："群体中的成员有着共同的需要、目的和

---

❶ 方文. 群体资格：社会认同事件的新路径 [J]. 中国农业大学学报（社会科学版），2008（1）.
❷ JOSEPH E DAVIS: Identity and social change [M]. New Brunswick: Transaction Publishers, 2000: 53 - 54. 转引自王成兵. 当代认同危机的人学解读 [M]. 北京：中国社会科学出版社，2004: 5 - 6.

利益，彼此容易产生相同的认知倾向和价值取向，并能自觉地保持这种一致性"，还区分了两种不同的认同：一种是自觉的认同，"由于群体内人际关系密切，……成员……主动地与群体以及其他成员发生认同"；另一种是被动的认同，"即在群体压力下，为避免被群体抛弃或受到冷遇而产生的从众行为"。❶ 从该词条的释义可以看出，认同的获得被认为是在群体基础上群己关系相互作用的结果。而将从众的心理现象视为一种消极的认同，则充分反映了该定义的社会心理学倾向。

实际上，在此之前的有关词典中，认同多是作为心理学的概念被定义的。例如，沙莲香在《社会心理学》（2002 年版）中指出，"认同是心理学中用来解释人格统合机制的概念，即人格与社会及文化之间怎样互动而维系人格统一性和一贯性，认同是维系人格与社会及文化之间互动的内在力量，从而是维系人格统一性和一贯性的内在力量，因此，这个概念又用来表示主体性、归属感"。❷ 更早一些出版的词典也是如此，张春兴的《张氏心理学大词典》（1992年）对认同的解释是："一个人将其他个人或群体的行为方式、态度观念、价值标准等，经由模仿、内化，而使本人与他人或群体趋于一致的心理历程"。❸在《社会心理学词典》（1988 年）中，认同被认为是一种情感、态度甚至认识的移入过程，在人际交往中，无论是使别人被自己同化，还是自己被别人同化，都是认同。❹ 而同是 1988 年由山东人民出版社出版的、王康主编的《社会学词典》中则没有"认同"的词条。

随着对认同现象的不断探询，认同概念也逐渐获得了多角度的诠释。王成兵从当代哲学和人学的角度定义认同："所谓当代认同是指现代人在现代社会中塑造成的、以人的自我为轴心展开和运转的、对自我身份的确认，它围绕着各种差异轴（譬如性别、年龄、阶级、种族和国家等）展开，其中每一个差异轴都有一个力量的向度，人们通过彼此间的力量差异而获得自我的社会差

❶ 黄平，罗红光，许宝强. 当代西方社会学·人类学新词典 [M]. 长春：吉林人民出版社，2003：133.

❷ 沙莲香. 社会心理学 [M]. 北京：中国人民大学出版社，2002：前言第 4 页。

❸ 张春兴. 张氏心理学大词典 [M]. 上海：上海辞书出版社，1992：122.

❹ 费穗宇，张潘仕. 社会心理学词典 [M]. 石家庄：河北人民出版社，1988：45.

异，从而对自我身份进行识别。"❶

该定义首先突出了认同概念的现代或当代意涵，使用"当代认同"以区别于作为任何时代普遍心理现象的认同，指出我们时代存在特有的认同危机。其次，该定义强调必须从人类总体生存状态中理解人的认同感，即人是其自然属性与社会属性及精神属性的统一整体。认同问题伴随人类始终，而不是一件偶然的现代烦恼，相反，它是现代条件下的一个永久性的、具有强烈变化性的问题。此外，该界定还明确地把当代认同看作围绕各种"差异轴"的力量较量的结果。这表明作者关注的是认同形成过程中"主我"（I）与"他者"（others）之间的相互影响与塑造。作者区分了自我（个体）认同和社会（集体、群体）认同，认为前者是一种内在性认同，是个人依据自身经历所形成的、作为反思性理解的自我；后者是对人的行为的普遍和客观的社会意义的诉求，表现为对特定社区某种价值、文化和信念等的共同或本质上接近的态度。❷ 总之，该定义拓宽了考察认同的视野，力图对当代认同危机作哲学高度的概括和阐释，为我们深入理解认同提供了有益的参考。

（二）社会学的认同定义

社会学中的认同概念倾向于强调他人或社会在个人认同中的作用，更为关注社会（集体、群体）认同。符号互动论及其后继者通过对自我、角色以及社会结构的讨论，触及认同的机制分析，但是由于其分析情境的价值排除——即，不考虑所涉认同的实际价值因素与社会意义——而失却社会学应有的人文关怀和社会责任，也没有形成关于认同概念的系统阐述。因此，从社会学角度定义认同是社会学者面临的急切需要。李友梅教授认为，"从社会学的角度看，社会认同是一个社会的成员共同拥有的信仰、价值和行动取向的集中体现，本质上是一种集体观念，它是团体增强内聚力的价值基础"❸，并指出现实中构成社会认同的三个基础性领域（福利渗透、意义系统和社会组织）之间存在功能上相互匹配的必要性。该定义突出了认同的价值性关注，把社会系

---

❶ 王成兵. 当代认同危机的人学解读 [M]. 北京：中国社会科学出版社，2004：9.
❷ 王成兵. 当代认同危机的人学解读 [M]. 北京：中国社会科学出版社，2004：16.
❸ 李友梅. 重塑社会认同与探索社会自我调适系统 [J]. 探索与争鸣，2007（2）.

统内各部门的相互调适看作社会认同建立的基本机制，并强调社会组织在国家的社会治理中的重要作用。不难看出该定义的学科色彩和理论侧重点。方文教授认为，认同的核心部分应是群体资格，"认同，亦即行动者对自身独特品质或特征积极的认知评价、情感体验和行动承诺，成为当代社会科学探究的核心；进一步，所有这些独特品质或特征，都可以理解为独特的群体资格"。❶群体资格的获得与个体的生命历程密切相关，因此，认同具有多元性、主观性、动态性以及共识协商性的特征。该定义把群体资格视为认同的事实元素，以及进行社会认同研究的新路径。可见，在社会学语境中，认同概念是一个带着价值符号落地的概念。

郑杭生教授综合上述研究的积极成果，给出了一个关于认同的简明扼要的综合性规定："所谓社会认同，简要地说，就是个人和群体对其社会身份和社会角色的自我认定和他者认可。详细一点说，所谓社会认同，就是以利益为基点，以文化为纽带，以组织为归属，在多种社会关系网络中，个人和群体对其社会身份和社会角色的自我认定和他者认可。"❷对此定义的内涵与外延，郑教授也以其举重若轻和善于驾驭复杂概念的笔触，进行了详细的论证。

认同的内涵包括以下几个方面：第一，在认同的主客体问题上，个人和群体既是认同的主体，又是认同的客体。个人既有自我认同，又需要别人和群体（社会）的认可，因为个人和社会在主客关系上具有相互建构的性质。第二，认同的内容既包括身份的问题，也包括角色的问题。前者涉及个人和群体在社会结构中的不同位置，后者涉及他们在社会活动中的不同表现，结构与行动之间存在相互型塑性。第三，认同的类别可以根据认同的主体不同划分，也可以根据认同的自我性和他者性区别划分。第四，从基础与背景上看，认同与利益、文化和组织相关，这也表明认同具有物质和精神的实际支撑点。第五，认同在性质上具有建构性和动态性。认同是不断调整、反复建构的结果，而不是一劳永逸或平稳进化的产物。

认同的外延是认同所指的范围，从大到小可以分为民族认同和文化认同、

---

❶ 方文. 群体资格：社会认同事件的新路径［J］. 中国农业大学学报（社会科学版），2008（1）.
❷ 郑杭生. 我们时代的"大传统"——从社会学视角看当代中国社会认同的基础［M］//郑杭生. 中国人民大学中国社会发展研究报告2008. 北京：中国人民大学出版社，2009：3.

国家或祖国认同以及特定社会制度和发展模式的认同三个不同的层次。具体到当前的中国社会，就是对中华民族和中华文化的认同、对祖国（中国人）的认同和对中国特色社会主义的认同，即"四个认同"。

通过以上简要考察可以发现，有关认同和社会认同的定义各具特色，富有启发性。与其他定义相比，郑杭生教授对认同的定义，兼顾了之前认同研究中强调社会角色互动影响和主观认知因素的两种不同倾向，把"意义共同性或价值共同性"视为认同的社会学支点，进而突出社会认同作为社会软实力所具有的巨大潜力。这一界定明晰了认同概念的内涵和外延，第一次较为系统地阐述了社会学意义上的认同，为我们提供了认识认同的既视野宏阔又立基实践的理论契机。简洁而精准的概念是学术研究的必要出发点，只有在此基础上，才能期待认同研究开出具有鲜明社会学印迹的丰硕成果。

三、个体认同与集体（群体）认同

从认同的概念中不难看出，尽管对认同的定义存在学科角度和内涵理解的差异，但是在认同的成因上，还是有广泛的一致，即大家都认可认同是在社会中形成的。这一共识为社会学的认同研究提供了便利。社会学可以直接在心理学、哲学等学科研究的基础上展开对认同的群体研究，而不必先去求证个体认同的形成机制。在此意义上，我们把集体（群体或社会）认同作为社会学认同研究的基本单位。这样既保证了研究的必要层次，又可以连接经验事实。在这里，厘清认同的不同类别及其相互关系显得尤为重要。

（一）个体认同与集体（群体或社会）认同的关系

个体认同（individual identity），顾名思义，是指人对自我的认识和反思，通常又称为自我认同。泰勒指出，在我们说人是自我时，这个术语有一种含义，即是……拥有身份、有必要深度和复杂性的存在。❶

由于个体认同意味着个人（I）开始把自身（me）作为对象来思考，并在

---

❶ 查尔斯·泰勒. 自我的根源：现代认同的形成［M］. 韩震，等译. 南京：译林出版社，2001：44.

此基础上形成个人对自己的人格、自我发展、社会身份等方面的认知，它又被认为是一种内在性认同，"它是一种内在化过程和内在深度感，是个人依据个人经历所形成的、作为反思性理解的自我，它主要集中于对人的主体性问题的把握，其直接对象是对人自身意义的反思"。● 个体认同是一个微观性的范畴，是维持个人的人格一致性，形成和确保个人在社会中的身份感、地位感和意义感的主要来源。

集体认同（collective identity），简而言之，是指群体成员对所属群体或社区属性的认可与接纳。这些属性包括特定的价值、文化和信念，也包括特定的社会身份和角色。当群体成员对上述属性具有共同的或本质上接近的态度时，集体认同就形成了。与个体认同对自我的关注不同，集体认同的直接对象是"人的行为的普遍和客观的社会意义"。❷

"集体"是相对于"个体"而言的，集体认同、群体认同和社会认同是几个概念上相近的术语。其中，集体认同基本上与群体认同等义，在某些情形下，群体是一个比集体范围更小、更为中性的措辞；社会认同（social identity）则蕴含了对群体的价值肯定，与社会现实的关联更为密切一些。我们是在社会学的意义上讨论认同，因此默认以上三个概念具有相同意义。集体认同是一种外在性认同，为群体成员提供认同得以展开的基本背景，使个体的生存能够处于"有根"的状态。

由于认同总是在群体和社会中形成的，在此意义上可以说任何认同都是社会认同。个体认同和集体认同是认同的两个依存面相，个体认同突出认同的差异性、独特性和独一无二性的一面，集体认同则突出认同中被诸多个体共享的相似性或相同性成分，是一副"公共的形象"（public images）。个体认同和集体认同之间还是相互塑造和建构的，没有个体认同便没有集体认同，集体认同需要其中的个体予以内化和确认；同样，缺乏集体认同的个体认同，将失去认同的发展方向，沦为"孤芳自赏"，最终不能在社会上立足。

（二）自我认同与他者认同的关系

这对概念与个体认同和集体认同之间具有相互交叉性。当自我仅指个人

---

❶❷　王成兵，张志斌. 认同危机：一个现代性问题［J］. 新视野，2005（4）.

时，自我认同即是个体认同；而当自我指某个群体的"自我意识"时，就不是个体认同了。因此，"自我认同的外延要比个人认同宽"，❶ 它包括个人的自我认同和集体的自我认同两类。我们可以在个人的层次上谈论自我认同，这是自我认同研究中最常见的情况；也可以在群体的层次上讨论自我认同，如国家的自我认同、民族的自我认同。

他者是建立自我感的基本参照，"我是谁"的叙说本身就暗含了"我不是谁"的表达，正如现代哲学、语言学的研究所揭示的，每种符号都有其负面的代码。他者认同也有类似的区分，有他者的个人认同和他者的集体认同。其他人的自我构成与"我"相对的"他者"，是"我"之所以成为"我"、不会和其他人混淆的基本条件；同理，对"他群"的意识是"我群"意识确立的基本条件，"他群"是"我群"的"他者"，不同群体的边界是各个群体建立"自我意识"所必不可少的。自我认同和他者认同的关系也体现了不同主体与其人文环境的相互形塑性。

（三）集体（群体或社会）认同的内容之间的关系

社会生活内容的广泛性、个人的多重性存在，都决定了集体认同内容的广泛性。我们可以从广义社会四个子系统的角度，将集体认同的内容区分为政治性认同、经济性认同、文化性认同和社会性认同；也可以从群体资格获得的角度，从性别认同、阶层认同、宗教认同、职业认同、公民/国家认同等范畴研究集体认同。集体认同的不同所指，体现着个人或群体对自身的不同归类，以及自我认识的不同向度。当然，各类认同之间的互异性只是出于分析的便利考虑而做出的，并不是泾渭分明的。因为认同是主体（个人或群体）对自身诸多属性的自我认定和他者认可，诸多属性之间存在复杂的联动，共同反映了社会结构的稳定模式。

个体认同会随着个人生命历程的进展而变化其阶段性的主题，集体（群体、社会）认同也会随时代和社会境遇的更迭变换合宜的认同内容。在传统语境中，个体认同和集体认同在例行化的日常生活基础上得以自然地构建，多

❶　郑杭生. 我们时代的"大传统"——从社会学视角看当代中国社会认同的基础［M］//郑杭生. 中国人民大学中国社会发展研究报告2008. 北京：中国人民大学出版社，2009：4.

数时候，变化缓慢的传统秩序成为认同的稳定背景。

　　但是在现代语境中，不仅个人要比以往更经常地面临自我认同问题，群体或社会的边界也失去了确定性，时间和空间不再是天然恒定的活动背景，"职业日益弹性化，甚至民族国家这样最为确定的社会组织也在发生变化，其物理边界不断被超越，其文化内涵不断被抽空、填充和再生产"。❶ 在此种"流动的现代性"中，消除认同危机，维护个人的"本体性安全"需要和群体、社会的再团结，成为社会和谐和健康发展的重要课题。无论人们是否明确意识到这一点，认同问题都已经历史性地出现了，成为现代性问题的重要后果。

第二节　社会认同理论

　　围绕认同问题，在社会学和社会心理学领域形成了一些相应的研究成果和理论，其中社会认同理论是获得广泛影响的理论，并成为群体研究经常使用的理论依据。在不同学科传统的影响下，有着社会心理学的社会认同理论和社会学的认同理论之分。前者基于实验室研究，提出社会认同（以及群际行为）的基本心理机制；后者基于符号互动论的研究传统，揭示认同与社会结构的互动关系。两种理论从不同的方向帮助我们理解"我们是谁"和"为什么如此"。

一、群体及群际关系

　　群体问题和群际关系历来是社会心理学研究的基本领域，因为社会心理学就是一门"要了解和说明个体的思想、情感和行为如何受他人实际的、想象的，或者是潜在的存在的影响"的学科。❷ 对个体心理特征的说明必须置于群体或社会的背景中，对群体特征和行为的说明又要联系相关的其他群体。因

---

❶ 李友梅，肖瑛，黄晓春. 社会认同：一种结构视野的分析——以美、德、日三国为例 [M].上海：上海人民出版社、格致出版社，2007：8.
❷ 华红琴. 社会心理学原理和应用 [M]. 上海：上海大学出版社，2004：2.

此，群体实际上是社会心理学研究的出发点，尽管有的社会心理学家并不接受群体的概念。例如，奥尔波特就拒绝承认社会群体的真实性和特殊性，认为个体之外的意识是"不可能被触摸和观察"的。然而，更多的社会心理学家接受群体的存在及其独有的性质，认为群体的存在是在人们的通常理解中显现的，而标语、价值、规范等无疑是群体才会有的产品。

群体心理学先驱谢里夫（Sherif）认为："从处于孤立状态的人的感觉、态度和行为，不加批判地外推作为一个群体的一名成员时他的行为，不能使我们对事件做出公平适当的处理。成为群体的一名成员，并且作为群体的一名成员来行动，有心理上的后果。即使其他成员们没有直接在场时，也有这样的后果。"❶

可以说，群体的存在本身就是社会认同的结果。什么是群体？一般而言，群体是指以一定方式联结为一个整体，进行共同活动并彼此作用和依赖的集合体。群体的规模有大有小，大到国家、民族，小到家庭、足球队。群体的持续时间也有长有短：长，如累世而存的民族，能承载历史的变迁；短，如逆境共命的游客，仅亲历情境的感受。群体的构成方式可以是正式的，也可以是非正式的；可以是面对面互动的，也可以只通过社会角色关系发生间接的互动。学校里的班级、业余兴趣小组，和邻里亲密人群、全国工会组织一样，都是群体。群体必然是人群结合体，但人群结合体并不必然是群体，二者的区别要看人群结合体是否有共同的行为目标和活动，是否有频繁的互动和相互作用，是否有某种共同的命运和归属感。如果有，就是群体；如果没有，只是人群结合体而已。在群体中，人们或经历某种相同的命运，或分享某种共同的信念与价值，或意识到共同存在于某种社会结构之中，或体验到共同有别于某个"他者"……简而言之，具有共同的社会认同。判断群体的标准与社会认同是一致的。在这个意义上，可以说正是某种共同的认同感使人们成为同一个群体的成员，并与其他的群体相区分。

当一个群体的成员与其他群体的成员打交道时，就会发生群际的关系。群际关系涉及群体与群体之间如何共处的方式。群际关系与人际关系的不同之处

---

❶　RUPERT BROWN. 群体过程［M］. 2 版. 胡鑫，庆小飞，译. 北京：中国轻工业出版社，2007：4.

在于，人际关系中，突出的是个体的独特性；群际关系中，个人是以群体的角度看待自己和他人的，原本属于个人的丰富多彩的个性，被群体的刻板印象所取代。谢里夫认为，"群体成员的群际态度与行为，反映了他们的群体与其他群体的客观利益"。❶

群际之间是合作还是冲突，与群体目标有密切关系。谢里夫通过以"夏令营"形式进行的三个著名的实地实验，令人信服地表明：群际竞争起于相互冲突的目标，即一个群体的获得就是另一个群体的损失。这时，群体成员会形成包括判断、态度和社会测量偏好上系统的和始终如一的内群偏好，群体内更有凝聚力，人们更倾向于作为群体的成员而不是单独的个体进行行动，并以群体的角度看待自己以及敌对群体的行动后果。在谢里夫的实验中，进行垒球、拔河比赛的两个群体势同水火，绝不放弃任何一个可以嘲弄外群的机会。

群际间的合作与友谊可以通过在群体间引入"超然目标"实现。所谓"超然目标"是一种两个群体都追求，但若仅凭其中任何一个群体的努力却不能实现的目标。由于它是两个群体的共同利益，故而可能导致两个陌生群体甚至敌对群体产生合作。在合作中，群际敌意明显减少，群际行为呈现出积极的一面。如果合作成功，实现了"超然目标"，还会产生出群体友谊。但是如果合作失败，则会存在一方群体将失败归咎于外群的危险。因此，群际行为的主要决定因素，是群体之间存在的目标关系的性质，而不是群体之间的互动。真实的或想象的群体利益，左右着现实的群际关系。

群际关系反映了不同的群体认同之间的关系。在特定的社会结构中，不同群体依据文化、历史、经济等各种因素，获得相应的位置和角色，形成各自的群体（集体）认同，在联动关系密切的相邻群体之间，群体认同内容的相斥或相容，会通过群体目标体现出来，以或冲突或合作的方式使群体成员感知到。

群体及群际关系是社会认同理论的基本出发点。正是通过对群体的心理分析，泰费尔等提出了社会认同理论，用以说明群体认知的形成和群际分化的机制。

---

❶ RUPERT BROWN. 群体过程［M］. 2版. 胡鑫，庆小飞，译. 北京：中国轻工业出版社，2007：160.

二、泰费尔的社会认同理论

谢里夫的研究揭示了存在于群体之间的客观关系（或利益关系）对群际态度和群际行为的影响。但是，影响群际关系的实际因素远比其在实验中所设计得要多，仅有群体间现实的冲突还不足以充分解释群际行为的发生机制。泰费尔和特纳等通过研究表明，社会认同是造成群体冲突以及持续的群体分化的根源所在，人们对群体的心理意识内在地作用于群体成员的知觉、态度和行为之上。

泰费尔精心设计了一系列群体实验室实验，其中最著名的是被称为"最简群体实验范式"（minimal‑group paradigm）的实验。所谓"最简群体"，是指剔除了可能影响群体成员行为的文化因素、群体结构以及由群体成员的互动对成员行为的影响等因素之后，所保留的最简单、最纯粹的群体，这样的群体符合群体间形成偏见的最小条件，是群体实验研究的最合适范本。如何创造一个最简群体情境呢？泰费尔的具体做法是：首先，确定一些互不相识且从未谋面的人作为被试，并请被试者做一张卡片评估作业。然后，以此为理由将被试者随机地分为高估组和低估组两组，使被试者形成相互区别的群体。接着，要求两组被试者进行群体间资源分配的工作。结果发现，被试人员倾向于给自己所在组的成员分配较多的资源。❶ 实际上，所谓的同组人员并没有发生互动，"组"的分类只是临时的主观知觉而已。但是，实验表明，仅仅是单纯地知觉到分类，就会使人产生与他人共属的认同感，从而引起内群体偏见，即给予内群体更多的资源和积极的评价，而这对于外群体来说，就会是一种歧视。

泰费尔的最简群体实验研究结果显示，把人分配到即使是毫无意义的类别中去，也足以产生群体取向的知觉和相应的行为。因此，群体行为的最低条件是对群体身份的意识，这种意识是一种主观的认同。而将事物按照某种标准进行归类的范畴化过程是人类存在的一个不可避免的特征，一些实验表明：即使是儿童，也在很小的年纪就会使用范畴化策略。❷

❶ 张莹瑞，佐斌. 社会认同理论及其进展 [J]. 心理科学进展，2006，14（3）.
❷ RUPERT BROWN. 群体过程 [M]. 2 版. 胡鑫，庆小飞，译. 北京：中国轻工业出版社，2007：180－181.

之前谢里夫的实验，注重的是由客观的物质资源所引起的内群体偏见和外群体歧视。泰费尔的突破性贡献是，指出了主观心理归属因素对群体间行为的基本影响。由于任何群际行为都是以群体意识为前提的，因而对心理群体的研究就显得格外重要。泰费尔等在最简群体实验范式研究的基础上，进行了进一步的研究，提出了社会认同理论，阐述了社会认同的基本过程及其作用。

社会认同理论的主要研究假设是，当个体以组织成员身份确定他们自己的时候，这种由群体定位的自我知觉会在随后的社会行为中产生"心理区辨效果"（psychological distinctive effect），形成主动归属的社会心理，产生社会认同。泰费尔将社会认同定义为："个体认识到他（或她）属于特定的社会群体，同时也认识到作为群体成员带给他（或她）的情感和价值意义。"❶ 不同于个人认同或自我认同对自身特点的自我描述，社会认同强调的是，一个人根据自己所落入的，或感到所属的社会类别的特点，来界定或描述自我，这种社会自我是个人自我概念的组成部分。个体通过实现或维持积极的社会认同来提高自尊，积极的自尊来源于在群体比较中认为自己的群体优于其他群体。如果没有获得满意的社会认同或社会认同受到威胁时，个体会采用各种策略以提高自尊，包括进行积极区分，甚至离开群体。

泰费尔在其《群际关系的社会心理学》中，提出社会认同建立的三个基本过程。

1. 社会分类（social categorization）

泰费尔在其早期的线段判断实验中发现，当要求被试者从不断变化的标为A的四根短线和标为B的四根长线之间判断长度时，他们倾向于夸大A和B之间的差异，即放大了长线与短线之间所感知到的差别。这种"加重效应"（accentuation effect）也同样表现在有关社会刺激的知觉上。后来特纳（J. Turner）做了进一步的研究，认为人们确实会自动地将事物分门别类，在将他人分类时会将自我也纳入其中，形成内群体和外群体之别。社会分类虽然只是一种心理过程，但是它带来的后果却是外显的，即它会激发偏好内群的群

---

❶ TAFEL H. Differentiation between social groups: studies in the social psychology of intergroup relations [M]. London: Academic Press, 1978；张莹瑞，佐斌. 社会认同理论及其进展 [J]. 心理科学进展，2006，14（3）.

际歧视，引起现实的群体冲突。

2. 社会比较（social comparison）

泰费尔和特纳拓展了费斯廷格（L. Festinger）关于个体之间的社会比较理论，将比较过程从个人延伸到群体。他们提出，群体评价在本质上也是相对的，人们是通过与其他群体的比较来评估"我群"的价值的。而且人们倾向于在认知、情感和行为的各个方面赋予内群体以明显的优越性，通过夸大群体间的差异，提高了其自尊。社会比较加强了社会分类的意义，由于人们部分的自我概念是依照群体归属界定的，因此，人们积极肯定自己所属的群体，也就是积极肯定自我。社会比较是群体成员获得社会认同的重要手段。

3. 积极区分（positive distinctiveness）

这一原则是社会认同理论的重要假设，它认为人际或群际的行为是受人的自我激励需要决定的。个体为了满足自尊，总是会突出自己在某种比较维度上的长处。在群体关系状态下，个体自我激励的动机会有更为出色的表现，人们通过积极区分获得积极的社会认同。积极区分原则对群体造成的影响是两面性的：对于内群而言，它提高了内群成员之间的认同程度，并相应地提高了内群成员的自尊水平；但是，对于外群而言，它假设并加强了群体间的偏见与敌意，同时也将外群置于低自尊的境地。而当每个群体都运用积极区分原则的时候，群际冲突就不可避免了。

社会认同理论通过关注"在个体中的群体"（group in the individual），突破了长期以来社会心理学虚化社会现实的局限，转而将个体对群体的认同置于个体行为解释的核心；同时，也揭示了"作为群体的成员"不仅是一个社会实在，也是一个心理实在。影响群际关系的，既有理性的或物质的基础，也有主观的心理机制的作用。社会认同理论有助于解释自然背景下范围广阔的群际现象。从年少孩童的性别隔离现象、群际关系中不同语言或方言口音的运用策略，到职业群体内不同部门人们的群际态度，等等，都可以通过社会认同理论得到有效的解释。❶

---

❶　RUPERT BROWN. 群体过程［M］. 2 版. 胡鑫，庆小飞，译. 北京：中国轻工业出版社，2007：204 - 208.

社会认同理论虽然获得了广泛的认可，但并不意味着其理论假设没有任何疑问。首先，在自尊与群际歧视的相关问题上存在复杂性，二者并不都是简单的因果对应。其次，有关群体认同强度与内群偏好之间也存在复杂性，并不总是强相关，这意味着社会认同的心理过程可能并非同等适用于所有群体。再次，有关"群体"概念的一般化和同质性假定也存在缺陷。社会认同论没有区分不同类别的群体，这导致在研究中忽略了"是否所有群体都以相同的方式为其成员提供社会认同"的问题，而在自然背景下，每个群体都有其自身的原型特质和变化条件。

与通常的判断相反，这些疑问并没有成为推翻社会认同的证据，而是向我们展示了群体以及社会认同过程的多样性：人们出于各种不同的原因、使用更多的方法去认同群体。社会认同在各种向度和层面上存在并发挥着作用。泰费尔开创的社会认同理论正在显露其日渐增强的应用价值。

三、符号互动论的认同理论

源于库利和米德的符号互动论对自我的研究，从个人与社会的关系中展开了有关认同的理论探索。与泰费尔等的实验社会心理学的路径不同，符号互动论从哲学和社会学的路径接近认同问题。可以说前者遵循观察的逻辑，后者依照思维的逻辑。

（一）詹姆士的"社会我"

早在库利之前，美国实用主义哲学家、心理学家威廉·詹姆士提出了"自我"概念。他认为自我就是"所有个人可以称作他的东西的总和"，并把自我区分为层次和表现不同的四类：物质我（the material self），它包括个人的身体、衣着、财产、房屋、家庭等物质的和有形的东西；精神我（the spiritual self），指个人的心理能力与偏好；社会我（the social self），指个人在其所处环境中得到的公认情况，当个人与不同的群体发生联系时，他就会拥有不同的社会我；纯粹自我（the pure ego），是一种抽象自我。其中，社会我的意义巨大。

詹姆士明确了"社会我"是在经验中获得的，这突破了以往把自我视为一个纯粹先验概念的限制，赋予自我以某种渐成性、互动性的意涵。"一般地说，一个人认识多少个在他们心目中具有该人之印象的人，他就有多少个社会自我。伤害其中的任何一个印象就是伤害他。不过具有此印象的这些人可以自然地分作几种类别，所以实际上我们可以说，他关心多少个群体成员的观点，他就有多少个社会自我。"❶ 詹姆士还对自我形成的环境因素、他人因素进行分析，揭示了自我的多重特征及其社会性。

（二）库利的"镜中我"

库利进一步研究了自我的形成过程，认为一个人的自我产生于和他人的交往，提出"镜中我"（the looking glass self）的概念。他将"镜中我"定义为："一个人对于自我有了某种明确的想象——即他有了某种想法——涌现在自己心中，一个人所具有的这种自我感觉是由取决于别人思想的、别人对于自己的态度所决定的，这种类型的社会我可以称作'反射的自我'或曰'镜中我'。"❷ 这一过程如同我们通过照镜子获知自己仪表的形象是否得体一样。

"镜中我"是一个持续进行的意识过程，由三个阶段构成。首先，是感觉阶段，即我们所想象的我们在别人面前的形象。例如，一个刚刚换了发型的女士在走出理发店后会非常敏感，总想象他人会注意到自己的新发型。其次，是解释或定义阶段，即我们想象的他人的判断。例如，遇到熟悉的人后，我们想象他人会评价新发型的效果，期待他人说出"新发型很漂亮""显得很有气质"等赞美的话。最后，是自我反应阶段，即由上述想象中产生的某种自我感觉，如自豪或屈辱。例如，因别人称赞自己的新发型而感到得意，或者因别人根本没有在意自己发型的变化而感到有点失望，或者因有人认为新发型显得不如以前好看而感到郁闷等。

我们的自我观念在社会互动的过程中产生，在个人的意识中得到反映。而社会，根据库利的看法，就是由诸多精神性自我通过不断地、多边地相互混杂和相互影响形成的。因此，社会并不是一个外在的活动背景，而是进入了个人心理的、个人自我不可分割的一部分。库利认为初级群体是人们的自我观念发

---

❶ W. 詹姆士. 心理学原理：第 2 卷 [M]. 1890 年英文版：402；周晓虹. 现代西方社会心理学流派 [M]. 南京：南京大学出版社，1990：192.

❷ C. H. 库利. 人性与社会秩序 [M]. 纽约，1902：151 - 152；贾春增. 外国社会学史（修订本）[M]. 北京：中国人民大学出版社，2000：320.

展的摇篮。在亲密的、面对面关系的初级群体中，个人把自己看作群体的一部分，对群体的心理上的依赖使人产生一种"我们感"，个人正是在初级群体之中逐渐形成较为完善的自我观念，从而适应社会生活的。库利的"镜中我"虽然主要指个人自我，但是已经触及群体认知对自我认同的关键影响。换言之，没有群体的认同与参照，就没有个人的自我概念。

（三）米德的自我与"概化他人"

米德（G. H. Mead）直接推动了符号互动论的成形。米德从社会行为主义的立场将心灵、自我与社会连接在一起。心灵（mind），是由人的生理性的冲动和反应性的理智互相作用形成的，心灵既具有主动性的能力，又具有将自身客体化、反思过去指导未来行动的能力。自我（self），是主体我（I）或自然我与客体我（me）或社会我的对立统一综合体。米德认为，自我是个人对社会客观现实的内化和主观解释。当自我将自己作为客体看待时，它反映的实际上是社会结构。他人的立场是社会性要求的体现。社会（society），是自我与"他人"（others）互动的产物，人们通过组织起来，依照制度化的规则进行行动的调适和协作。

与库利从成熟有机体的心智水平上探讨自我不同，米德集中于考察个体最初是怎样形成自我的，他通过研究儿童们自我观念的形成来说明这一过程。他认为，包含主体我和客体我的自我的形成，就是一个社会化的过程，经历"玩耍"和"群体游戏""概化他人"几个发展阶段。

在"玩耍"（play）阶段，掌握了语言的小孩可以运用有意义的词汇定义事物，并开始想象和扮演某个角色，通常是其生活中的"重要他人"，如父母、医生等。在玩耍中，小孩子学会从其他人的立场看待世界，开始塑造很有限的自我。

在"群体游戏"（game）阶段，儿童自己不仅正式担负了群体赋予的某种角色（如足球游戏的守门员），还要了解群体内他人的角色情况（如前锋和后卫），并且要学会随互动情景的变化调节自己行为的能力（如根据球场赛况决定守门的策略）。在这一阶段，儿童的自我得到很大的发展，但是仍然缺乏确定的人格。

随着儿童的逐渐长大，他不再像游戏阶段那样只是扮演某个具体的角色，设想对方对自己的要求，而是理解了整个群体或共同体的一般信仰、价值观和规范，形成扮演"概化他人"（generalized others）的能力。同时，"概化他人"也是人们评价自己的标准，个人依据群体的观念和态度形成自我评价，而不像游戏阶段那样，仅仅根据某些不连续的他人评判自己。这样的个人由于具备了抽象思考的能力，从而获得完善的自我概念。一个人，"只有当他对他所属的有组织的社会群体所参加的有组织的、合作性社会活动或活动系列采取该群体所持的态度，他才实际发展出一个完全的自我，即获得他所发展的完全的自我的品质"。❶

米德设定人类具有运用符号确定包括自我在内的客体或使之符号化的能力，以及理解他人行为姿态的普遍意义的能力。在此基础上，个人通过角色扮演的不断尝试，形成协调相互间行动的能力，发展出个体作为某类人而稳定具有，并始终如一的态度、意义、意向等特征，社会则是一个有赖于普遍的自我能力和心智的调适能力的过程。米德对心灵、自我和社会的符号互动式分析，尤其是他的"角色扮演"的思想，为之后的认同理论提供了基本的分析概念。

（四）角色的认同

符号互动论在布鲁默和库恩那里，得到成熟与经典的发展，尽管二人在方法论的路线和策略等方面有巨大的分歧。但是无论是布鲁默代表的芝加哥学派，还是库恩代表的衣阿华学派，也无论是前者的过程强调，还是后者的结构强调，都推动了对自我的深入研究。自我，因其在社会中承担的不同角色，而具有了多重意味；对多重角色的接受与肯定，即认同，成为阐述自我的重要途径。

认同，按照衣阿华学派的传人斯特赖克（Sheldon Stryker）的观点，被认为是自我的一部分，是"个体在不同的社会背景中与所占据位置相联的自我标定的内在化"。❷ 既然认同是人们对自身的标定，它就与人们在社会结构中所处的地位以及相应的角色扮演相关。由于角色扮演的多重性，个体在互动情境中会将角色进行重要性排序，并主要按照层级高的角色定位自身，这就是认

---

❶ 乔治·H. 米德. 心灵、自我与社会 [M]. 赵月瑟，译. 上海：上海译文出版社，1992：138.
❷ 乔纳森·特纳. 社会学理论的结构：下 [M]. 6版. 北京：华夏出版社，2001：39.

同的显要性。

斯特赖克还提出用"责任担当"来描述认同的特点,所谓"责任担当"是指个体凭借对某一特定认同的充当的程度,来确定其与他人的关系。而凭借程度越高,该认同也就越显要,如果这种认同的建立参照了更大的社会界定,他就会产生符合以上社会界定的行为。因此,人们对自身和他人的认同与理解,不仅是一个符号互动反馈的过程,还受到了社会结构的制约性影响。关于斯特赖克的认同假设命题,见表2.1。

表2.1   修正的斯特赖克关于认同的假设陈述

假设层级	假设	陈述
认同的显要性	1. 个体越是委权委责于某一认同,在他们的显要序列中,该认同就越高。	
	2. 对某一认同的责任担当程度而言,以下方面有积极作用和促进功能:	A. 认同被他人或更大的文化定义所积极评价的程度。 B. 个体就某一认同而依赖的人们预期的调适一致性。 C. 个体为某一认同而依赖的人们网络的紧密性。 D. 个体为某一认同而依赖的网络中个体的数量。
高显著性的后果	3. 认同在显要性序列中越高,个体将越倾向于:	A. 做出与该认同相联之角色期望相一致的角色活动。 B. 一旦条件给出,即进行认同运作。 C. 寻求让该认同得以运作的条件。
认同的责任担当后果	4. 认同的责任担当越大,那么:	A. 角色执行对自尊的影响也就越大。 B. 角色执行将越与制度化的价值观和规范相一致。
改变认同的责任担当	5. 改变情境结构的外部事件越多,个体越倾向于采纳新的认同或新奇的认同。 6. 个体的认同改变对责任担当观念的改变反映和强化得越多,个体将越趋于改变,并适应新的认同。	

资料来源:乔纳森·特纳. 社会学理论的结构:下 [M]. 6版. 北京:华夏出版社,2001:41.

从表2.1中可以看出,认同是一个复杂的层级体系,个体依据对责任担当重要性的理解以及他人的反应与评价，选定某种认同以确定自己的主要身份。文化的定义、角色扮演与情境预期之间的调适一致性、关系网络中个体的数量及其紧密性，都会影响责任担当，从而影响认同显要性的表现。稳定的认同序列与稳定的情境预期和角色执行之间存在一致性，即使在条件不具备时，个体也会积极寻找认同得以实现的条件。更为重要的后果是，一旦人们确立了认同，就会把自己的认同看作符合他人评价的自我认知，并联系更大的文化定义和规范期望来估量自己的角色执行，角色执行的评价结果左右着人们的自尊。因此，认同充当了连接个体和社会结构的关键性纽带。当然，认同不是一劳永逸式地建立起来的，它会随着外部情境结构的变化而发生变化，采纳新的身份角色，发展新的认同责任担当是正常的情况。总之，认同是一个互动的概念，自我是由一系列认同所建构的。20 世纪 60—70 年代，斯特赖克的认同理论，在某种意义上代表了符号互动论的最高成就。

角色认同（role identity）是认同理论的基本前提。我们的自我是在各种面向上确立的，一个人，在子女面前是父母的角色，在上司面前是下属的角色，在社团组织中又可能是骨干或积极分子的角色，角色事实的多重性决定了角色认同的多维性。在社会生活中，人其实是一个角色丛的存在。麦考尔（George P. McCall）和西蒙斯（J. L. Simmons）从强调人的主动性角度，将角色认同定义为"个体规划给他（或她）自身的，作为对某一特定社会位置占据的特定认同和地位"，它包含一种"关于自己的想象性观点"。❶ 按照他们的理解，个体在建构认同的过程中，自身的力量或对自己的关注起到很大的作用。角色认同的实现不仅依赖于社会结构——它赋予某一个体占据某一位置的权利以及由此而引发的行动，还与更为丰富的角色附着内容联系着，如那些被称为个性、风格、格调或情感的东西。虽然人类的心智、思想能力有惊人的一致，但每个人之所以不是别人恰恰是因为他拥有极具个人色彩的自我。

角色认同也存在斯特赖克所强调的认同的显要性问题。麦考尔和西蒙斯认为，每个人都谋求将自己定位于地位显著性层级中位置较高的地方，并寻求合法性承认。一个人的理想自我（ideal self）——通常处于显著性层级的

❶ MCCALL, SIMMONS. Identity and interaction［M］. New York：Basic Books，1960；乔纳森·特纳. 社会学理论的结构：下［M］. 6 版. 北京：华夏出版社，2001：42.

最上层——会帮助他选择何种认同构筑现场自我（a situated self），即在当前互动关系中的自我。人们在互动过程中，经常根据对他人角色的解释而相应地调整角色执行的具体内容，或是临时准备某一角色。也可以说，一个人通过解读他人的剧场形象及他人对自己的预期，从自己的角色丛中抽取和呈现这些被他人"所召唤"的自我。在此意义上，互动就是"各种认同间的谈判、对话，人们基于角色执行，就某些认同——它们是在他们各自的显要性层级中占据高位并能获得支持，或无须支持的定位——而演出丰富的戏剧化形象"。❶

在米德确立的符号互动论传统下，斯特赖克、麦考尔与西蒙斯等人的观点虽然各有侧重，但是都将自我和认同作为核心概念，致力于发现个人、角色行为、社会结构以及文化之间的密切关系。他们基于一定的理论假设，特别是关于自我和角色扮演的假设，对社会行为的发生机制和原理进行了解释。值得注意的是，这种理论探讨与泰费尔等人的实验研究，有着某种异曲同工之妙，即他们都把认同作为揭开人们行为心理奥秘的钥匙。

四、两种认同理论的比较

社会心理学传统的社会认同理论和符号互动论传统的认同理论，既存在多方面的相似性，也有明显的差异。霍格等人将它们的相似性概括为：①都非常强调结构以及由社会建构的自我的功能，都强调社会和自我之间的交互联系，认为行为是被组织到有意义的、经过特定的自我界定分类的单位中去的；②都讨论了认同的内在化和界定自我的方式。❷

两种理论的主要差异也是明显的：①着眼点不同。符号互动论的认同理论关注的是人们的社会角色、角色认同或社会期望对个体行为的影响；社会认同理论关注的是群体过程，特别是群体中认同的创造性作用和行为的群际因素。②强调认同所涉及的认知过程的程度不同。社会认同理论更多地关注了认同背后的社会认知过程，而认同理论则把重点放在个体间的互动是如何对认同产生

❶ 乔纳森·特纳. 社会学理论的结构：下 [M]. 6 版. 北京：华夏出版社，2001：44.

❷ MICHAEL A HOGG, DEBORAH J TERRY, KATHERINE M WHITE. A tale of two theories: a critical comparison of identity theory with social identity theory [J]. Social Psychology Quarterly, 1995, 58 (4): 255-269.

作用的。③对认同对象的认识不同。认同理论强调的是角色认同，而社会认同理论强调的是较角色更为广阔的社会类别身份。④对认同的动力特征看法不同。认同理论倾向于把认同视为一种相对静态的角色特征，社会认同理论则认为认同既能适应长时期的群际关系的变化，也能在即时的互动情景中起作用。●

鉴于两种理论在研究主题、话语、方法等方面越来越多的共同之处和相互依赖的情况，一些学者也在尝试整合两种理论。周晓虹教授提出从三个方面着手进行整合的思路：①用两种理论共同使用的概念体系——"突显"（salience）；②连接两种理论的中介性概念——"个人认同"（person identity）；③两种理论本质上相同的诉求——社会界定对个人认同的影响。除了理论上的整合考虑之外，在许多现实面向的经验研究（如民族认同、区域认同）中，所实际采用的认同假设往往是综合了上述两种认同理论，根据需要再择取更为靠近的结论。对我们来说，重要的不是在两种理论中选择一种，或是等到理论整合成功后再去运用它，而是把认同理论当作富有弹性的解释理论，在运用它分析现代社会现象的同时做发展、增补和修正它的工作。

第三节　认同与现代性

认同概念、认同问题与认同理论的出现，把我们对现代性和自我的认识推向了新的层次和深度。尽管认同理论还未实现它的跨学科整合，但是毫无疑问，在有关我们自己和他人之间如何相互作用上，认同提供了较为合理的解释。然而，在更长的历史时间内，认同是怎样变化的？为什么现代社会里认同越来越成为问题？我们赖以相互认同的信念及其制度是否是导致认同危机的基本原因？我们有可能走出困境，实现人类总体的和谐与发展吗？这些问题和疑问把我们引向了更为深远和广泛的思考范围，我们必须联系时代生活的基本条件及其性质去看待认同，也就是说，现代性是理解现代认同的必要条件。实际上，认同与现代性是视角互易的，现代性的表现是现代认同的外在呈现，现代

● 周晓虹. 认同理论：社会学与心理学的分析路径 [J]. 社会科学，2008（4）.

认同则是现代性的内在品质。因此，从现代认同入手，有助于我们获得对当今现代性之核心原理的洞察。

一、现代认同

作为心理学概念的认同是没有时空限制的，此时此地与彼时彼地只是任意的附加物，如同人们研究重力的原理、地球的构造一样，无论在哪里，结果都基本相同。但是如果要建造一座大楼，就得关注所在地的地层、所处的区域以及大楼的具体结构与功能等问题。同样，我们给予重要关心的认同首先是现代认同，它与我们当今的生活息息相关，我们渴望通过解剖它而发现解决诸多现代困扰的思路。

（一）现代认同的文化起源

对"现代认同"的强调，离不开历史和文化的视角。泰勒在其《现代性之隐忧》一书中，已经注意到西方现代文明所引起的困惑实为"现代认同的问题"。现代性在其繁荣昌盛的表象下掩藏着三个隐忧：社会生活中公共道德的褪色、人类行为的长期目的与意义的晦暗不明以及物质丰富社会中政治自由的日渐失去[1]，它们暴露了现代社会抛弃或埋葬前现代社会所付出的真实代价，认同在个人和社会的层面上同时成为问题，使人类的前景堪忧。

1989 年，泰勒出版了后来使他获得国际声望的著作《自我的根源：现代认同的形成》。在书中，泰勒以哲学家的深邃眼光审视了现代西方文明社会的历史，通过描述现代认同的起源，向我们展示其丰富性与复杂性，而且，"就我们所有人都试图摆脱它来说，我们也就在多大的程度上卷入其中"。[2] 泰勒认为，从古至今，人类的道德倾向或"生活的方向性框架"经历了悄然变化。起初，柏拉图将善良生活的本质理解为"理性的自我控制"，即克制肉体对外在事物的无止境欲望，实现对宇宙秩序的正确认识，得到灵魂的健康、美和

[1] 查尔斯·泰勒. 现代性之隐忧 [M]. 程炼，译. 北京：中央编译出版社，2001：12–13.
[2] 查尔斯·泰勒. 自我的根源：现代认同的形成 [M]. 韩震，等 译. 南京：译林出版社，2001：序言第2页.

善。后来，奥古斯丁把人们对善的认识看成"上帝之光"在人的灵魂中的显现，人们对内在自我的认识——激进的反省——是人类存在、通向"彼岸"、发现上帝和走向超越的根本之路。奥古斯丁提出了人的内在深度性问题。

笛卡尔更进一步，把道德根源置于人们的内心，不再与任何目的论式的思维模式相关。理性是人类构建秩序的能力，它引导和控制我们过善良生活，遵循德性就是"有坚定不移的意志做我们判断为最好的事情"。因此，"理性不再被实体性地，按照存在的秩序来规定，而毋宁是程序性地，按照我们在科学和生活中赖以构建秩序的标准来规定。……合理性意味着按照特定的准则思考。……合理性现在是主体思考的内在特质，而不是它对实在的见解"。❶ 泰勒指出，甚至现代社会的无信仰，也来自笛卡尔关于理性支配的自足的内在深度性思想。

相比于笛卡尔的身心二元论，洛克更为彻底和激进。在 18 世纪机械论信念的基础上，他否定任何形式的内在原则，认为我们并不是在本性上趋向于真理和善，一切都与经验有关，知识来自心灵对观念材料的并列、合并或分割，道德的善恶可以根据意志的作用加以改变。泰勒用"点状自我"形容这种以重构的观点对待自己及其主体的态度，并认为洛克开启了现代主体自我塑造的先河。我们把自己看作自我——一个自主的个体，拥有基于财产的生命和自由等权利——就是延续洛克"点状自我"的分解态度，也是个人主义、工具主义信念的力量来源。

除了从思想脉络上勾勒现代认同形象的主要来源之外，泰勒还花了相当篇幅讨论了自我在诸多实践领域——宗教、政治、经济、家庭、教育、艺术——所聚集和相互强化的观念对现代认同出现的影响。

泰勒认为，现代认同在构成上由四种相互关联的范畴组成：①我们关于善的概念；②我们对自我的理解；③某种我们据此使我们的生活有意义的叙述；④社会的范畴，即对人类众主体中的人类主体是什么的理解。❷

借助泰勒恢弘的笔触，我们得以透视现代认同的历史线索，以及它在现代

❶ 查尔斯·泰勒. 自我的根源：现代认同的形成 [M]. 韩震，等 译. 南京：译林出版社，2001：235 - 236.

❷ 查尔斯·泰勒. 自我的根源：现代认同的形成 [M]. 韩震，等 译. 南京：译林出版社，2001：159，162.

历史演变中的深沉积淀。然而历史与现实之间总有一定的距离，现时代的生活实践，要求现代认同的诠释，能有与实践更为直接和具体的勾连。况且，在21世纪里，现代性发展日渐深入，认同问题亦日渐突出。

我们不可能在古代人的意义上理解认同，因此，现代人所关注的认同本身就是现代认同，我们的各种各样充满差异的认同其实是具有共同性的，即在最低程度上是"现代的"。也只有在与早期认同或前现代认同的比较中，我们才能透彻地认识现代认同的特征及其带来的重要影响，包括现代社会的巨大成就和同样巨大的危机。

泰勒为我们呈现的，是一幅基于西方社会的认同变化图景。柏拉图、奥古斯丁、笛卡尔、洛克，这些重要的节点人物，在东方社会是否也能找到相对应的历史人物？这是扩大泰勒认同观适用范围的基本疑问。几乎不用迟疑就可以得出否定的回答，因为有关东西方社会哲学、文化、思维方式差异的研究和论述早已汗牛充栋，结论也早已烂熟于人心：东方就是东方，西方就是西方，不能互相取代。当然，也不能因此就否定异己文化研究的价值，如果那样的话，势必失去总体的人类视野，陷入故步自封、妄自尊大的泥潭。

泰勒对现代认同起源的论述固然是西方基础的，但他关于早期认同的结论却是有代表性的。例如，无论东方还是西方，在前现代社会，大众的私人生活都是受到监控的，国家、宗教机构、乡村家族等都有可能充当监控的主体；更由于前现代社会在生产节奏、生活方式等方面普遍地依赖于自然条件，使得社会生活及其目标的稳定性、对终极永恒信念的认同、缺乏对自我独特性的认识等，成为跨越地区限制的共同特点。

（二）现代认同与早期认同的区别

现代性发端于西方，现代认同也起源于西方，但是现代性的扩张和现代认同的发展却不是世界一隅的事情。工业革命带来世界性的商品化浪潮，民主政治的信念也随着商品到处传播，它们联手打造了我们称为"现代的"制度规范和生活模式。今天，想要避免现代思维的影响，过一种"乌托邦"式的或"桃花源"式的生活，已绝无可能，或许这也是现代人钟情于武侠小说的原因之一。总之，现代认同注定要长成一副世界的面相。

与早期认同相比，现代认同至少有以下三个方面的不同。

（1）认同的起点或自我理解的途径不同。现代认同的起点在人的自身之中，人们到自我这里寻求认同；而在前现代社会，认同的起点被认为在人的自身之外，人们根据宇宙、理念、上帝，或者天、道等来确认自己。

（2）认同的性质与表现不同。在前现代社会，作为认同起点的宇宙、上帝、天等因素具有外在于人的永恒性特点，它们像北极星一样，为每个人提供指引和参照。因而，建立丰功伟业，获得显赫的地位，在某个领域取得极其辉煌的成就，都是早期认同的终极目标。而在现代社会，认同从自我开始，人们追求那些被认为能够体现主体性、实现人生价值的目标。自我、人生的意义、人的本性之类的东西，是没有固定的标志物的，随着人们理解的变化而变化。如果说还有什么比较确定的地方，那就是永远失去了永恒的生活方式。内在的自我没有边界，主体性也没有终点，现代认同注定只有一次次的暂停，和永远的奔波。

（3）认同的作用和影响不同。在前现代社会，认同是建立在每个人认为理所当然的社会范畴上，成为人们思考和行为的基础背景，作为"本体性安全"的重要来源，沉淀在人们的意识中。当这种认同赖以存在和表现的土壤渐渐失去时，现代认同成长起来，它不动声色地消融了前现代社会，建立以人的自我本性（关注自我意义、自我发现）为目标的认同导向。现代认同改变了早期认同的内容、形式、理解方式，从而也改变了世界图景。周而复始、田园牧歌式的传统生活，让位于设定目标、实现目标、修改目标的现代无尽之路。

在某种意义上，现代消费社会是现代认同得以表现的最高形式。然而，消费社会并没有解决贫困和奴役的问题，没有实现正义与和谐的理想诉求，甚至给我们带来更多新的痛苦、紧张和敌对情绪。"结果，作为现代认同中的庞大群体，孤立无援的感觉正弥漫心头。"❶ 现代认同在实现其理念的同时，自身的合法性却受到了威胁，出现了认同的全面危机。

二、认同的全面危机

当一个人的思想和行为不被他或她所在的群体认可，或者他或她不愿意再

---

❶ 查尔斯·泰勒. 现代认同——在自我中寻找人的本性［J］. 陶庆，译. 求是学刊，2005（5）.

将自己看作某一群体的成员；当一个人由于自己所属的群体、社会以及民族的关系而感到自卑与颓伤；当一个人认为无法抓住自己的未来，不知道人生的意义何在；当他的困惑随着财富的增加而增加……在这些时候，我们说发生了认同危机（crisis of identity）。

认同危机，是一个可以多侧面描述的事件。从人的社会化过程上看，每个人在生命历程中都会经历认同危机，埃里克森所说的青年期人格发展中出现的"同一性混乱"就是一种认同危机。它表现为个体（尤其是青少年）无法确立自我，没有目标感，对自己该做什么、将来有何打算等充满迷惑，埃里克森称这种状态为"同一性扩散"。这种危机是人格形成过程中的必经阶段，具有重要转折的意义，属于正常心理发展的范畴。

（一）社会认同威胁

在社会认同理论的研究视角下，认同危机就是社会认同威胁（social identity threat）。它指的是，个体通过与外群体相比较，不能得到肯定、积极的评价，无法确定自己处于一定的社会群体、社会类别或社会范畴，进而产生一种心理上的疏离感、剥夺感和自卑感。❶ 个体处理社会认同威胁的可能策略包括：脱离群体、改变群体的状态、接受消极的社会认同结果。其中，脱离群体的策略是最为积极的反应，不过它的实行依赖于群体边界的开放性，只有在社会流动性较好的情况下，个体才能改变自己的社会位置。在社会流动性较低的情况下，个体——通常是弱势群体的成员——无力挣脱群体背景的影响，转而寻求改变群体的状态，通过发现所在群体的优点，要求社会对弱势群体进行重新评价。例如，美国黑人在 20 世纪 60 年代人权运动兴起以后，在不能改变黑色皮肤的情况下，形成"黑就是美"的观念。

另一种对待社会认同威胁的消极反应是接受社会的负面评价，不做任何改善的努力，表现出"群体内在化的低姿态"，默认较低的社会位置和不合理的社会待遇，失去改变生活处境的动力。例如，在受教育的问题上，农民工子女

---

❶ TAJFEL H, TURNER J C. The social identity theory of intergroup behavior [J]. Psychology of Intergroup Relations [M]. Chicago：Nelson–Hall, 1986：7–24；王沛，刘峰. 社会认同理论视野下的社会认同威胁 [J]. 心理科学进展, 2007, 15 (5).

往往接受社会对自己出身、家庭条件的低评价，形成"只要有学上就可以"的心理，易于接受较差的教学设施和不高的教学水平。

在个人的层面上，认同危机意味着个体的自我身份感、自我价值感和意义感的丧失，生活失去方向感，失去个性和创造性，没有激情，道德空虚，陷入麻木不仁、莫名的苦恼和深深的焦虑之中。"生活中除了'可怜而又可鄙的舒适'，没有留下任何渴望。"❶ 就连用来表达和交流意见的语言也失去了生活的气息，那些处于认同危机中的个人，其语言"就像风从干草中吹过，就像老鼠，在我们干燥的地窖中，踏过玻璃碎片的声音"。❷

在社会和文化的层面上，认同危机意味人们对身处其中的社会制度和社会准则的合法性产生了质疑，对自身传统的文化价值的认可出现问题，对主流意识形态的信仰开始动摇。认同危机所积聚的不安和躁动，一旦遇到适宜的机会便会成为爆炸的流弹，成为使人流血的屠刀，引起社会动荡，对社会的生存构成极大的威胁。

（二）认同危机的根源

对认同危机的认识，不能只把它看作个人的遭遇、群体的问题或社会的病态，而是要联系它得以滋生蔓延的现代政治、经济、社会、文化、科学与技术等环境基础去诊断，亦即把它当作现代性的特有事件去认识。

现代性是对现代社会根本特性的概括，吉登斯认为，现代性的显著特征之一"在于其外延性（extensionality）和意向性（intentionality）这两极之间不断增长的交互关联：一极是全球化的诸多影响，另一极是个人素质的改变"。❸ 现代性的外延性就是它的扩张性，指现代性通过物质产品、资本、文化或生活方式等载体，尽力向外普及和延伸的倾向；意向性是指现代性对人的内在影响，生活在现代社会中的个人素质提高，更加具有个人意识和主体性，自我反思能力也得到加强。现代性的外延性扩张的最高成就是全球化时代的到来，其

---

❶ 查尔斯·泰勒. 自我的根源：现代认同的形成 [M]. 韩震，等 译. 南京：译林出版社，2001：787.
❷ 罗洛·梅. 人寻找自己 [M]. 冯川，陈刚，译. 贵阳：贵州人民出版社，1991：45.
❸ 安东尼·吉登斯. 现代性与自我认同 [M]. 赵旭东，方文，译. 北京：生活·读书·新知三联书店，1998：1.

意向性内拓的最终结果则是主体对自身意义的不确定状态。现代性的两极之间的张力，决定了现代认同的特点及其危机的必然性。现代性成为认同危机的根源，至少有以下三个理由。

（1）现代性图景本身就构成了认同危机的基本因素。我们知道，认同是一个形成意义、身份感和确认归属的过程，认同的形成涉及自我的各个侧面，包括自我的体貌特征、自我的行为轨迹取向、自我的价值判断（即自尊）、自我在社会中的各种角色和所处群体的特性（即社会自我）等，个人或群体在综合条件下形成特定的认同，维持内在心灵与外在世界的一致与和谐。

然而，现代性图景却不具备形成稳定认同的条件，物质产品的生产、交换、淘汰速度加快，人们思想和行为的角度、方式及其影响也变得越来越快、越来越复杂，现代认同因而也失去了长时段的稳定性，必须不断地根据外在世界的变化确认自我。如果说在现代性的早期和20世纪的大部分时间，人们还沉醉于启蒙现代性的宏大信念中，那么，在20世纪晚期以来的"高度现代性"时期，由全球化——主要是经济力量在全球范围内加快传播的过程——潮流带来的新场景，使得认同的表达更加困难，认同危机更加严峻。基于一定道德框架而形成的认同体系，在遭遇不同社会、政治、文化背景的"他者"时，愈来愈意识到自身价值的相对性。一旦认同的稳定根基被撼动，认同危机便在所难免了。

（2）现代性内在的矛盾性是现代认同危机的内在基因。现代性是一个歧义颇多的概念，人们可以基于历史、社会、文化、心理、精神等各个层面表征现代社会。我们可以在求同存异的原则下，将现代性的内涵概括为理性主义的现代性和审美的现代性两种。前者在启蒙运动所确立的理性原则基础上，相信主体的力量，力求建立对世界的内在理性的解释，并通过使政治、宗教、经济、道德、教育等成为相互独立的领域，达到经济市场化、政治民主化、知识科学化、人的个性化的目标。审美现代性则继承了浪漫主义思潮对人的非理性激情和超越性冲动的强调，注重个体的体验和感受，坚守对现实生活的批判性维度。❶

理性主义的现代性和审美的现代性总是处于对立和分裂之中，现代性在取

---

❶　方敏. 现代性的历史进程、内涵和实质 [J]. 安徽师范大学学报（人文社会科学版），2007（5）.

得扩大民主和自由、改善和提高物质生活水平、推进世俗化和理性化等诸多成就的同时，也破坏了人与自然、社会的有机联系，削弱了人的精神的丰富性，阻碍了人的创造力，摧毁了社会秩序和社会道德的先验基础。❶ 现代性以激进的追求解放了个体，同时也使自我陷入丧失整体性意义的囹圄。因此，现代认同在诞生时就存在基因缺陷，日后显现危机也不足为奇了。

（3）现代性的技术和文化展现是认同危机的直接引发因素。当代社会生活中，以电子计算机和网络为核心的现代信息技术的发展与运用，给人的认同造成极大的冲击。人们对电子计算机制造和研发的热情和投入，已经使它从一个计算的"工具"变成自我的"镜子"——映照出人的创造性、能动性，而因特网技术则再造了一维空间和现实——虚拟空间和虚拟现实，这一惊人的发明几乎无可挽回地造成认同的碎片化。在网络上，不仅人们可以同时拥有若干个自我，而且可以任意设定自己的身份，任意选择交往的对象和交流主题，全然不顾现实社会中的身份界限、程序设置和真实的感情归属。在这个阶段，电子计算机和网络技术成了"一个通道（gateway），一个通向虚拟世界和遥远的未知社会的通道"。❷

现代性的文化创造和发展了一种全新的文化模式——消费文化，主张把消费作为一种生活方式和表现个性的主要手段。现代性所激发的强大物质生产力，使得社会总产品的供应量远远超出人类的基本生存需求，生产的重要性相对于消费来说大大降低，"制造需求""引导消费"成为消费社会的主要特点。这一重大而基本的变化，必然引起人们的日常生活方式、价值追求和认同的变化。例如，消费文化对个人即时享乐的肯定会使人变得自私和自恋，脱离公共社会生活的背景，进而失去对自我与他人的关系的正确认识，形成畸形的自我认同。消费的私人化也威胁到自我的同一性，在不断变化的时尚中个人难以保持自我的连续性和整体性。当自我和他人（社会）的图景都变得模糊不清的时候，认同就像沙子堆积的建筑，何以有稳固的形貌？

因此，现代性的普遍延伸必然导致现代认同全面而深刻的危机，最终危及

❶ 李世涛. 现代性的多元之维——艾森斯塔特的"多元现代性"观念及其对中国的启发［J］. 厦门大学学报（哲学社会科学版），2007（2）.

❷ 王成兵. 当代认同危机的人学解读［M］. 北京：中国社会科学出版社，2004：69；查尔斯·泰勒. 自我的根源：现代认同的形成［M］. 韩震，等 译. 南京：译林出版社2001：787.

人类的基本生存。然而，这是人类的宿命吗？主体性再一次启动它的反思力量。到了该抽身反思的时候了，现代性的潜力与破坏性、现代认同的解放与自我摧毁关系需要得到清醒的认识。查尔斯·泰勒一针见血地指出，"正确地理解现代性，就是实施拯救行动"。❶ 拯救的方案尚在商讨之中，不过人们有一个基本的共识：人类是一个共同体的存在。

三、呼唤共同体

人们对现代社会的种种批判，无论是制度的、道德的、文化的、艺术的角度，也无论是追根溯源的、激进否定的、意识形态的方式方法，甚至以"解构"为己任的后现代主义，都有一个共同之处，即表达了对现代状况的不满，和对人类理想的追求。人的"异化""物欲"对人的统治、"生活世界的殖民化""快乐的机器人"等概念和术语，都是我们熟悉的批判声音；"重建时代的人和社会"、确立"沟通理性"的主导地位、倡导"多元现代性"、呼唤新的"共同体"等建议和期待，也是我们积极的建设态度。面对危机重重、风险四起的当代社会，共有的家园感成为人类最迫切的需要。

在前现代时期，个人服从和依附于社会，以抑制自我、限制自由换取保护和安定。现代社会把人的解放视为崇高的理念，极力推动一个由个性丰富、自由的个体所组成的社会，一个"个体化"（individualizing）的社会。从认同的角度来说，"个体化"指人们的身份（identity）从社会归属的"承受者"，转型为承担任务并对行为后果负责的"责任者"。但是个体是否具备和拥有自我管理、妥善处理行为后果的条件及能力，则很有可能是现代理念未加详察而想当然认可的地方。

成为个体，意味着人只对自己下达任务、只对自己负责，成功和失败也都是个人的感受，没有人去责怪社会；作为代价，自然也没有人愿意为社会而献身。个体化社会瓦解了以往人们赖以定位自己的共同体。"正因为共同体

---

❶ 查尔斯·泰勒. 自我的根源：现代认同的形成［M］. 韩震，等 译. 南京：译林出版社，2001：序言第 3 页.

瓦解了，身份认同才被创造出来。"❶ 鲍曼把在现代性的新时期——流动的现代性——人们所追求的身份，比作一件用易碎的生活原料塑造的"艺术品"，因为在绝大多数时候，绝大多数人的身份都是依赖于不断选择、到处寻找的，在琳琅满目的超市货架上，在任意切换频道的电视画面中，在寻求自我实现与挑战的选择或放弃的决定里……。总之，身份具有内在的易变性和不定性，身份认同也失去了终结状态，共同体❷更多地被"共同体的体验"所取代。

在一个"个体化"的社会里，机械运输和信息传输的技术打破了时空的稳定关系，许多"自然而然的"共同体，让位于"人为制造的"共同体。偶像文化是制造这类共同体的典范，体育明星、影视明星的号召力尤其强大。通过一场精心策划的访谈节目、歌舞盛会、互动游戏，根本不用真正的共同体，就会像魔术般地使参与者和观众产生一种"共同体的体验"，唤起人们归属感的快乐。几乎不用举什么具体的例子，回想一下我们自己的生活，每个人都记不清有多少次这样的情景。"60 后""70 后""80 后""90 后"这些时间集合所唤起的体验，已经超过了"某某地方""某某家族""某某学校"对我们的塑造。

当代社会并不缺乏共同体，但这些共同体已经没有"共同奋斗目标"的内涵，只是一些鲍曼所称的"衣帽间式的共同体"（cloakroom community），或"表演会式的共同体"（carnival communities）。❸ 人们将自己真实的不同生活，留在了衣帽间里，以"适合于那一场合"的服装和行为方式进入展览大厅，进入一种"公开表演"的一致性中。这些共同体，是真实存在的"虚假的共同体"，因为它们只能为人们带来短暂的喘息和缓解，却不能平抚他们内心深处的孤独与不安。

即使是现代社会的精英，也完全蜕变了，不再关心"公共社会"的问题。他们掌管权力，实行统治，但是却从肩膀上卸下了"带来光明""提高道义水

---

❶　齐格蒙特·鲍曼. 共同体 [M]. 欧阳景根，译. 南京：江苏人民出版社，2003：13.
❷　在不同的场合，"共同体"（community）一词可作多种理解。这里采用其广义的理解，指社会中存在的各种层次的团体、组织，既包括小规模的社区自发组织，也指更高层次上的政治组织，而且还指民族共同体和国家共同体的最高层次，在某些时候，甚至意指国家间组织和人类总体。有关释义参见齐格蒙特·鲍曼. 流动的现代性 [M]. 欧阳景根，译. 上海：上海三联书店，2002：261.
❸　齐格蒙特·鲍曼. 流动的现代性 [M]. 欧阳景根，译. 上海：上海三联书店，2002：310–311.

平""教化民众"的神圣使命,从公共政治中悄然退出,把它让给"生活政治"去接管。而这样做的直接后果,是共同体追求的不可能。

为什么共同体变成了一件易碎的艺术品?为什么我们追求不到想要的结果?为什么现代社会产生出看起来是蓄意摧毁自身合法性的种种做法?回答这些问题就是要找出问题的根源,否则,走得越快,离目标就越远。

泰勒深刻地指出,现代认同以人的行为自主为前提,强调人的自我控制、生产产品的能力和自由,财富因其提供了个人生活独立性和社会地位而受到重视,然而通过财富表现的社会成效感并不能维护人类对自我形象的满足:

> 不断的财富积累表明了人类对物质财富的持续占有的工具主义态度……这种注重积累的生活模式在本质上是脆弱的,现在却不断地作为对自由和效率的肯定形式呈现于世。人们视之为陷入自我任性而沉迷物欲的堕落,社会运行中的善之美德由此受到非难,那么社会就会面临可怕的信任危机,即不可避免地演变为道德危机,一旦人们都来责难善之美德,那么我们对于社会的忠诚就受到了威胁,社会自身也不可能幸免于难。❶

危机的症结在于,人们奋力追求的生产增长与财富积累不能构成人类社会的崇高目标。实际上,受制于人的工作,迷恋商品的拜物情结使现代人备受奴役。社会繁荣使各个阶层的生活状况都有了改善——当然,富裕的上层获得了比下层更多的好处。为了有朝一日能够过上"幸福生活"——如充满爱的家庭生活、不受打扰的私人空间、实现欲望的足够财富和自由通畅的交往网络,各个阶层间达成一种默契和妥协,下层甘愿忍受剥削,对于企业无节制发展问题保持大众沉默,追求更新的……更好的……更快的……更大的或更小的……更精致的……

财富社会为大多数人提供了充足的私人空间和独立自主的生活,个性越发达,社会忠诚就越显得无关紧要。竞争和超越成为生活的基调,谁也不愿为改善整体的生存状况主动牺牲既得利益,国家之间、地区之间、族群之间,甚至家庭成员之间,争吵、冲突和不安的潜流涌动。经济增长、消费水平提高似乎不能缓解它所展示出来的新的社会痛苦,以及那些人们痛恨已久的社会顽疾。

---

❶ 查尔斯·泰勒. 现代认同——在自我中寻找人的本性 [J]. 陶庆,译. 求是学刊, 2005 (5).

因此，我们不能简单地只从社会弊病或个人素质的层面上看待现代社会的共同体危机，不能指望在坚持现有生活信条——如独立、自主、平等、尊严、自由——的基础上，彻底改变个人和社会的危机。我们必须从根本上反思现代性的发展逻辑和现代认同的起源特点，才能认识现代社会的自我矛盾之处，才能另辟蹊径，"重建"时代的人和社会。

小　结

总之，认同是理论问题，也是现实问题；是个人或人格问题，也是社会问题；是地方性问题，也是全球问题；是现代性的后果，也是塑造现代性的力量。对认同的强调，既是主体性的要求、目标、表现，也是不可能完成之任务的开始。例如，当人们意识到健康是一个建构的概念之后，他们就会发现，保持健康是一个须终身关注的议题。当各种类型、形式的"自我"被意识到，并得到确认、强调时，同一性问题就再也不可能被遗忘、抛弃。现代性已触及人类心灵的最深处，保持确定性、安全感，是人类每一个个体的基本诉求。认同被纳入现代性问题的重要后果，认同研究在更为具体和可以识别的层次上揭示了现代性。

第三章
集体认同的建构模式与多元现代性

现代性的发展进程，既是一个物质表现与制度规范的过程，也是一个精神内化和认同确认的过程。启蒙运动以后的现代社会，在追逐"现代"梦想的道路上，经历社会思想和社会运动的洗涤，享受社会经济繁荣和文化思维活跃的成果，同时也承担发展方向失控、共同理念破碎的风险。如何驾驭现代性的巨轮、如何获得发展的积极前景，是人们继续行动前反思的主要关切。

现代性高扬人的主体能力，而最终影响人的主体性发挥的不是其他因素，反而是主体自身的问题。阻碍人类福祉实现的，是不同的人类群体基于相异的集体认同对现代性的不同建构，以及在建构过程中引发的冲突。因此，以集体认同为研究单位探讨现代性，借鉴建构主义的理论立场，引入文化和历史的深层因素，用以剖析认同与现代性之间相互影响、相互建构的多元表现，是一项十分必要而有意义的工作。

第一节　现代性的多元性

有关现代性的话语在人文社会科学各领域的核心地位，已经无可争议。至于现代性有几副面孔，却是仁者见仁、智者见智，依学科视点与学者兴趣而变。卡林内斯库在其著作《现代性的五副面孔》中指出，存在两种基本分裂的现代性：外向的理性主义的现代性和内向的非理性主义的现代性。以美学领域为代表的后者，又可以表现为现代主义、先锋派、颓废风格、媚俗艺术、后现代主义五副面孔。"面孔"之说是在比喻的意义上表述现代性的复杂历史，

"依我们看待它的角度和方式，现代性可以有许多面孔，也可以只有一副面孔，或者一副面孔都没有"。❶

　　现代性是一个极富描绘性的概念，当人们认定只有一种普遍标准时，它就只有一副面孔；当人们往其中添加文化、历史的不同元素时，它就会有许多面孔；而当人们拆解了现代理念的基本框架，把现代性完全置于个体的短暂体验中时，它就可能一副面孔都没有了。但是，无论是现代性的什么面孔，"理性的面孔""美学的面孔"，或者"政治的面孔""经济的面孔""哲学的面孔"，都不能脱离其起源、发展与传播的基本语境来谈论。换句话说，现代性是一个起源于西方、传播于全球的开放概念，是一项有待我们去考证、证实或重建的事业。

一、经典现代性及其霸权

（一）经典现代性与现代化理论

　　经典现代性，这里指的是人们对西方现代社会性质与特征的理解与描绘，因其"首次性"和对后来现代性发展与理解的重要影响，而获得"经典"的地位。19世纪后半期以来，经典社会学家马克思、滕尼斯、迪尔凯姆、韦伯等就已经开始以现代社会及其发展问题为研究对象，阐发关于这一全新历史进程的见解。但是，那时的"现代社会"范围较小，仅限于英、法、德、美等为数不多的国家；发展程度也不深，处于正在释放被旧秩序禁锢已久的强大生产力的阶段和恣意支配全世界的物产、人力资源的时期。有关现代性的认识还缺乏深厚的经验基础，以及来自意识形态领域的迫切要求。在经历两次世界大战之后，现代性在"现代化"理论中获得了翔实的目标规划和实施纲领。

　　第二次世界大战后，世界格局发生了重大变化，长期遭受西方国家掠夺和殖民的广大亚非拉地区，纷纷谋求民族解放和国家独立，希望实现自主发展，带来了第三世界的兴起。新的国际发展局势，加上战后美国确立了在资本主义

---

❶　马泰·卡林内斯库. 现代性的五副面孔［M］. 顾爱彬，李瑞华，译. 北京：商务印书馆，2004：中译本序言第3页.

世界的中心地位，其经济一片繁荣，国力蒸蒸日上，促使美国加强在社会、政治、经济各领域的理论研究，一场关注非西方发展中国家如何步入"现代社会"的理论运动——现代化理论——得到了迅速发展。20世纪50—60年代，一批有影响的研究专著陆续出版，从不同学科立场阐发"现代化"观点的流派开始形成。在现代化理论中，"现代化"一词是用以说明农业社会向工业社会转变的概念，❶ 至于它的具体内涵，则因研究者侧重的领域不同而有所差异。

现代化理论的主要宗旨是"阐明非西方发展中国家得以实现工业化和现代化的条件，并就由此产生的社会变动的性质做出提示"。❷ 需要指出的是，其"阐明"和"提示"是以西方经典社会学家的理论为基础，参照西方社会的现代化变迁做出的。这种理论以已经"现代化"的国家为蓝本，用貌似客观、科学的研究来规划发展中国家的现代化道路，产生了很大的影响。

经典现代化理论不是一个单一的理论，而是众多研究成果的统称。按照研究领域划分，可以有经济学领域、政治学领域、社会学领域、人文科学领域和制度学等多个领域；依据对现代化关注点的不同，又可以划分为结构学派、过程学派、行为学派、实证学派、综合学派与未来学派六大学派。两种划分存在重合之处，例如，结构学派主要集中于社会学领域，其主要代表是帕森斯；过程学派的代表人物罗斯托，主要根据经济指标研究现代化。有关各学派观点与研究重点、研究领域的具体内容，如表3.1所示。

现代化理论的现实基础是西方资本主义国家在"二战"后的迅速发展。由于之前在世界政治经济体系中的优势地位，西方资本主义国家得以在战后继续左右国际政治经济秩序，控制全球资源的分配方式。在文化和意识形态领域，也形成了"东方落后、西方先进"的优越感，认为西方处于社会进化的高级阶段。马克思所说的"工业较发达的国家向工业较不发达国家所显示的，

---

❶ "现代化"一词的提出大约在20世纪30年代，但是作为术语被普遍地使用，始于1951年美国《文化变迁》杂志在芝加哥大学举办的学术研讨会。该杂志由美国经济学家、诺贝尔奖获得者西蒙·库兹涅茨创办，库兹涅茨也是现代化理论中经济学流派的重要代表。参见杨正喜. 经典现代化理论的源流与评估 [J]. 社会，2004 (11).

❷ 塞缪尔·亨廷顿. 现代化：理论与历史经验的再探讨 [M]. 张景明，译. 上海：上海译文出版社，1993：111.

只是后者未来的景象",❶ 成为现代化论者的信条。因此,尽管存在学科领域、关注点的不同以及时间跨度上的差异,经典现代化理论作为西方现代性的理论表达,在根本精神上仍具有高度的一致性。

表3.1　现代化主要流派的基本主张

流派	对现代化的理解	研究的重点	代表人物	研究领域
结构学派	现代化是从传统社会向现代社会的转变,是社会结构的进步性分化与社会功能的专门化	社会结构与功能的根本转变	帕森斯、列维、穆尔	社会学
过程学派	现代化是从农业社会向工业社会转变的一系列过程和发展阶段	以经济指标为主的发展阶段	罗斯托、亨廷顿	经济学、政治学
行为学派	现代化的最基本因素是人,具有现代人格的新型公民是现代化的关键	现代人的心理特征、社会价值观念	英克尔斯、麦克勒兰德、帕森斯	人文心理学、社会学
实证学派	现代化是一段实际的历史过程,需要在实证研究的基础上得出结论	可分析的政治秩序、工业化经验等	亨廷顿、格申克隆、库兹涅茨	政治学、经济学
综合学派	现代化是涉及人类生活方方面面深刻变化的历史过程,需要从总体上进行把握	进行各国现代化发展模式的比较	布莱克、艾森斯塔特	政治学、社会学等
未来学派	现代化不仅是发达国家的过去、发展中国家的现在与未来,也涉及发达国家的未来	发达国家的发展趋势	贝尔、托夫勒	社会学、未来学

资料来源:周毅. 现代化理论的六大学派及其特点 [J]. 当代世界与社会主义, 2003 (2).

首先,该理论对"传统"和"现代"的理解较为简单和抽象。传统和现代被界定成相互对立、相互排斥的两类性质,传统性和现代性被假设为是两个内部始终如一、均质的统一体,现代化就是抛弃传统性、获得现代性的过程。凡是阻碍专业化、市场化、民主化、世俗化等西方社会变化趋势的都被定义为传统,同时被赋予价值负面的内涵。

其次,该理论以西方的现代化为衡量一切国家现代化发展的尺度,并设计和推演出一套固定的现代化模式。无论欠发达国家有怎样特殊的历史和国情,

---

❶　马克思恩格斯全集:第23卷 [M]. 北京:人民出版社, 1972:8;郎哈斯其木格. 经典现代化理论的局限性及其重要启示 [J]. 内蒙古大学学报(哲学社会科学版), 2009 (2).

在走向现代化的过程中都必须重复西方发达国家现代化的道路，并以其为标准改造自身，否则就不能称为"现代化"。现代化理论各个流派的主张，实际上是从政治、经济、社会、文化、心理等各个侧面为发展中国家的现代化设定范本和追求目标。

最后，该理论把发展中国家的现代化过程，理解为在发达国家的帮助和敦促下，社会整合程度不断提升、社会发展前景越来越好的过程。不发达国家迟迟不能现代化的原因，被归结为这些国家的传统性因素，使得发达国家对发展中国家的干预，似乎具有了道义上的正确性。至于这些国家在"西方化"的过程中出现的问题，则被认为是实现现代化必然要经历的磨难和付出的代价。然而，盲目效仿西方给发展中国家造成无法弥补的损害，有时甚至是毁灭性的。

（二）经典现代性的霸权

经典现代化理论的繁荣也意味着经典现代性的成型和霸权，表明后者已经超越了特定范围和区域的限制，成为主宰世界发展的一股导向性力量。一时间，许多发展中国家纷纷效仿西方发达国家建立本国的政治、经济体系和社会秩序，那些不遵守现代化理论设定规则的国家则被视为异端和另类，遭受政治和经济的排挤。然而，发展中国家国力的普遍薄弱又使它们不得不在资本和技术上、从而在政治上长期依附于发达国家，没能够成功实现现代化的目标。这一现实，促使包括西方主流社会科学界在内的学术界开始反思经典现代性，勘察它的霸权意识，为解开现代性的"迷思"提供线索。

经典现代性的霸权思维突出表现在意识形态、历史观和理性信念理解上的偏颇。第一，意识形态的"西方中心主义"偏见。鉴于17世纪以来西方国家在经济、文化等领域取得的重大成就，以及从农业社会向工业社会的成功转型，现代化理论家在"传统—现代"二元思维定式影响下，无视非西方国家在人类历史长河中璀璨辉煌的文明成就和贡献，抛开不同文明之间的相互影响，淡化现代化过程中的残酷竞争，从西方社会中抽象出民主、自由、理性等要素作为现代社会的基本属性，推广至对所有国家的衡量，迎合了西方主要资本主义国家的政治战略需要。意识形态上的偏见，成为经典现代性霸权的外衣。

第二，"一元单线"的历史观。基于社会进化论的假设，经典现代化理论家将历史理解为由落后走向进步的单向渐进、不可逆转、前后连续的过程，认为不发达国家通过努力和效仿，最终走上与发达国家一样的道路。例如，过程学派的代表人物罗斯托认为，伴随经济的不断增长，传统社会必然走向现代社会。对历史的片面理解，实际上暴露了经典现代性的"平面化"霸权。决定不同民族和国家人们生产、生活方式的自然地理条件、在各种偶然及必然因素中形成的社会结构以及不断增减损益的文化传统，这些影响历史发展的丰富性被简化成一道单调的背景——过去，成为经典现代性画面延展的平面，扭曲了社会历史的现实。

第三，理性信念理解上的个人主义、工具主义。由于西方社会的繁荣是建立在注重个人自由、工具理性的思维特点之上的，现代化理论家对理性的理解偏重于其控制自然、实现人类意图的功能，在此思想指导下，以工业经济体系为核心的"工业神话"得到广泛传播，许多人都认为现代化就是工业化，只要实现了工业化，社会就会进步，人类将进入闲暇社会的美好状态。但是事与愿违，对自然的恣意索取和控制，不仅带来了环境污染、生态恶化的问题，还导致贫富差距扩大、道德水准下滑、矛盾冲突增多的社会问题；不但在发展中国家有这些问题，发达国家也不能独善其身，面临着"物的世界增殖与人的世界贬值"的尴尬处境。究其根源，乃是由于经典现代性所执守的理性信念中，缺少了和缓谦逊的内涵，缺少了对人的精神世界的关怀和肯定，理性中的向内关注部分与向外关注部分失去平衡，任由后者无限膨胀从而酿成苦果。物极必反，社会历史发展的实践告诉人们，必须反思经典现代性的霸权。

二、一元与多元的反思

现代化理论所反映的经典现代性，尽管有许多为人诟病的地方，但是因为它概括了人类从农业社会进入工业社会的革命性变化，总结了人类文明演进的过程与经验，提炼出各个社会领域带有普遍性的原则，对非西方国家的发展仍然具有重要的启示意义。而且，现代化与现代性的关系是，"现代性的理念推动了现代化的进程，而现代化的进程则证明强化了这些理念，二者相互作用，相得益彰"。❶

---

❶ 杨正喜. 经典现代化理论的源流与评估 [J]. 社会，2004（11）.

（一）经典现代性的一元性

经典现代性本质上是一种"一元现代性"，它认为现代性只有一种模式，那就是遵循西方发达国家的变迁途径，在个人主义、理性主义的基础上，树立科学、民主、自由、平等、法治的社会普遍价值，走上与欧美国家一致的发展道路。全球化即经典现代性或欧美现代性的极度扩张，吉登斯指出：全球化是现代性的全球性蔓延，是现代性在时间、空间两个向度上的分延（time-space distanciation），并且"就某些抽离化机制的后果而言，全球化意味着没有人能'逃避'由现代性所导致的转型：如由核战争或生态灾难所造成的全球性风险"。● 也就是说，现代性的发展必然会是一个全球性的事件，没有哪个国家或者哪个人能够置身度外，完全不受现代性的影响。因此，问题并不在于是否应当进入现代变迁，而是各国应当进行怎样的现代变迁才是合宜的。

在古典社会学家的论述中，现代性的展开尚处于西方资本主义社会形态的上升、外扩时期，也是其领先发展时期。对现代性的理解和阐释，只有从西方历史情境出发的一种视角。世界上的其他国家，因其不能与西方资本主义匹敌而受到忽视。

（二）现代性的多元化反思

对现代性全球化的关注，涉及现代性的"一元"与"多元"问题。如果现代性只有一种模式，它就是"一元"的；如果现代性在非西方国家可以有不同的发展逻辑，它就是"多元"的。所谓"多元现代性"（multiple modernities），按照艾森斯塔特的理解，"也就是这样一种观点：一方面强调现代性作为一种独特文明的特殊性，另一方面强调其中的具体制度和文化模式的巨大可变性和易变性"。● 这里，"独特文明"指的是现代性作为一种文明形态所具有的特殊性。与前现代的社会相比，现代世界在文化和生活方式的许多关键方面都有本质的区别，概括而言，"空前的开放性和不确定性是其核中之核"。"巨大可变

● 安东尼·吉登斯. 现代性与自我认同［M］. 赵旭东，方文，译. 北京：生活·读书·新知三联书店，1998：23–24.

● S. N. 艾森斯塔特. 反思现代性［M］. 旷新年，王爱松，译. 北京：生活·读书·新知三联书店，2006：中译本前言.

性和易变性"是指，拥有独特制度和文化特征的现代性，在从欧洲扩张到整个世界的过程中，不是原封不动地进行制度和文化复制，而是至少产生了几个基本的变种及其持续反应，"这类文化和制度模式，构成了对现代性的独特文明前提的核心特征中固有的挑战和可能性的不同反应"。❶

显然，现代性是一元还是多元，取决于对现代性的理解。首先，艾森斯塔特将现代性视为一种独特文明，是超越了所有轴心文明反思意识的新的文明形态。如果所有的轴心文明都围绕一个相同的"伦理公设"——世界是由神意注定的，因而是一个有意义的和伦理取向的宇宙——进行反思的话，那么，正如一段评论所说：

> 现代性的阈限在于，宇宙为神意注定的合法性衰落了；只有当设定的宇宙合法性不再被视为理所当然、不再无可非议时，才会有现代性，才会有这种或那种现代性。反现代的人拒绝这种非议，仍然相信……❷

现代文明的反思，不再仅仅针对实现超越图景的路径选择，而是发展到质疑整个社会秩序、本体论秩序、政治秩序的前提的合法性，强调人的能动性、自主性，对自然和社会的积极建构和控制，这与前现代的轴心文明是截然不同的，也不同于过去时代的大宗教扩张或大帝国扩张，它施加给所到之处社会的影响力尤其剧烈。

其次，从传统的政治、文化权威束缚中解放出来的现代性，以新的概念规定现代文明的文化、政治、意识形态以及制度前提。随文艺复兴、启蒙运动而来的社会重组，逐渐发展出一套与传统文明有迥然差异的规则：在政治上主张政治领域和政治进程的公开性；在文化上伸张人的自主性，认可社会成员参与社会秩序建构、表达抗议的权利；在制度上强调内在约束、纪律和控制机制的作用。现代方案的诸多新规定，既蕴含了巨大的创造力量，也潜伏着相互矛盾的倾向。

---

❶ S. N. 艾森斯塔特. 反思现代性［M］. 旷新年，王爱松，译. 北京：生活·读书·新知三联书店，2006：8.

❷ JAMES D FAUBIAN. Modern Greek Lessons：a primer in historical constructivism［M］. Princeton：Princeton University Press，1933：113－115. 这段话是詹姆斯·D·弗边论述韦伯的现代性概念时所言。艾森斯塔特认为韦伯的解释触及了现代性文化方案的核心。参见 S. N. 艾森斯塔特. 反思现代性［M］. 旷新年，王爱松，译. 北京：生活·读书·新知三联书店，2006：8－9.

最后，艾森斯塔特认为现代性是一个多面多层次的、复杂变动的综合体。现代性不仅改变了其"原生"社会的结构、组织和制度维度，而且在扩张与传播的过程中面临来自内外两方面的修正。在其内部，从古典社会学开始就用持续不断的批评话语，集中揭示现代性固有的紧张和冲突，法兰克福学派的批判社会学就是典型的例子；在其外部，即现代性在西方之外的扩张中出现的实际情形，也打破了现代性规划同质化、霸权的假定。这些非西方国家和社会的现代变迁，虽然朝向政治民主化、经济市场化、制度相对自主分化的方向发展，但表现出了较大的差异性，而不是按照现代性最初的形式接受它们。

因此，现代性最好作为一个持续的可变的现象来理解，"现代性的历史，最好看作现代性的多元文化方案、独特的现代制度模式以及现代社会的不同自我构想不断发展、形成、构造和重构的一个故事——有关多元现代性的一个故事"。[1]

艾森斯塔特对西方现代性的理解，并未否定其作为其他社会现代化的出发点和参照点的重要作用，他所提出的"多元现代性"，正是建立在对西方社会与非西方社会进行宏观比较的基础上的。相比于亨廷顿的"文明冲突论"和福山的"历史终结论"[2]，艾森斯塔特居于两级之中，其稳健的态度和驾驭宏观历史的能力，是我们执掌现代性之舵的重要力量来源。

在现代性的一元与多元争论中，新马克思主义文艺理论家、后现代主义文化理论家詹姆逊（Fredric Jameson）是"一元现代性"的支持者。詹姆逊把现代性看作一种叙事类型，具有文化、意识形态、社会等不同的层次，在各个历史时期所强调的重点有所不同："17世纪现代性的核心是用数学原理解释宇宙、社会；18世纪的现代性强调理性、人权和社会的进步；19世纪的现代性指的是工业化运动；20世纪现代性强调的是对工业化运动的反思以及对其恶果的抵制；目前的现代性则主要是普遍的市场秩序在全球的推广。"[3]

现代性的主题在不断地变化，对现代性的重释也在不断进行，但詹姆逊认

---

[1] S. N. 艾森斯塔特. 反思现代性 [M]. 旷新年，王爱松，译. 北京：生活·读书·新知三联书店，2006：14.

[2] 塞缪尔·亨廷顿. 文明的冲突 [M]. 周琪，译. 北京：新华出版社，2013；弗兰西斯·福山. 历史的终结 [M]. 黄胜强，许铭原，译. 呼和浩特：远方出版社，1998.

[3] 陆扬. 关于后现代话语中的现代性 [J]. 文艺研究，2003 (4).

为，现代性在模式选择上是"单数的"，即"尽管各国现代化的环境、条件、努力程度不同，但各国的现代性都难以避免地受到英美现代性模式的影响和支配，这是不以人们的主观意志为转移的"。❶ 所谓"多元现代性"——或者它的另一种说法，"他种现代性"（alternative modernities）——的话语诉求，只是为了把最新的全球化了的现代性与老的现代性相区分，至于试图通过联系自己的民族文化实现某种不同的现代性，不过是掩盖或遮蔽自己的真实处境。因为，在经济、文化和日常生活的许多领域，世界各国正在变得相似或者标准化，而不是日渐不同。那些备受尊崇的民族传统，也正在经历被改造或被消灭的命运，"文化差异不论有多么深刻的社会基础，现在也正在变成平面化的，正在转变成一些形象或幻象，而那种深厚的传统不论是否曾经存在，今天也不再以那种形式存在，而是成了一种现时的发明"。❷ 如今，即使你到最具原生态的地方旅游，也不必有食宿之忧，舒适的标准客房和卫生多样的饮食是景区旅游服务的现代必备设施，不同的景色所充当的似乎只是背景，或者是游客的心情而已。

　　现代性问题上的"一"与"多"之争，本质上是对现代性的影响力的不同判断。是原型更具决定性，还是后来的创新更重要，似乎难有无争议的定论。詹姆逊和艾森斯塔特的分歧在于，现代性的前景是乐观的还是无奈的。艾森斯塔特认为现代性起初就有多样化的成分，现今当然是多元的；詹姆逊则认为，那不过是一种幻想，资本主义在全球的扩张使得现代性不可能真正多样化。

　　与其在两极之中纠缠，不如寻找新的视点。我们看到，无论是何种现代性，其实现都要依托实践、依托各国人民的实实在在的践履，在现代制度的规划和执行过程中，认同的因素——认同什么，如何认同——是实现现代转变的关键一环。现代性的标准化要求和民族意识的特殊内容，都只有通过集体认同和个体认同的作用，才能深入人们的心灵和行为中去，才能搭建现代社会的庞大机器，才能维持其运行。

---

　　❶ 李世涛. 现代性视域中的中国问题——詹姆逊与中国现代性道路的选择 [J]. 东南学术，2005（5）.

　　❷ 谢少波，王逢振. 文化研究访谈录 [M]. 北京：中国社会科学出版社，2003：104.

第二节　集体认同的建构性

有关现代性的各种角度的研究，基本上都认可了现代性的建构性，而现代性的建构内在地就是现代认同的建构。现代认同不仅是一种哲学反思，一种文化意识的历史，一种抽象的原理概括，它更是人类对自身探索的发现，是我们社会心理的本质特点，是既作为原因又作为结果的东西。对社会心理建构性特点的发现，打开了现代社会认同的建构之门，为我们理解自身行为结果的不可思议性——例如，我们曾亲手埋葬了现在被认为是值得眷恋的美好事物，或者，用尼采的话说，是我们自己杀死了上帝——提供了解说词。

一、社会心理的建构性

（一）什么是社会心理

所谓社会心理，是人们在社会生活中自发产生，并互有影响的主体反应。❶ 这一简洁的定义包含了我们称为"社会心理"的几个内涵。其一，社会心理也是一种心理，是人们对社会事物的主体反应，是一个内在性的过程；其二，社会心理产生于社会成员之间心理上的相互影响，不同于纯粹的个体心理，它存在于人际关系和更为广泛的社会关系中；其三，社会心理是一种自发产生的社会精神现象，是由感觉经验得来的"生活意识"，区别于具有理论思想体系的意识形态。

除此之外，社会心理还有自身独有的一些基本特点，它们对于了解社会秩序的运行和发展有重要的预告作用。这些特点主要有：内在性与外在性、互动性和冲击性、实用性和迎合性。具体来说，"内在性与外在性"是指社会心理的结构特性，即"社会心理既是内在心理过程，又外现为社会现象"❷。就内

---

❶ 沙莲香. 社会心理学 [M]. 北京：中国人民大学出版社，1987：34.
❷ 沙莲香. 社会心理学 [M]. 北京：中国人民大学出版社，1987：38.

在性而言，与个体心理过程的知、情、意类似，社会心理包括社会认知、社会情感、社会动机、社会态度的过程；就外在性而言，社会心理表现为群体心理现象，例如支持、抗议、流行、从众等总是存在于人际或群际关系中，具有一种可感知的"外观"。"互动性和冲击性"是指社会心理所产生的作用影响方面的特性。心理互动是群体行为的先导，有序或无序的互动都会影响社会心理的状态；冲击性是指由心理互动而给感情与行为造成的冲击，它会使人们在特定场合做出异乎寻常的行为。"实用性和迎合性"指社会心理满足并迎合现状的实用、朴素本性。以现有的、眼前的、大众的看法为主，也是社会心理自然而发的特点。社会心理的具体内容涉及社会的方方面面，了解了它，对于准确把握社会问题的现状和趋势、反思和变革社会决策具有直接的重要意义。

影响社会心理的因素非常多，社会环境、文化传统和民族性格是一些主要的背景因素，此外，人们生产、生活的具体状况和情境影响着社会心理的具体内容。社会心理学对社会心理的基本过程及其变化发展的各种条件、规律性表现等方面进行了系统的研究，经过一百多年的发展，形成了精神分析理论、社会学习理论、社会认知理论、社会角色理论、文化与人格理论、社会生物学理论、社会认同理论、社会建构理论等多种解释社会心理的思想流派，在经验研究和理论研究领域都取得了丰硕的成果。

（二）社会心理的建构性

本书无意于深究社会心理学领域的争论，而是试图借鉴社会心理学的最新研究进展，拓展社会学研究视角，用社会心理的建构论支撑集体认同的建构性特点，再通过认同建构去解释现代性的多元化问题。

在心理学及社会心理学领域，通常从主客反映论的立场看待心理现象。例如，认为心理是人对客观现实的反映，是人脑的机能，社会心理是人对互动的社会生活的反映。这种思维将人假定为具有内部统合性和稳定人格的能力个体，能够作为独立、自足的实体与外部世界相对立。然而现代社会迅速流变的事实却打破了这一假定，稳定的自我身份感逐渐解体，自我与外界的边界越来越模糊，固守实证主义主导的思维定式，越来越难以取得令人满意的研究结论。从20世纪六七十年代开始，由知识社会学首先发起的社会建构论运动席卷社会科学的各个领域，并作为一种新的研究范式受到多学科的重视。"正如我们将要看到的，社会建构论作为一种社会科学取向，受到多种学科的广泛影响，包括哲学、社会学、语言学等，它因而具有跨学科的性质"。❶

社会建构论起于对现代理性的实在论、本质主义❷等主张的不满与反叛，并不是一种系统的理论，只是一系列具有"家族相似性"的松散观点，不同学科如同家庭成员一样分享着社会建构论的特征。尽管找不到一个所有成员都有的特征，人们还是能够大致判断它们归属于同一个家族。概括地说，"社会建构论主要阐释人类（如何）描述、解释、说明他们生活于其中的世界（包括他们自己）的过程"。❸

以格根（K. J. Gergen）为代表的一批社会心理学家在大量研究的基础上认为，不存在超历史、超文化的心理学理论模式，也不存在某种一般的，具有普遍性的，适用于所有社会、种族、阶层和群体的社会心理规律，理论成果总是与特定的历史文化相结合才能产生并起作用。采用社会建构论的立场考察社会心理，对有关自我的概念、人们之间互动中介与方式的理解，都有重大的改观。

首先是自我的概念问题。社会心理的主体是人，人是什么？是不是我们一直想当然以为的，一个经过社会化训练、拥有清晰、独立的人格和富有理性的头脑、随时准备认识世界的"知者"？依据社会建构论，很难证明存在一个固定不变的本质的自我，人的自我是被社会所不断建构的。"与其说人有本质，不若说人建构了自身的性质。……人类的自我创造是一种社会性的企业，也就是说，人集体地创造一个人类环境，并拥有自己的社会、文化以及人的心理……"❹无论作为单个人的自我、群体的自我还是作为类概念的自我，都是由社会建构

---

❶ VIVIEN BURR. Social constructionism［M］. Routledge，2003：2；杨莉萍. 社会建构论心理学［M］. 上海：上海教育出版社，2006：29.

❷ 本质主义认为一切事物都有一个单一的本质或核心。所谓"本质""核心"是事物内在的质的规定性，是事物自身固有的，决定其性质、面貌和发展的根本属性，是一事物成为该事物的标志性特征。现代心理学认为，"人"的本质反映在"自我"结构中，个体或群体的"自我"一旦形成便具有相对稳定性，并带来行为表现的规律性。

❸ K J GERGEN. The social constructionist movement in modern psychology［J］. American Psychologist，1985，40（3）. 转引自杨莉萍. 社会建构论心理学［M］. 上海：上海教育出版社，2006：31.

❹ P L BERGER，T LUCKMANN. The social construction of reality［M］. New York：Doubleday（1966），1997：65-68. 转引自杨莉萍. 社会建构论心理学［M］. 上海：上海教育出版社，2006：181.

的。某个人被认为是"聪明的"或"愚笨的",需要相关他人的相对一致的结论;某个群体被认为是"值得尊敬的"或"不屑一顾的",不仅需要群体成员的自我判断,这种判断还需要征得包括其他群体在内的社会的认定。当然,他人的共识性判断、社会既有的成见,会造成自我的"标签效应",诱使自我朝向"标签"所假定的方向发展,造成消极的社会后果。站在社会建构论的立场,人格与自我不是内在的、封闭的,相反,是向外界开放的,是关系的对应物。用一句通俗的话说,你具有怎样一个自我,很大程度上取决于你所面对的是怎样一些人。人不再仅仅是一个"知者",他或她同时是一个"建构者"和"创造者"。社会心理是在社会成员间交互影响的基础上形成的,是众多自我以各种形式对话、沟通的结果。

其次是对人们之间互动中介与方式的理解。互动性是社会心理最基本的特点之一,人们是怎样互动的?是不是像我们以前一直坚信的那样,认为有真理、科学、权威的话语,人们总能够达到对客观性社会事实的认识?依据社会建构论对"真理""语言"等概念的批判性重构,真理不再具有终极性,语言也不再仅仅是一种表达与言说,真理、话语本身就是建构的方式,它们以某种方式共同生成对人或事物的一种特定看法,"话语指涉一套意义、隐喻、表征、影像、故事或陈述系统"。❶ 围绕同一个人或事物,可以有多种不同的话语。语言不是作为一个中立的工具被人们所使用,而是经由"言说"体现为话语的社会性实践,处在不同社会结构层次中的社会成员,通过参与话语活动,加工自己的感觉经验,制作集体的记忆,建构关于爱恨情仇的情感剧本,塑造所在社会的文化特点。因此,话语在互动中占据重要的地位,争夺话语权就是争夺权力,争夺意义建构的主导权。从这个意义上看,社会心理的形式与内容,既是对"现实"文本的解说,也是各种话语系统之间较量衡量的结果。

二、集体认同的建构性

社会建构论已经指出,一切心理现象都有建构的痕迹。认同作为一个重要

---

❶ VIVIEN BURR. An introduction to social constructionism [M]. Routledge, 1995: 48.

的社会心理过程，也具有建构性，尤其在现代社会的条件下，认同的集体性、社会性、建构性特点更加明显。无论是从社会心理学的角度，还是从社会学的角度，建构性都是认同的基本性质。

（一）社会心理学的认同建构

作为一种社会心理过程，认同意味着社会态度的形成。什么是态度？根据社会心理学家奥尔波特（G. W. Allport）在1935年出版的《社会心理学手册》中的定义，态度（attitudes）"是这样一种心理的神经的准备状态，它经由经验予以体制化，并对个人心理的所有反应过程起指示性的或动力性的影响作用"。● 这一界定反映了奥尔波特实验社会心理学的研究视角，明确了态度对人的行为的重要指导作用，为以后关于（社会）态度的研究定下了基调。

社会态度是一种综合性的社会心理过程，是一个包括社会认知、社会感情和社会动机在内的持续而一贯的心理状态，具体地影响社会成员之间的交往。简单地说，社会认知为人们对自我和他人的认识提供基本的社会判断，社会感情主导着人们社会行为的方向，社会动机则为人的各种欲求的表达和实现提供内在动力。而如果对每一个心理过程稍加探究，就不难发现，社会认知的模式和标准（如关于美丑的定义、好坏的鉴别、推理的逻辑），社会感情的内容与方式（如喜怒哀乐的感受、高尚与卑鄙的界限），社会动机的来源与目标（如满足与不满、成就或不懈的坚持），都与文化历史条件、社会现实和个体生长的具体环境密不可分。人们正是在自己的成长过程中、在不断接受又不断修改的决定里、在向他人表白和接受他人观点的拉锯中"建构"某种社会态度。

社会态度对个人和群体都有十分重要的作用。从对个体心理的作用而言，态度是人们表达内心认识、适应社会生活环境的重要出口，以及自我防卫、自我表现的基本通路。从对群体心理的机能来看，社会态度是人们对某种社会事件或社会结构的共有态度、共有心理反应倾向。此种意义上的社会态度是群体

● G W ALLPORT. Handbook of social psychology [M]. Clark Univ. Press, 1935；沙莲香. 社会心理学 [M]. 北京：中国人民大学出版社，1987：239.

内聚力形成或瓦解的内在原因。态度的形成过程较为复杂，它一方面需要个人经验作为内参照系，另一方面需要群体规范作为外参照系。最后，通过同化和内化的心理过程，形成对某事某物的稳定看法。

认同是与同化、内化接近的概念，后二者更为具体地描述了态度的心理经历。同化侧重于说明他人的看法、观点、判断被自己吸收、认可的一面，往往是不知不觉地起作用；而内化侧重于强调自我意识在接收他人观点时，主动自觉性的一面。认同则是同时包含了同化和内化的综合性概念，从过程上看，认同是社会态度的收官，也是社会态度的明示。至于个体同化他人的何种看法、观点与判断，内化何种价值观体系，不是一个简单的先被动、后主动的心理过程，而是受到自己的经验和群体规范的双重考量和筛选。对经验的感受会随着主体认识的发展而改变角度和重要性，群体的规范则会因群体成员的更新、适应社会环境等因素发生变动。因此，认同的状态最终是建构出来的，是人们不断努力和选择、博弈的一种结果。

（二）社会学的认同建构

作为一个社会学的概念，认同与社会现实有着复杂的瓜葛，基本上等同于社会认同或集体认同。郑杭生教授给出的定义是："所谓社会认同，简要地说，就是个人和群体对其社会身份和社会角色的自我认定和他者认可。详细一点说，所谓社会认同，就是以利益为基点，以文化为纽带，以组织为归属，在多种社会关系网络中，个人和群体对其社会身份和社会角色的自我认定和他者认可。"郑教授同时指出，认同具有建构性的性质，即认同是动态的，是不断调整、反复建构的事件。他还从认同的主客体关系、自我与他者的身份、社会结构与行动的关系等方面，阐述了对认同内涵的理解。

认同的建构性质，在它的形成过程中得到充分的体现。个人和群体的身份与角色的获得，是一个自我认定、他者认可的双向过程。其中，"自我认定"以利益为基点，注重所归属群体与"他者"之间的差异性和界限；"他者认可"则涉及社会结构与文化传统对特定利益的安排和解释，以及该种身份角色的合法性确认，注重的是对差异性的共识。在现代性日益流变的语境下，认同的双向过程也变得支离破碎起来。

一方面，个人生活的主动选择性增强，选择何种职业、在何处就业、临时就业还是长期就业，这些都可以通过个人的权变选择灵活处理，个人与某一地区、某一单位的联系不再牢不可破，归属群体的时地、性质可变性使得"自我认定"变成一件须不断思考的事情。更有甚者，新的社会环境催生了一些新的职业类型，例如在家办公的"SOHO"一族、替人饮酒、代人驾驶、网络销售与管理等，其从业行为异于常规，归属背景不明，致使这些从业者的"自我认定"过程充满困惑。

另一方面，社会结构的"实践性巨变"❶ 打破了人们惯常熟悉和默认的职业体系。在当代中国，不仅"士、农、工、商"的传统思维已不能有效提供新的职业评价体系，计划经济时代的分工模式也发生巨大变化。伴随产业结构调整、企业重组、城市化、市场化和国民经济发展计划的制定，社会评价职业价值的标准也有所变化，经济效益和技术含量以及社会职能重要性等越来越受到人们的重视。但是，人们对某一职业的新评价与认可并不先于职业实践，相反，却具有滞后性。例如，农民参与城市建设的历史由来已久，但是社会对农民工问题的关注却要晚得多。在计划经济思维的惯性影响下，城市居民一面享受农民工建设城市的成果，一面又拒绝接纳农民工及其子女为自己的同伴，直到越来越多的人意识到这种不公正为止。因此，对农民工的社会身份由"不屑"到"尊重""同情"的态度变化是一种建构，只有社会中的其他群体给予了农民工一种"他者认可"，有关农民工的一系列问题及其重要性才得以成为显著的事实。除此以外，社会流动的加速也造成社会阶层或群体日益多样复杂化，具有集体性意义的行动方式、经验图式以及作为共同记忆和命运存在的东西逐渐减少、变淡，认同赖以立足的"他者"背景模糊化，人们不得不一次又一次就自己的身份合法性问题陷入协商、辩论甚至吵闹之中。

在现代社会里，认同的建构是无休止的。极具变动性的社会生活景观，个人化的"自我预言"与多元化的价值观，为认同的内容和形式注入源源不断的"活水"，只有不断调整思维和立场，个人和群体的认同才能在"流动的现代性"中得到确认。

---

❶ 郑杭生，杨敏. 社会实践结构性巨变下的社会矛盾 [J]. 探索与争鸣，2006（10）.

第三节　集体认同的建构模式与多元现代性

社会的生命通过无数个人的生命得以表现和延续。假如，有一架能够穿越时空的望远镜，镜头里的景象一定是这样：春夏秋冬的自然节奏，生老病死的人生轮回，上演的是被称作"历史"的剧目。然而，每个人都只能理解其中的小小片段，并且在片刻之后就将舞台让与了他人……人类不能穿越时空，我们依然需要在分秒的基础上，积日成月，经年累世，由过去注视现在，借他人观看自己。"我们"和"他们"为什么如此相同又如此不同？如何保护自己？又如何共同生存？其实，人类再多的疑问都不过源于少数几个共同的问题，就像最斑斓的色彩也是源自红、绿、蓝三种基色一样。现代性虽然既高大又细腻，既有形又无形，难以捉摸，但它把认同的感受和需要留给了我们，通过认同的不同建构模式，现代性显出其多元性的样貌。

一、集体认同的建构元素

采用动态的眼光看待认同，认同就是一个建构和努力的工作；以集体/群体/社会认同为框架收纳个体/自我认同，认同就是群体的命运。究竟集体认同是怎样建构起来的，去壳觅核，还须"大胆假设，小心求证"。

（一）认同建构元素的多样性

心理学对认同形成心理机制的研究，为我们提供了探索的对象，社会学研究集体认同，是要以社会生活的繁杂内容和社会现象的复杂交织为基地，种族、性别、阶层、文化、宗教、语言、地域，都会成为人们建构各种认同的要素，也是集体认同的普遍性要素。因为，世界上的人们总是归属于大大小小的团体或组织，在某个地方某个行业的某个部门，与自己群体内或群体外的人一起，商讨目标，实施行动，评价后果。有些时候，认同处于一种沉淀、潜伏的状态，人们在大多数时候并未意识到它，直到某种特殊时刻的来临——通常是以对该群体的一致影响为标志，如村庄附近突然要兴建一座大型化工厂——认同意识才会从社会心理的暗处走到行为的前台，成为捍卫共同利益的感召力量。

认同的多层次、多角度特征造成认同研究的分割化和发散性，虽然有利于认同实践的探索，却不利于从总体上认识认同。目前，在认同研究领域，以文化、阶层、宗教、地域等某个认同要素为核心的研究、著述较为常见。而在现实社会中，各种认同要素是混合在一起起作用的，并且，何种要素居于核心位置也会随情境的要求发生变动。因此，各种认同要素在认同建构过程中的介入次序、背景含义以及策略运用，是理解现代社会的极为重要的解释资源。

（二）多层次的认同系统

在关于认同的大量研究中，我们发现，不仅像肤色、性别、阶层、职业这些通常用来将人分类的因素影响认同，而且年龄（属于时间性的因素）、空间、语言这些不具有实际内容的因素也参与了认同的建构。如若将人的认同作为一个总体对待，则须按照某种标准将诸多元素排序，形成相互联系又各有侧重的认同系统。就认同的两大类别和表现——个体认同和集体认同——而言，集体认同比个体认同更具有天然的优越性——不仅一个人的"社会自我"是他或她的完整自我的一部分，个体认同的分类要素也是社会性的，由社会提供的。在此意义上，认同就是获得群体资格。"所有形式的认同，并不是行动者对外在于自身社会力量的认同过程，而是行动者对因为社会力量雕刻而获得相对应的群体资格的认同建构或解构/重构过程，行动者及其多元群体资格应占据研究的中心。"❶

方文教授以群体资格为认同概念的核心，认为个体在生命历程中所遭遇的各种基本社会力量，如生物品质的、文化/族群的、民族国家的、宗教的，以及社会排斥的力量，经由社会分类体制的作用，分派给个体多元的、完全的或部分的群体资格，个体通过接受、改变或拒绝等认同努力（identity work），形成多元的社会认同。❷

这一阐述社会认同的"新路径"，给了我们很大的启发。既然"多种基本

---

❶❷　方文. 群体资格：社会认同事件的新路径［J］. 中国农业大学学报（社会科学版），2008（1）.

社会力量"雕刻了行动者的"多元社会认同",那么就可以根据这些社会力量之于行动者的远近以及行动者建构或解构相关认同的程度,建立一个由近及远、由内而外的认同体系模型。如图3.1所示。

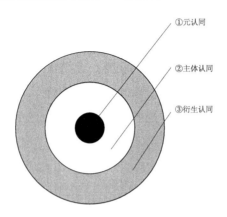

①元认同
②主体认同
③衍生认同

图3.1　认同的层级结构

图3.1中,居于核心位置的是元认同,中间是主体认同,外围是衍生认同。

(1) 元认同 (meta – identity),是关于个体的元特征集的认同建构过程,这些元特征集主要包括种族、性别、相貌、年龄、国籍等。元认同是伴随个体出生而具有的认同,个体的生物品质同时也是社会范畴化的尺度之一,承载了各种社会价值。例如,在一个重男轻女的社会里,女婴的降生本身就意味着她属于次一等的人群;在一个存在种族歧视的社会里,黑人生下来就得到一个低贱者的身份。元认同是所有其他集体认同发展的基础,是个体未经任何努力和同意就被标定的认同。它的特点是不能或很难改变,年龄和肤色可以掩饰但是几乎无法改变,性别、相貌虽然可以借助变性、整容的医学手段改变,但是风险和代价太大,不是可以普及的做法。因此,个体首先是背负着元认同的定义开始其他认同的建构历程的。

(2) 主体或主干认同,是围绕、包裹着元认同的主要社会机制所形成的认同,是大部分人通过社会化而学习、接受、认可的那些认同,主要包括文化的、民族的、政治的、社会性别 (gender) 的、宗教的认同等方面。文化认同区别于单纯的他人认同和社会对人的认同,它是指"个体对所属文化的归属感及内心的承诺，从而获得、保持创新自身文化属性的社会心理过程"。❶ 文化认同与民族认同、族群认同有密切关系，因此有的学者认为，文化认同是"民族群体或个体对本民族价值的笃信、对本民族生活方式、命运的理解和关注以及对族际关系的认识等"。❷ 成为文化共同体的成员，获得一种"文化自觉"，是文化认同的主要体现。

民族认同与政治认同也有天然的联系。近代欧洲国家就是在民族的基础上形成的，吉登斯在谈论国家与暴力的关系时使用"民族—国家"（nation - state）的概念，以突出近代西方国家形成的特点。而中国自古以来就是一个多民族杂聚居的国家，汉文化的强大包容性、兼容性，使得近代以后，"中华民族"❸ 作为统合各民族的综合概念得到广泛使用。民族认同是对民族历史、特性、利益等的认可与维护。政治认同有许多与民族认同重合的地方，它更注重政治统治以及意识形态合法性的确认。政治共同体通过对"公意"（general will）的宣称和运用，得以超越、统合疆域内族群、语言、宗教等多元共同体的差异，因此，也可以看作"以民族记忆和英雄传奇为基本素材的道德共同体和牺牲共同体（sacrifice community）"❶。

社会性别认同（gender identities），是对元认同中的两性认同（sexual identities）的深化和反思。两性的生理差异是自然的，而分性别的社会行为规范要求，也一度被认为导源于生理因素，但是女权主义者指出，性别歧视是一种社会的建构。社会性别认同是社会的范畴，它或张扬或隐蔽地存在于社会结构、社会内容、主导性别意识、社会发展过程等多个领域，对女性比男性更为

---

❶ 这一定义由中国社会科学院社会学所杨宜音先生提出。

❷ 邓治文. 论文化认同的机制与取向 [J]. 长沙理工大学学报（社会科学版），2005（2）. 由于"文化"和"认同"都是具有复杂内涵和宽广外延的术语，"文化认同"的概念更是众说纷纭，难以统一。美国学者乔纳森·弗里德曼认为，文化认同在最强的意义上是用种族或生物遗传的概念表达的，而在较弱的意义上可被表达为传统或文化遗产，最弱的形式则是指"生活风格"或生活方式之类的东西。文化认同具有族群性和个体性的双重特性，它也是特定种类社会认同的基础，但却不是社会制度的内容。参见乔纳森·弗里德曼. 文化认同与全球性过程 [M]. 郭建如，译. 北京：商务印书馆，2003：45 - 49.

❸ 关于"中华民族"的形成过程，有两种不同的见解。一种是张光直先生的"一元多体"说，即在共同的起源上繁衍出多个民族；另一种是费孝通先生的"多元一体"说，即多个民族凝聚为一体。两种说法所强调的重点不同。

❶ 方文. 群体资格：社会认同事件的新路径 [J]. 中国农业大学学报（社会科学版），2008（1）.

显著。宗教认同也是包裹元认同的重要因素，通常是作为一种基本氛围出现在个体的社会化过程中，通过聆听宗教阐释、参与宗教活动，个体获得了宗教认同。与其他认同相比，宗教认同的特别之处是使人的身体、心灵都有强烈的感受。虽然现代社会是在理性化、市场化和世界除魅的旗帜下进展的，但是宗教仍然是人们精神生活的一个基本面向。

（3）衍生认同，可以理解为在主体认同的确立过程中衍生出的一系列认同，是诸多个体在文化、民族、宗教认同的背景下，经过奋斗和持续不断的努力选择的认同，主要有职业认同、阶层认同、社团认同以及对主体认同某些元素的再造等。

职业认同是个体成年后所建构的首要认同，职业归属感是个体对自己在社会中生存依据的判断。不仅"同事"属于认同的对象，未曾谋面的"同行"也是认同的对象，对与自己操相同职业者的感同身受，源于相同的工作内容和相似的工作环境。阶层认同则是对自身在社会结构中所处位置的判断性认同，它可能涵盖多种职业，以各职业内部的层级体系为参照而确立。由于社会分层标准的多元化——出身、财富、声望、权力与生产资料的关系，都可以成为分层的轴心——阶层认同的实际情况也比较复杂。

社团认同是认同的又一种不同类型，它反映了真实生活中人们的多层次性需要。马斯洛（A. H. Maslow）将人的需要分为五个层次逐渐上升的需要：生理的、安全的、所属和爱的、自尊和自我实现的需要。人们不仅有物质、文化上的共性，还有性情、偏好以及同一个人在不同时期认同的差异性，进入和保持社团成员身份，就是社团认同的建构。衍生认同还包括某些对主体认同的特殊改造，例如，某个原来没有宗教信仰成长环境的个体，在经历特殊事件之后选择加入某种宗教，成为信徒。这种自主选择的认同，在结构上不同于宗教背景导致的认同。再如，男同性恋和女同性恋的群体认同，与元认同中的两性认同、主体认同中的社会性别认同，也是不一样的，后者传达的是社会建构的信息，而前者则要求取消污名资格，获得合法性的承认（recognition）。

综上所述，认同建构的要素及其在认同层级体系中的归类，如表 3.2 所示：

表 3.2 认同的层级体系

认同层级	认同系统位置	主要建构元素	社会功能
元认同	内核	种族、国籍、年龄、性别、相貌等	提供认同的基础背景
主体认同	中间主体	文化、民族、政治、社会性别、宗教等	提供认同的常规内容
衍生认同	外围	职业、阶层、社团、少数派或亚文化群体等	对个体和社会的变化适应

二、集体认同的建构模式

元认同、主体认同和衍生认同的划分，是对塑造认同的多种社会力量的刻画，是依其进入个体生活并被个体自觉意识的大致顺序描绘的。然而，认同并不属于"传统叙事"的范围，在前现代时期，认同作为社会秩序的根基在人们反思的视野之外。认同是一个现代社会的"凸显"事件，是现代性得以体现的内在机制。关于现代性问题的不同见解，以及不同知识背景和文化历史条件下人们对认同阐释的差异，表明认同的建构存在不同的模式，认同的各种元素并非均匀地铺陈于所有的个体和群体中，也不是均匀地起作用。形成于前现代时期的文化传统和历史经验，参与了现代集体认同的建构，影响了后者的作用模式。

（一）结构视野的模式分析

除了个人认同之外，各种形式的其他认同都属于集体认同的范畴。那么，哪种集体认同最适合作为代表性的集体认同呢？现代世界是以地缘政治国家为基本单位划分民族群体资格的，即使是在全球化日益扩张的当前时代，"联合国"只能是"国家的联合"。因此，民族国家适合于成为多元现代性条件下"现代集体认同"的具体表象。另外，民族国家认同与政治认同、文化认同的密切关联性，也使得其具备集体认同的良好代表性。在以下行文中，"集体认同"的广义、狭义和特指内涵会依据叙述的需要不断出现。

上海大学的李友梅教授及其团队在著作《社会认同：一种结构视野的分析》中，为我们提供了关于美、德、日三国社会/集体认同建构模式的经验分析，可称为"结构视野的模式分析"。该模式假设，社会认同——这里指以民族国家为取向的中观层次，不同于最广义的社会认同，以及专指社会成员在价值、行动取向上的共同性的理解——有三种结构性成分或"基础性领域"：①福利渗透，是指经济发展对相关公共领域的贡献程度，以及各社会阶层由此提升生活质量的程度；②意义系统，指由象征符号构成，比如知识、道德、法律、归因机制和价值取向等，一般通过传媒、教育、人际互动等途径发挥作用；③社会组织，作为社会认同形成的另一个重要条件，它的功能在于向其成员灌输行动逻辑、塑造特定注意力分配结构以及营造组织文化。❶ 有效的社会认同建立在社会福利制度、意义系统和社会组织方式之间相互匹配的功能关系上，其中，意义系统与社会认同关系最为密切。美、德、日三国的社会认同，各有相应的匹配模式。

1. 美国模式：多元社会认同

（1）在美国的社会认同中，社会组织方式具有"利益集团多元竞争"的特点。遍布全国各地、活动于各个领域的利益集团构成美国社会的基础，充当了政府与民众的联系桥梁，也决定了美国社会权力分散的基本态势。

（2）社会福利渗透方式是"分权的、市场导向型的"。分权是指福利提供由联邦政府和以下各级公共机构分别做出，市场导向是指"国家保留着基本的、有限的普救主义制度，而由市场去主导社会日益增长的、更高层次的福利需求"。❷

（3）意义系统具有"崇尚竞争性个人主义"的特点。这主要是受到美国独特的历史背景的影响，美国是一个由移民新"开发"而成立的国家，之前没有封建主义传统，也没有成形的社会结构，自由和财富是引导移民建设国家的主要动力。

美国模式的主要特点是兼具稳定性与灵活性。多元主义的社会运作和自治社会的多中心秩序❸，是其社会认同协调的基础。

---

❶ 李友梅. 重塑社会认同与探索社会自我调适系统［J］. 探索与争鸣，2007（2）.

❷ 李友梅，肖瑛，黄晓春. 社会认同：一种结构视野的分析——以美、德、日三国为例［M］. 上海：上海人民出版社，格致出版社，2007：40.

❸ "多中心秩序"又称"自发性秩序"，是指社会中许多社会成员能够在一种一般规则制度中相互适应，每个成员独立于其他成员行动，与"有指导的"社会秩序相对。参见上书，第59页.

2. 德国模式：国家与社会相嵌合

（1）德国长期以来具有福利国家的传统，其社会福利渗透的方式是普遍主义的，体现在"从摇篮到坟墓"的社会福利系统，和"从幼儿园到大学"的社会公共服务上。福利渗透是德国社会整合的基础性条件，也是其社会认同的关键领域。

（2）组织方式上走"社会市场"的中间道路。在坚持市场经济原则的同时，政府也进行宏观调控和引导，如扶持中小企业、用财政手段对经济过程进行总体调解。社会与市场相互补足，共同发挥建设性作用，形成当代德国社会生活区别于其他欧美国家的独特特征。

（3）意义系统与前二者相关，表现为"积极自由主义的"认同。即认为国家对经济与社会生活的适度干预，是保障人民平等、自由和公正的重要条件。社会成员间具有团结精神，遵守制度性规则，注重效率和秩序。

德国模式的特点是稳定、高效、抗震。其社会运作以合作主义或"法团主义"为主，国家拥有参与经济的合法权，各行业团体也能参与协商政策的制定。"权威秩序观"❶是德国社会运作的深层思想。

3. 日本模式：从发展取向到均衡政治

从第二次世界大战结束到 20 世纪 80 年代的 30 年时间里，日本发展的重点是重建经济，其社会认同的中心是追求经济绩效。

（1）社会组织方式上，形成财界、官僚、政治家结盟的"多元官僚格局"。以行业团体、主管部门和议员构成稳定的三角，协调企业活动、产业计划和居民生活。

（2）福利渗透方面，形成"全体就业"格局，即凡愿意工作的人都能有某种工作。通过保护内贸经济部门，使社会保障功能私有化，政府更多投入公共设施和教育的建设。

（3）意义系统方面，"重振大国雄风"成为主要的价值基础，民族优越意

---

❶ "权威秩序观"是一种为全体社会成员所共享、所尊崇的价值体系，虽然承认个人有一定的自由，但秩序的达成必须依靠一个权威的存在而不是自由契约，基于对共同权威的服从而进行合作，实现有序社会。李友梅，肖瑛，黄晓春. 社会认同：一种结构视野的分析——以美、德、日三国为例[M]. 上海：上海人民出版社、格致出版社，2007：105 - 109.

识得到宣扬。

20 世纪 80 年代后期，"内需主导型"的泡沫经济崩溃，日本经济进入长期衰退时期。主银行制度、终身雇用制度已不能适应知识社会和消费社会的要求，原有的社会认同弱化，国家观念淡化。从 20 世纪 90 年代开始，日本进入认同重构与多元政治的时代。①社会政治组织上实行多党角逐、轮流执政，追求民主、透明、效率。②福利改革方面力求建设一种"日本式"的多重社会福利体系，即改全民福利为分权福利，重点强化对老、幼的福利保障。③在社会意义系统上追求开放性与稳定性的结合，倡导中产阶级取向的价值观念。

日本模式的特点是稳定性不足，社会认同的三大基础领域的重心排序受经济社会发展的影响明显。

"结构视野的模式分析"把社会认同的视角运用于美、德、日三个地域、文化、历史都有很大差异的国家，分别以组织、福利、意义为分析维度展开比较，提供了国家间认同研究的积极尝试。

（二）元素凸显的模式分析

对重要他国的社会认同进行经验的研究，其直接意义在于为我国的社会认同建设提供参考。而我国的社会认同重塑是在实现现代化和民族复兴的语境下提出的，这就需要我们准确理解自身目标的基本定位，通过对世界局势、发展潮流和我国国情、历史文脉的双重思考，制定国家发展规划，为新的社会认同提供根据。也就是说，要站在现代性的高度看待认同问题，尤其是现代集体认同的建构问题，既要看到各国现代性的共性、现代认同的共性，又要看到各国现代性主张的差异、现代认同的实际表现及其被强调成分的差异。

我们认为，认同的层级体系所显示的，是认同元素的结构性分布，然而元认同、主体认同、衍生认同的各个要素，在具体社会的作用模式和比例权重既不是均匀的，也不是任意的，而是受到来自前现代的文化传统以及"现代化"的历史经验的影响。在此前提之下，我们进一步假设，现代集体认同在其建构过程中，文化和经验的因素会使各认同元素呈现出强弱不等的重要性，从而塑造出各国不同特色、相互影响的集体认同，最终使现代性的样貌多元化。与"结构视野的模式分析"不同，可将这种模式称为"元素凸显的模式分析"。

下面我们尝试以美国、中国为例，分析其集体认同的建构特点。

1. 美国模式：由外而内型

美国是一个在殖民地独立的基础上新建的国家，与其他社会相比，美国人缺乏一个悠久、统一的历史王朝与文化主体作为集体认同的基础背景，行动者的行为参照来自各有差异的欧洲母国，以及在新世界追求自由和财富的新思想。源源不断的欧、亚移民，废除奴隶制度和黑人民权运动，使得美国人在元认同的建构中，种族元素尤其突出，肤色成为区分、区隔人群的天然标准，种族歧视在这个国家一直没有得到彻底解决。2008—2016 年，非洲裔总统奥巴马的当选和连任，似乎缓和了种族歧视。然而，2020 年爆发的"BLM"（Black Lives Matter，黑人的命也是命）运动，重新将种族歧视这个"痼疾"推到历史的前台。

美国社会特殊的形成历史，也影响其认同层级体系的特点。早期随着欧洲移民一起来到新大陆的，还有清教思想、洛克的政治思想和启蒙运动的政治意识形态。清教思想强调深入内心的宗教制度和政教分离的社会制度，洛克主张维护私产、政治自由和分权而治，启蒙运动传播由理性、进步、功利等元素组成的世界图景。这些取向和信念汇集到一起的结果，就是平等主义、个人成就、共和主义的自由。前现代社会所共有的等级制度的合法性几乎遭到完全否定，所有社会成员被认为是资格平等的，而人们可以自由竞争的事物，除了财富，还有社会地位、声望、名誉、政治权力等所有人们愿意竞争的一切。在此基础上，一种新的"美国文化""美利坚民族"逐渐形成了，民主、开放、竞争的政治体系，新的"市民宗教"❶等主体认同的成分一一呈现。

因此，在美国社会，主体认同建构具有次生性的特点，职业、阶层、社团等衍生认同的建构元素整体上具有独立性。当代美国社会集体认同的新变化，也是首先发生在衍生认同部分，然后逐渐影响主体认同的元素。在此意义上，美国社会的集体认同建构模式是由外而内型的。

2. 中国模式：由内而外型

与美国的情况截然相反，中国不仅有长达 5000 多年的历史，而且中国文

❶ S. N. 艾森斯塔特. 反思现代性 [M]. 旷新年，王爱松，译. 北京：生活·读书·新知三联书店，2006：123.

化是自"轴心"文明时代以来唯一延续至今、未曾中断的文明，中国有前现代社会最为完备的社会治理模式、精致的思想信仰体系和稳定的社会认同系统。近代中国内忧外患的遭遇和坎坷的现代化之路，又带给现代中国独特的现代化经验，所有这些都对中国社会集体认同的建构起了重要作用。

在元认同的层面，中国人对种族的敏感度较低，主要的原因在于，中国文明从一开始就是自足的，得益于资源丰富、气候适宜又相对封闭的自然环境的馈赠，中国人自古以来首先面临的，是如何处理亲族——即他所属的群体——里的关系问题，而不是与外族打交道。长期的农业文明实践，使性别成为中国人元认同建构中最突出的元素，男尊女卑的性别观念构成元认同的基调，直接影响到主体认同的许多重要方面。

主体认同的诸元素中，以儒家思想为代表的汉民族文化地位最高，主导了其他内容。在中国历史上的大部分时期，汉文化以其特有的包容性成为一贯的文化支柱，国号一再更改，朝代不断轮替，但制度和规范却可以越人而传。中国文化的超级稳定性，使它能够应付各种内部斗争和外部威胁，维持自己的存在。中国文化的鲜明特征主要有：追求"天人合一"的和谐状态；强调群体主义、道德本位的文化价值观；以及"家国一体"的社会价值观。

中国传统文化将个人的价值认定放在家庭、社会和国家的框架之下，完全个人的利益、个人的独立与自由追求是遭到否定的，在这一点上，即使是皇帝也不能免，也要注意"为天下范"。中国文化不仅强调父慈、子孝、君明、臣忠的社会政治规范，也定下"士、农、工、商"的职业地位评价标准。各种职业、各阶层、社团从文化的有关界定中获得自身认同的来源，衍生认同的各元素与其主体认同的关系是高度一致的。

近代中国百年的战火，新中国七十多年的现代化经验，使当代集体认同的建构有了许多变化，民主、平等、个人成就开始渗透进来，但是中国文化的和谐取向、群体取向、道德取向仍然是人们所注重的，它们对于平抑过度"个体化"社会的弊端也是极有帮助的。

中国社会的集体认同建构模式是"由内而外型的"，衍生认同缺乏独立性，附属于主体认同，主体认同的建构决定了衍生认同的基本理解。

无论是"结构视野的模式分析"，还是"元素凸显的模式分析"，都表明了集体认同/社会认同的差异性，反映出现代性的不同表现和释义。

三、多元现代性的集体认同建构

把现代性置于集体认同的视角下，从现代性的内在逻辑出发，我们发现，不同社会现代性理解的差异正是通过集体认同的多样性建构实现的。现代性的一些基本假设和取向，在现实化的过程中具有丰富的可变性。

现代性方案的基本特征是，开放的未来与人的自主性结合了起来，与此同时，人们相信，通过人的有意识活动积极形塑社会是完全可能的。❶

现代性对未来和人之能力的新的反思和规划，一方面提供了变革社会的信念和动力，另一方面也决定了现代政治秩序和集体认同及其边界的基本前提。现代性终结了传统政治秩序的合法性，开辟了建构各种政治秩序的可能性，社会的中心允许各种竞争的理想进入。人的自主参与意识也解构了传统集体认同的稳定性，出现现代性条件下集体认同的重构，即关于一个社会成为"现代"的制度化方式及其新的具体定义。

经典现代性假定——尽管只是含蓄地假定，"在现代欧洲发展起来的现代性文化方案和那里出现的基本制度格局（constellations），最终将为所有正在现代化的社会及现代社会照单全收；随着现代性的扩张，它们将在全世界流行开来"。❷ 但是，这一假定既没有看到现代性内在的矛盾性，也与发生的事实不甚符合。因为，一方面，尽管许多正在现代化的社会在广泛的领域内产生了某些共同的趋势，例如市场经济、选举政治、学校教育、大众传播和个人主义取向等，然而，各个社会界定和组织这些领域的方式则大相径庭。特殊的文化前提、传统和历史经验是集体认同重构的出发点，新事物、新挑战只有通过这些出发点才能获得合法性的支持。另一方面，现代性由于推翻了"神意注定的宇宙合法性"，而不再认可任何一种图景的给定性地位——甚至首先在西方社会发展起来的现代性自身，在向非西方社会的扩张中，也同样经历图景建构的

❶ S. N. 艾森斯塔特. 反思现代性［M］. 旷新年，王爱松，译. 北京：生活·读书·新知三联书店，2006：71.

❷ S. N. 艾森斯塔特. 反思现代性［M］. 旷新年，王爱松，译. 北京：生活·读书·新知三联书店，2006：6，21.

变化。现代性强调人类的自主、自由，可是现代的经济制度、政治制度、文化
制度等领域越来越具有结构上的自主性，形成对人的控制，人类完整的意义分
裂成残缺不全的碎片。现代性的矛盾性还有很多体现，如集建设性与破坏性于
一身等。

　　因此，现代性并不是一个自然进化的过程，而是通过现代性对非西方社会
的冲击方式、这些社会原有的组织方式和制度的传统、这些社会对"现代是
什么"的自我构想及其融入国际体系的方式等多种因素持续互动构成的。不
同的社会有不同的中心，活跃着不同类型的政治家、知识分子和社会运动领
袖，他们用自己的新术语重新"挪用"和界定现代性话语。

　　尽管我们强调现代认同与传统认同有着不同的性质和特点，但这并不意味
着它们之间没有一定的连续性，变化往往是悄悄发生的、逐渐到来的。一个社
会即使经历了剧烈的革命，也不能立刻和它的过去一刀两断，这方面的反面例
子不少。"过犹不及"和"矫枉过正"都是对剧烈变革后果的评价。例如，法
国大革命后的一些著作表达了这种反思。思想和生活方式的不同是在一系列渐
进的变化之后才显得突兀，人们用"代沟"（generation - gap）形容一代人与
另一代人的认同变化。在现代性的语境下谈论的认同只能是现代认同，而从集
体认同的视角得出的现代性必定是多元的现代性，二者之间相辅相成，现代性
是当今每个社会不得不面对的一种文明、一种潮流，或一种对未来的期待，集
体认同则是对此种文明、潮流或期待的一种反应、一种诠释，或一种努力。

　　总之，多元现代性的局面，一方面因为经典现代性的局限，另一方面由于
现代性的全球扩展与本土思维的遭遇，所引发的实践与理论的理解和尝试，主
要通过集体认同的不同建构发挥作用。至于何种现代性能够获得对其他社会的
优越性地位，则是一个实践后的问题而非理论先的问题。避开孰优孰劣之争，
正如孟德斯鸠在《论法的精神》中所言，没有最好的，只有最合适的，最合
适的就是最好的。现代性与认同的建构模式有关，不是任意而为的，不是马基
雅维里意义上的国家——在他那里，国家好比是统治者手里的一件作品，精美
的作品。现代性往往不着痕迹地形成，尤其是当我们自觉地用新形式表现老传
统的时候。认识到多元现代性与集体认同建构之间的关系，可以帮助我们更好
地理解这个世界，也有利于接近"差异的和谐"之乌托邦理想。

第四章

集体认同建构的例证之一：
农民工阶层的社会认同

随着我国工业化和城市化的进展，社会流动和社会阶层变化加快，"农民工"群体的数量逐年增加，"进城打工"的现象长期持续，广大农民工逐渐具备较为一致的阶层行为和阶层意识。在我国经济社会发展过程中，农民工群体表现出大规模、大范围、跨地区的流动，他们是打破城乡二元社会结构的自发发起者，是城市建设与繁荣的主力军，是我国工业化发展的重要劳动力来源，也是推动改革深入和制度创新的重要力量。农民工作为一个人数众多、社会奉献极大的社会阶层，其集体认同的建构经历了他者界定、自我认定和他者再认可的复杂过程。由于农民工正处在由农村到工厂、由农民向工人的过渡之中，其集体认同的自我与他者成分、社会地位与角色关系都处在不断的建构、解构和重构之中，最能够鲜明地体现当代中国现代性的特色。我们期待将来的某一天，"农民工"一词彻底消失，中国现代化高度实现。

第一节　农民工阶层的出现

中国是一个传统的农业大国，自古以来农业受到历朝历代的重视，形成"士、农、工、商"的职业价值定位和"以农为本"的国家治理传统。然而，历代统治者关心的是农业发展的社会功能——人口繁荣、社会稳定和为统治阶级提供更充足的资源等——而不是农民自身的权益，故有古代文人的感叹：

"兴，百姓苦；亡，百姓苦。"❶ 自鸦片战争以来，近代中国饱受战乱灾荒之害，积贫积弱。新中国成立后，为了尽快建立独立自主的国家工业体系，我国确立了一套城乡分割的二元经济社会体制，户籍制度将占人口绝大多数的农民"屏蔽"在城市的社会资源之外，以"农业支持工业"的形式实现初步的工业化。

实施改革开放政策后，农民自发离开土地进入非农产业就业的浪潮此起彼伏，这些既保留"农民"身份、又从事"非农"工作的人们，对农村社会和城市社会乃至整个中国的发展都带来了巨大的影响。因此，在中国社会阶层变动中不能没有他们的位置，尽管只是社会的中下层，但却是实现社会发展的最为基础的力量。

一、社会新阶层

新的社会阶层的出现是同生产力发展、生产关系变动密切联系在一起的。新中国成立初期，通过没收官僚资本和实行土地改革，以及对民族资产阶级的社会主义改造，我国社会逐渐形成由工人、农民、知识分子、干部、革命军人构成的社会基本分层结构。❷ 随着社会生产力的发展，计划经济体制的弊端日趋明显，实施改革开放政策之后，市场经济机制的引入，为实现资源的有效合理配置提供了契机，催生了大量新的职业类型和从业群体，同时也带来社会阶层结构的变化。

（一）社会阶层的重新划分

"公有制为主体，多种所有制经济共同发展"的经济制度条件，有效激励了社会成员的积极性和创造性，带来利益目标和价值追求的多样化。重新辨别社会阶层，分析社会结构的变化，是制定合理的经济社会发展政策、协调不同利益关系的重要参照。

---

❶　出自元曲作家张养浩的《山坡羊·潼关怀古》。
❷　关于改革开放以前我国社会分层结构问题，存在不同看法。李强认为，改革前我国社会主要由农民、工人、干部、知识分子四个大的"社会聚合体"构成，中国阶级阶层的特征是"整体型社会聚合体"。李强．改革开放 30 年来中国社会分层结构的变迁 [J]．北京社会科学，2008（5）．

学术界依据不同的分类标准，将新时期的社会阶层划分为十种、五种、七种等多种构成。例如，在由中国社会科学院社会学所推出的《当代中国社会阶层研究报告》中，提出"十大阶层说"，按照从上到下的顺序分别是：国家与社会管理者阶层、经理人员阶层、私营企业主阶层、专业技术人员阶层、办事人员阶层、个体工商户阶层、商业服务人员阶层、产业工人阶层、农业劳动者阶层、城乡无业失业半失业阶层。❶

"五大阶层说"是指：知识阶层、管理阶层、私有阶层、工人阶层、农民阶层。❷ 这种划分是新老阶层混合，老的阶层里有新的群体，新的企业或部门里存在不同的阶层。例如，从老的工人、农民阶层里分出私有阶层；在民营企业内部，创业人员属于私有阶层，技术人员属于知识阶层等。

"七种阶层说"是针对城市而言的。由于城市是职业的集中地，比农村有着更为复杂的职业体系和发展规模，有学者将城市职业阶层划分为管理阶层、专业技术人员阶层、办事员阶层、工人阶层、自雇用者阶层、私营企业主阶层、不能确切区分的阶层七种。❸

（二）新社会阶层研究

继新的阶层划分研究之后，对新社会阶层的研究也方兴未艾。其中，中产阶层/阶级研究受到了高度的重视。从发达国家的经验来看，社会的中产阶层在维护社会稳定、持守社会中流价值、发展经济等方面起着极为重要的作用，所谓理想的"橄榄型"社会结构，其主要组成部分就是中产阶层。学术界就中产阶级的人员构成、职业分布、客观与主观的认定指标等内容进行了广泛、深入的探讨。

中共中央的文件也明确肯定了社会阶层结构的变动。党的十六大报告指出，改革开放以来，我国的社会阶层构成里，出现了"民营科技企业的创业人员和技术人员、受聘于外资企业的管理技术人员、个体户、私营企业主、中

---

❶ 陆学艺. 当代中国社会阶层研究报告 [M]. 北京：社会科学文献出版社，2002：8.

❷ 宋林飞. 关于新的社会阶层研究的几个问题 [M] //探索 求实 创新. 中共江苏省委统战部，2004：68.

❸ 郑杭生，刘精明. 转型加速期城市社会分层结构的划分 [J]. 社会科学研究，2004 (2).

介组织的从业人员、自由职业人员等社会阶层"。❶ 这些社会新阶层集中分布在新经济组织和新社会组织中，基本上属于社会的中间阶层，有着较高的经济地位、政治地位和社会声望。2006 年中共中央颁发《关于巩固和壮大新世纪新阶段统一战线的意见》，其中对新社会阶层的定义是："改革开放以来出现的民营科技企业的创业人员和技术人员、受聘于外资企业的管理技术人员、个体户、私营企业主、中介组织的从业人员、自由职业人员等新的社会阶层，主要由非公有制经济人士和自由择业知识分子组成，集中分布在新经济组织、新社会组织中。"❷ 2015 年，中共中央印发《中国共产党统一战线工作条例（试行）》，"新的社会阶层人士"正式被作为统战工作的对象之一。2016 年，中央统战部组建"新的社会阶层人士工作局"（简称八局），针对新的社会阶层代表人士开展专门联系、培养等工作。❸ 2017 年召开的全国新的社会阶层人士统战工作会议，对新社会阶层人士有更进一步的权威解读和工作部署。❹ 新社会阶层人士是"建设中国特色社会主义事业的重要力量"，在新业态中是"最具创新创业活力的群体"，在市场活动中具有规范市场经济秩序、化解社会矛盾的专业优势，肯定其"在弘扬社会主义核心价值观、倡导社会道德、增强文化自信等方面发挥重要作用"。❺

新社会阶层的数量和影响处于持续增长之中。根据中央统战部的统计，2007 年，我国新社会阶层的人数约有 5000 万人，加上在相关行业的所有从业人员总人数约 1.5 亿人，掌管约 10 万亿元的资本，使用全国半数以上的技术专利，直接或间接地贡献全国 1/3 的税收，每年吸纳全国半数以上新增就业人员。❻ 2017 年，中国新的社会阶层人士的总体规模约为 7200 万人。

鉴于新社会中间阶层的重大影响，各地研究机构纷纷就新社会阶层的时代

❶　中国共产党第十六次全国代表大会文件汇编 [M]. 北京：人民出版社，2002：14 - 15.

❷　中共中央关于巩固和壮大新世纪新阶段统一战线的意见 [EB/OL]. [2006 - 07 - 24]. http：//cpc. people. com. cn/GB/64162/71380/102565/182142/10993375. html.

❸　中国共产党统一战线工作条例（试行）[EB/OL]. [2015 - 09 - 23]. http：//politics. people. com. cn/n/2015/0923/c1001 - 27623257. html.

❹　人民网. 全国新的社会阶层人士统战工作会议在京召开 [EB/OL]. [2017 - 02 - 25]. http：//politics. people. com. cn/n1/2017/0225/c1024 - 29106871. html.

❺　全国新的社会阶层人士统战工作会议定调，回答您最关心的两个问题！[EB/OL]. [2017 - 03 - 31]. http：//www. zytzb. gov. cn/xdzcjd/84407. jhtml.

❻　新社会阶层释义 [J]. 现代班组，2008 (4).

特征、阶层意识、政治期望、社会特征等问题加以剖析，其中不乏实证研究。例如，一项针对江苏省新社会阶层的研究指出，这一阶层的主要社会特征有：①基本属于社会中层，整体阶层意识淡薄；②有相当部分的中共党员比例，愿意参政议政；③有积极的社会态度，关心国家政策，对未来持乐观态度；④缺乏利益诉求途径，缺乏代言人，阶层之间的话语权存在较大差别；⑤对统战工作的认知度高于参与度。❶ 近年来，也出现了专门性著作，如《中国新的社会阶层研究》，❷ 主要从统战工作的视角介绍、分析和阐释新的社会阶层变化特征和未来趋势。

（三）新阶层研究中下层视角的缺乏

不管按照什么样的分类标准，新出现的社会阶层也不会都是处于"中产"状态或"中间"位置。相反，我国当前社会中队伍庞大的不是"中产"者、"中间"者，而是社会的中下层或下层，社会结构距离"橄榄型"理想形态仍有不小差距。广大农民、大批从农村流入城市从事体力劳动的"农民工"占总人口的比重仍是相当大的。虽然他们不是社会决策制定的充分条件，但却是社会决策考虑的必要条件。尤其在社会转型持续并加速、社会分化加剧的新的时代背景下，关注下层的变化与发展趋势，是新阶层研究的应有内容之一。

在新社会阶层的来源上，现有的研究基本认为，"在成为新社会阶层人士之前，他们很多人原先是工人、农民、公有制企业的经营管理人员、机关事业单位的工作人员、高等院校或科研院所的教师和科技人员、复员退伍军人以及留学归国人员等，有的还是共青团员、共产党员"。❸ 农民虽然是新社会阶层的来源之一，但是农民中能够成为新阶层分子的，主要是"个体户"和"私营企业主"。这两个群体都是在改革开放前期，我国社会"脑体倒挂"❹ 问题尚未解决时首先参与市场经济并获益的一部分人。而当社会开始重视高技术、高新产业、高教育、高素质等因素在财富分配中的作用时，农民进入"中产"

---

❶ 张卫，张春龙. 新社会阶层的社会特征分析——以江苏为例［J］. 江海学刊，2006（4）.

❷ 陈剑. 中国新的社会阶层研究［M］. 北京：学苑出版社，2017.

❸ 文道贵. 当代中国新社会阶层的特点解析［J］. 理论月刊，2004（1）.

❹ 关于脑体倒挂问题的分析，参见李强. 改革开放30年来中国社会分层结构的变迁［J］. 北京社会科学，2008（5）.

阶层的通道就变得非常狭窄了。自 20 世纪 90 年代末以来，私营企业主的素质大幅度提高，其来源已经从当初的以农民、工人为主，转变为以从事各类管理、专业技术型人员为主。❶ 时至今日，知识和技术在收入分配和阶层结构中的重要性仍然有增无减。因此，认为农民工群体——农民中最有可能上升为新阶层人士的群体——已经发生较大分化，并演变成业主（老板）、个体工商户（个体户）和受薪者（打工仔）三个不同的社会阶层的观点，❷ 是有颇多疑问的。农民工大部分是"受薪者"，仍处于社会的中下层。

在我国改革步入纵深时期，"三农"（农业、农村、农民）问题越发影响社会发展的全局。国家解决"三农"问题的着眼点，一方面在新农村建设，另一方面在农民阶级的非农化。后一个问题涉及农村剩余劳动力的转移。党的十九大报告提出"实施乡村振兴战略"，目标是"建立健全城乡融合发展体制机制和政策体系，加快推进农业农村现代化"，并将"三农"工作者定位为"懂农业、爱农村、爱农民"。❸ 城乡二元体制下城市的快速发展，使得传统的城镇体力劳动者分化、萎缩和瓦解，农民工已经成为体力工人阶层的主要代表，是农民"非农化""市民化"的主要对象。虽然农民工的收入一般要高于留在农村的农民，但他们却通常居于城市的下层，处在社会阶层结构中的不利位置上。农民工的问题不单是"他们"自己的问题，也是"我们"的问题、是全社会的问题，需要从阶层变化的角度加以分析研究，增促社会整体的和谐发展。

当然，对农民工问题的研究一直都是学术界的热点之一，有关农民工群体的权益保护、子女教育、医疗卫生服务、就业培训等问题向来处于研究者、决策者的视野之中。遗憾的是，在阶层研究中，对农民工群体的关注相对不够，农民工通常是作为一种社会"问题"、社会现象进入研究与决策考虑的，在假

---

❶ 根据中国私营企业主阶层研究课题组 1993 年的全国抽样调查，私营企业主的文化教育程度较低，来自工人和农民的比例较高，农村私营企业主的 53.5% 和城镇私营企业主的 42.4% 为农民或工人。但是根据全国工商联 2004 年关于私营企业主的调查报告，大学及以上文化程度的占 51.8%，2006 年的调查显示，私营企业主中有 67.4% 来自干部、国有或集体企业负责人、专业技术人员、企业供销员等。参见李强. 改革开放 30 年来中国社会分层结构的变迁 [J]. 北京社会科学，2008 (5).

❷ 刘传江，程建林. 第二代农民工市民化：现状分析与进程测度 [J]. 人口研究，2008 (5).

❸ 习近平. 决胜全面建成小康社会 夺取新时代中国特色社会主义伟大胜利——在中国共产党第十九次全国代表大会上的报告 [EB/OL]. [2017-10-27]. http：//cpc.people.com.cn/19th/n1/2017/1027/c414395-29613458.html.

设前提和价值预设上就被"污名化"了，不像那些被定位在社会"中间"的新社会阶层，一开始就被赋予积极的、较高的社会评价。然而，农民劳动力转移的长期过程，意味着农民工阶层将长期存在，这是新社会阶层研究必须正视的。得益于社会发展的推动和国家发展战略的调整，这种状况正在趋于缓解。全面脱贫、全面实现小康社会的政治理念和行动实践，结合乡村振兴战略举措的实施，改善了农民工在城乡工作、生活的质量。

二、农民工的由来与发展

"农民工"是中国特有的一种称谓，代表着我国由传统社会向现代社会转变中兴起的一个庞大的社会群体，承载着新中国历史发展的阶段性烙印，也必将在中国现代化的过程中留下自己的印迹。农民工由原来的小范围的"离土不离乡"，发展到现在的全国范围的"离土又离乡"，经历了曲折前进的过程。

（一）农民工的界定

"农民工"（peasant - workers）一词是一个地道的"中国制造"，因为，通常意义上的农民（peasant）和工人（worker）是两个不同的职业，农民不能成为工人的修饰词。但是在我国，"农民工"并不是两种职业的简单混合，"农民工"是对此类型工人的身份界定。据考证，1983 年中国社会科学院社会学所研究员张雨林在一篇关于小城镇问题的论文中首次使用"农民工"。❶ 1984年，中国社会科学院所办杂志《社会学通讯》中首次出现"农民工"一词，随后这一称谓逐渐被广泛使用。❷

在"农民工"的概念界定上，存在广义与狭义的理解。狭义的农民工，一般指从农村流入城市从事第二和第三产业、主要依靠工资生活、户籍身份仍为农民的人员。广义的农民工范畴十分宽泛，除了狭义的农民工所指的人员——那些"离土又离乡"的农民工之外，还包括在县域范围内在原籍居住地从事第

---

❶ 熊贤良. 农民工问题专家座谈会摘要［G］//国务院研究室课题组. 中国农民工调研报告. 北京：中国言实出版社，2006：349.

❷ 总报告起草组. 中国农民工问题研究总报告［G］//国务院研究室课题组. 中国农民工调研报告. 北京：中国言实出版社，2006：2 - 3.

二和第三产业的农村劳动力，其中有的在乡镇企业务工（即那些"离土不离乡"的人员），但是一般不包括自己投资经营的个体工商户和私营企业家。因为后两类人员的生活几乎不再受到农民身份的影响，其经济收益、社会资本、生活质量远高于普通受薪者，况且这部分人员大多是就业岗位的提供者，而不是就业岗位的需求者和社会的弱势群体。基于这样的认识，可以得出，"农民工"的概念有几个构成要件：第一，"农民"的户籍身份；第二，"非农"的工作；第三，工资为主的收入来源；如果考虑到农民工的受教育水平和主要工作类型，还需要再加上一个要件，即第四，以体力劳动为主。

至于从农民中分化出来的个体工商户和私营企业家，他们已经步入社会的中间阶层，与"中介组织的从业人员""自由职业人员"等一起汇成所谓的新社会阶层，在数量上也居于少数。根据全国工商联 2006 年对私营企业主的调查，私营企业主的社会来源中，出自农民和工人的比例加在一起不超过32.6%。❶ 按照估算，2007 年全国个体工商户和私营企业主共有将近 4000 万人，❷ 那么，其中来自普通工人和农民的共约 1300 万人，而单独来自农民的比例不会超过工人，即最多 600 多万人，这个数字与总数大约 2 亿的农民工、5亿的农村劳动力相比，仍然是很小的。

由大批农民工跨区域流动而形成的巨大生产力，以及随之而来的社会问题和社会结构变动，仍将形塑我国现代性的基本面貌和特征。

农民工的概念还可以通过与农村农民和城市市民的内涵对比得到阐明，如表 4.1 所示。

表 4.1　农民工与农民、市民的内涵比较

概念涵义	农民	农民工	市民
职业	从事农业劳动	从事非农业劳动	从事非农业劳动
社区	乡村社区	城市社区	城市社区
身份	农村户口，不完全公民权	农村户口，不完全公民权	城市户口，完全公民权
生活方式	传统农村生活方式	传统农村生活方式	现代城市生活方式

资料来源：王兴周，张文宏. 城市性：农民工市民化的新方向［J］. 社会科学战线，2008（12）.

---

❶　数字运用减法得来，即从职业来源 100% 中减去非普通工人和农民的百分比 67.4%。参见李春玲. 断裂与碎片：当代中国社会阶层分化实证分析［M］. 北京：社会科学文献出版社，2005：31.
❷　李强. 改革开放 30 年来中国社会分层结构的变迁［J］. 北京社会科学，2008（5）.

所谓农民工，实际上是在目前我国城乡二元经济社会结构尚未完全突破，城乡分割的户籍管理制度和劳动就业制度尚未彻底改革的情况下，对农民（泛指农业人口户籍性质的农村劳动者）在参与工业化、城市化建设进程中，从农业劳动者转为第二、第三产业劳动者的这一类劳动群体的总称谓。概括地讲，农民工就是带有农民身份的工人，是与城镇居民身份的工人相对应的概念。农民工是新时期我国社会转型、社会变革和社会流动中出现的一个新型的、庞大的劳动者群体。❶

（二）农民工的发展情况

农民工是当代中国经济社会转型期的特有事物，是我国社会结构中的行动力量。从发展方向上看，农民工来源于农民，向市民演变，这是一条主要的渠道。除此之外，农民工群体中有少数人成长为个体工商户和私营企业家，另有一部分人返回家乡，重新务农或自主创业成为建设新农村的重要力量。总之，现代农民或现代市民将是我国农民工的发展归宿。

农民工是我国特定社会体制塑造的结果，其发展极大地受到了国家政策的影响。从国家关于农民非农化就业政策的变化中，可以清晰地看到农民工发展的历史进程，如表 4.2 所示。

表 4.2　改革开放以来国家关于农民工就业政策导向的变化（1979—2020 年）

时间段	政策取向	有关文件	关键词
1979—1983 年	控制流动	中共中央、国务院《关于广开门路、搞活经济，解决城镇就业问题的若干决定》（1981）；国务院《关于严格控制农村劳动力进城做工和农业人口转为非农业人口的通知》（1981）	就地安置、清退计划外用工
1984—1988 年	允许流动	中共中央《关于1984年农村工作的通知》（1984）；中共中央、国务院《关于进一步活跃农村经济的十项政策》（1985）	自理口粮户籍、进城开店

❶ 顾益康. 关于农民工有关问题的思考［G］//国务院研究室课题组. 中国农民工调研报告. 北京：中国言实出版社，2006：493.

续表

时间段	政策取向	有关文件	关键词
1989—1991 年	控制盲目流动	国务院办公厅《关于严格控制民工盲目外出的紧急通知》（1989）； 国务院办公厅《关于做好劳动就业工作的通知》（1990）； 国务院办公厅《关于劝阻民工盲目去广东的通知》（1991）	离土不离乡、临时务工许可证制度、"农转非"计划
1992—1999 年	规范流动	劳动部《关于印发〈再就业工程〉和〈农村劳动力跨地区流动有序化——"城乡协调就业计划"第一期工程〉的通知》（1993）； 中共中央《关于建立社会主义市场经济体制若干问题的决定》（1993）； 劳动部《农村劳动力跨省流动就业管理暂行规定》（1994）； 国务院《小城镇户籍管理制度改革试点方案》（1997）； 中共中央、国务院《关于切实做好国有企业下岗职工基本生活保障和再就业工作的通知》（1998）	有序流动、就业证卡管理制度、小城镇户籍准入制、务工规模控制
2000—2009 年	公平流动	劳动保障部《关于进一步开展农村劳动力开发就业试点工作的通知》（2000）； 中共中央、国务院《关于促进小城镇健康发展的若干意见》（2000）； 国务院《关于推进小城镇户籍管理制度改革的意见》（2001）； 全国人大《中华人民共和国国民经济和社会发展第十个五年计划纲要》（2001）； 国务院办公厅《关于做好农民进城务工就业管理与服务工作的通知》（2003）； 国务院办公厅《关于切实解决建设领域拖欠工程款问题的通知》（2003）； 劳动和社会保障部、建设部《关于切实解决建筑业企业拖欠农民工工资问题的通知》（2003）； 《司法部建设部关于为解决建设领域拖欠工程款和农民工工资问题提供法律服务和法律援助的通知》（2004）； 《国务院办公厅关于进一步做好改善农民进城就业环境工作的通知》（2004）； 劳动和社会保障部、建设部、中华全国总工会《关于开展农民工工资支付情况专项检查活动的通知》（2004）； 劳动和社会保障部、建设部、监察部等九部委《关于进一步解决拖欠农民工工资问题的通知》（2006）； 全国总工会《关于认真学习贯彻中央领导同志重要批示精神切实维护农民工合法权益的紧急通知》（2006）； 国务院《关于解决农民工问题的若干意见》（2006）； 国务院《关于切实做好当前农民工工作的通知》（2008）； 中共中央、国务院《关于2009年促进农业稳定发展农民持续增收的若干意见》（2009）	取消城镇增容费、城乡统筹、劳动力一体化、农民工权益保障与社会保障

续表

时间段	政策取向	有关文件	关键词
2010—2020 年	双向流动	国务院办公厅《关于进一步做好农民工培训工作的指导意见》（2010）； 人力资源和社会保障部等八部委《关于印发2011年元旦春节期间保障农民工工资支付工作方案的通知》（2010）； 国务院国有资产监督管理委员会《关于中央企业做好农民工工作的指导意见》（2010）； 人力资源和社会保障部、国家发展和改革委员会、监察部、财政部、住房城乡建设部《关于加强建设工程项目管理解决拖欠农民工工资问题的通知》（2011）； 民政部《关于促进农民工融入城市社区的意见》（2011）； 国务院办公厅《关于成立国务院农民工工作领导小组的通知》（2013）； 国务院《关于进一步做好为农民工服务工作的意见》（2014）； 国务院办公厅《关于支持农民工等人员返乡创业的意见》（2015）； 国务院办公厅《关于全面治理拖欠农民工工资问题的意见》（2016）； 国务院办公厅《关于支持返乡下乡人员创业创新促进农村一二三产业融合发展的意见》（2016）； 国务院办公厅《关于印发保障农民工工资支付工作考核办法的通知》（2017）； 《中华全国总工会农民工工作规划（2016—2020年）》（2016）； 司法部《关于做好2017年农民工相关工作的通知》（2017）； 人社部《2018年度保障农民工工资支付工作考核细则》（2018）； 人社部《关于进一步做好春节前保障农民工工资支付工作的通知》（2018）； 国务院《保障农民工工资支付条例》（2019）； 国务院办公厅《关于成立国务院根治拖欠农民工工资工作领导小组的通知》（2019）； 人社部等五部门《关于实施"护薪"行动全力做好拖欠农民工工资争议处理工作的通知》（2019）； 人社部等十五部门《关于做好当前农民工就业创业工作的意见》（2020）	农民工土地承包权益、基本公共服务、工资薪酬、民主权利、能力培训、融入城市、返乡创业、产业融合、就地就近就业

注：1979—2001 年的资料，来源于王兴周，张文宏．城市性：农民工市民化的新方向［J］．社会科学战线，2008（12）；2003—2020 年的资料，来源于国务院、人力资源与社会保障部、劳动与社会保障部、司法部、中华全国总工会等网站。

　　从表 4.2 中可知，国家对农民工流动的管理经历了由紧到松、由应对到引导、由歧视到公平、由被动到主动的转变过程。农村土地家庭联产承包责任制的实行，极大地释放和激发了农业劳动生产力，而农业劳动力的剩余则暴露出农民就业不充分的问题，在社会结构变动未及时跟进的情况下，只能通过政策限制来抑制农民的流动。然而，生产力最终要求与自己匹配的生产关系，城乡二元分割的社会结构在农民工浪潮的推动下正在改变。进入 21 世纪尤其是 2010 年以来，进城农民工的民主权利、能力培训和城市融入，返乡农民工的土地承包权益和返乡创业、基本公共服务，特别是农民工的工资薪酬等越来越引起政府各部门的广泛重视。国务院于 2019 年颁布了行政法规《保障农民工工资支付条例》，这种用颁布行政法规的方式维护某一专门群体的工资权益的做法，还是不多见的。这也从侧面表明，农民工在其工作领域受到的不公正对待仍未完全解除。

　　农民工的发展首先表现在其不断增长的规模上。劳动和社会保障部提供的数据显示，1984 年，农村外出就业人数不超过 200 万。随后，在乡镇企业异军突起和东西部地区发展差距显现的双重推动下，1988 年外出就业的农村劳动力达 1000 万人左右。进入 20 世纪 90 年代后，东部沿海地区经济的快速发展，带动了农村劳动力流动的迅猛增长，1994 年外出就业的农民达 4000 万。2004 年全国农民外出流动就业人数 1.2 亿人，其中进城务工的农民工约 1 亿人，占城镇就业人员近 40%。[1] 进入 21 世纪以后，全国农民工数量每年增加 600 万～800 万。2019 年，我国农民工总人口数量达 29077 万人。其中本地农民工 11652 万人，外出农民工 17425 万人。在外出的农民工人群中，选择省内就业的农民工 9917 万人，占外出农民工的 56.9%，跨省流动农民工 7508 万人。[2]

　　[1]　劳动和社会保障部调研组. 当前农民工流动就业与劳动力市场建设问题研究［G］//国务院研究室课题组. 中国农民工调研报告. 北京：中国言实出版社，2006：129 - 130. 关于不同时期农民工的数量测算存在统计上的差别，中国农民工问题研究总报告起草组提供的数字为：1989 年有 3000 万人，1993 年有 6200 多万人，2004 年约 1.18 亿人。该报告同时指出，劳动和社会保障部的测算以地级以上城市流入农民工为主，不包括县级市和县域。因此，数字要小一些。参见：中国农民工问题研究总报告［G］//国务院研究室课题组. 中国农民工调研报告. 北京：中国言实出版社，2006：3.
　　[2]　国家统计局 . 2019 年农民工监测调查报告［EB/OL］.［2020 - 04 - 30］. http：//www. stats. gov. cn/tjsj/zxfb/202004/t20200430_1742724. html.

农民工的发展也表现在广泛的就业行业和就业地分布上。农业部的资料显示，2006 年，农民工从事的主要行业分布为：工业占 24.4%、建筑业占 20.7%、商业经营占 9.8%、餐饮业占 9.4%、运输业占 6.5%、美容美发占 1.8%、家政服务占 1.4%、伤病护理占 0.4%、其他服务业占 25.4%。❶ 在就业地的分布上，主要从中西部流入东部地区和各个大中城市，2004 年农民工就业地分布为：直辖市占 9.60%，约 1140 万人；省会城市占 18.50%，约 2190 万人；地级市占 34.30%，约 4060 万人；县级市占 20.50%，约 2420 万人；建制镇占 11.40%，约 1350 万人；其他占 5.70%。❷

近年来，随着市场化程度的逐步加深，农民工群体的就业岗位日渐向第三产业集中。根据《2019 年农民工监测调查报告》，2019 年，农民工规模达到 29077 万人，比上年增长 0.8%。从事第三产业的农民工比重为 51%，超过了第二产业 48.6% 的比重。其中，从事制造业和建筑业的农民工比例合计下降到 18.7%，在交通运输、仓储物流和住宿餐饮业的农民工比重均为 6.9%。与十几年前相比，进城农民工的居住状况得到改善，对所在城市的归属感提高，但是随迁儿童"上学升学难、费用高"的情况在大城市仍然比较突出。❸

总之，就农民工的出现和发展而言，国家政策制约和影响了农民工的就业模式，而农民工的行动力量——大规模、大范围地进入城市务工，则直接引发了国家对农民工政策的调整，以及相关政策的配套改革。农民工既是一个现代化进程中国家建构的群体，也是一股建构国家现代性的力量，二者之间是互构互动、共存共荣的关系。

三、农民工阶层的形成

改革开放 40 多年来，我国社会分层结构的原有指标体系发生重大变化，

---

❶ 张红宇. 农村劳动力转移就业情况、问题及政策建设 [G] //微软（中国）有限公司，清华大学社会学系. 农民工：社会融入与就业. 北京：社会科学文献出版社，2008：76-77.

❷ 总报告起草组. 中国农民工调研总报告 [G] //国务院研究室课题组. 中国农民工调研报告. 北京：中国言实出版社，2006：6.

❸ 国家统计局. 2019 年全国农民工监测调查报告 [EB/OL]. [2020-04-30]. http://www.stats.gov.cn/tjsj/zxfb/202004/t20200430_1742724.html.

以政治身份、户籍身份、工人还是干部等特殊性指标来确定一个人的社会地位的做法，已经逐渐让位于财产、经济收入、学历、技术证书等普遍性的、非政治的指标。但是由于我国的改革是社会主义制度的自我更新与完善，是在保持稳定的前提下循序渐进地进行的，原有阶层结构的社会惯性和一些制度不平等的因素继续存在并产生影响。"农民工阶层"就是在这样的特定历史背景下形成的。

工业化、城市化、现代化的实现不仅需要成百上千锐意改革、具有创新思维的领导者、组织者，更需要成千上万吃苦耐劳、踏踏实实的建设者。农民工流动就业所创造的巨大生产力，支持了我国每年8%左右的经济增长率，"为工业发展增强了竞争力，为城市繁荣增加了活力，为改革开放增添了动力"。❶2010年，我国国内生产总值（GDP）首次超过日本，成为仅次于美国的世界第二大经济体。从2012年开始，受到国际国内宏观经济形势的影响，中国经济增速放缓，进入中高速增长的"新常态"时期，经济结构进入优化升级阶段。受此影响，之前持续积累的一些局部性问题（产能过剩、地方债务、环境污染等）开始拖累经济社会的高质量发展。根据《2012年全国农民工监测调查报告》，2012年，全国农民工规模继续扩大，总量达到26261万人，比上年增长3.9%，但是农民工收入增速回落，自营比重和跨省流动继续下降。❷

从零星、自发的盲目流动到大规模、跨地区有迹可循的流动，从个人的单打独斗到寻求群体代言与抗争，从依靠亲戚老乡找工作到参加用工招聘会，农民工群体已经成长为一个有特定边界的阶层，尽管在现有研究中大多使用"农民工群体"，较少使用"农民工阶层"，但是谁能否定将近3亿人的农民工只是一个"群体"而不能构成一个"阶层"呢？大量关于农民工的研究提供了不同时期农民工流动就业的数量、结构与特点分析，对农民工就业的劳动力市场、就业收费问题、工资与住房问题、医疗与社会保障问题、计划生育与子女教育问题等的调查研究，以及国家专门针对农民工问题的政策文件，无不说明农民工群体作为一个阶层所特有的情况。

---

❶ 韩长赋. 关于农民工问题调研后的几点思考 [G] //国务院研究室课题组. 中国农民工调研报告. 北京：中国言实出版社，2006：62.
❷ 国家统计局. 2012年全国农民工监测调查报告 [EB/OL]. [2013 - 05 - 27]. http://www.stats.gov.cn/tjsj/zxfb/201305/t20130527_12978.html.

（一）农民工阶层的群体地位特征

依据社会分层理论，一个阶层的成形应具有明显区别于其他阶层的群体地位特征和相应的阶层认知。农民工阶层的地位特征可以通过其成员的基本特征、经济地位、政治地位和社会地位等几方面得到确定。

（1）农民工群体总体上具有性别比例高（以男性为主）、年龄构成轻（以青壮年为主）、未婚比重大（受年龄结构影响）、文化素质比流出地高但比流入地低等特征。例如，2019 年，在全部农民工中，男性占比 64.9%，女性占比 35.1%；1980 年及以后出生的新生代农民工占全国农民工总量的 50.6%，50 岁以上老一代农民工占全国农民工总量的 24.6%；文化程度为初中毕业的农民工所占比例最高，超过半数，为 56%。❶

（2）从经济地位上看，农民工进城就业率虽然较高，但多集中在采掘、建筑、餐饮、服务业等行业，以非正规就业形式居多，普遍存在工作时间长、工作环境差、工资待遇低且经常遭遇欠薪的不利情况，因此，农民工的经济地位不高。具体而言，"在批发贸易零售业、制造业等行业就业的农民工，在工资的按时发放方面要好于在建筑业就业的农民工。而在劳动权益的其他方面，各行业并没有表现出显著的差异"❷。

（3）在政治上，农民工处于政治参与的不利地位。一方面，大多数农民工在离开农村之前都是农村精英，但是由于长期在城市工作使其不能及时参与家乡政治生活，或服从性参与乡村政治单位（村委会）的选举；另一方面，进入城市的农民工被排除在所工作部门的政治生活和城市社会政策的保护之外，连基本的经济权益都缺乏保障，又谈何政治参与呢？农民工在政治上几乎处于一种"失语"的状态。随着经济社会发展和权利意识的觉醒，农民工群体的维权意识逐渐增强，但往往会在维权过程中采取不恰当的方式。有学者基于武汉市的调查问卷，对农民工维权行为选择偏好进行测量并分析其影响因素，发现农民工维权行为偏好在"暴力性维度"和"公开性维度"所呈现的

❶ 国家统计局. 2019 年全国农民工监测调查报告［EB/OL］.［2020 - 04 - 30］. http：//www. stats. gov. cn/tjsj/zxfb/202004/t20200430_1742724. html.

❷ 谢勇. 农民工劳动权益影响因素的实证研究——以南京市为例［J］. 中国人口科学，2008（4）.

特征并不一致。从事第三产业的农民工更倾向于把事情闹大来维权，37.4%的农民工和24.8%的农民工会选择私下解决，或者带亲友讨说法的方式解决拖欠工资等利益纠葛问题。●

（4）农民工整体是处于城市社会的下层，属于社会弱势群体，受到来自部门、政策、职业、生活和公共社会的多重歧视。❷

阶层的群体地位特征也表现在边界明晰的阶层行为上，农民工阶层虽然主要在非农产业就业，但是所从事的多半是城镇居民不愿意做的脏、累、险的工作，如建筑工、医院护理工等。由于大多数农民工的文化程度较低，缺乏针对性的技能培训，在劳动力市场上供给大、素质低，导致农民工初次就业的困难和弱势地位。农民工就业的流动性、不确定性很难说是农民工自身的意愿，而是他们在劳动力市场上经常面临短期工作的结果。

与在乡务农的农民相比，外出农民工的工作不具有明显的季节性，虽然在一年一度的"春运"中农民工唱"主角"，但是引起农民工返乡的主要是传统文化的因素和雇主的因素。与城镇里的传统产业工人相比，农民工的工作缺乏稳定性和保障性。农民工与雇主的劳动合同一般缺乏长期性，雇主处于优势地位，相关法律法规尚未健全，农民工遭受低工资、欠薪、解雇的概率大大超过国有企业和集体企业的固定工人。而且，附属在农民身份上的诸多限制使得农民工被排除在多种福利保障之外。

因此，从阶层的意义上可以将农民工定义为：在城市社会中从事短期的、流动性的、技能要求不高的、体力劳动为主的、保障性较低的工作，在社会地位上处于主动寻求改善和提高，却经常受到不公正对待的社会下层。

（二）农民工阶层的阶层认知

阶层认知和阶层意识也是阶层成形的重要表现。人们并不是客观世界的囚徒，而是通过选择社会比较标准来创造自己的主观世界，阶层成员通过对本阶层的社会地位和功能的判断而形成自我认同和社会认同，并产生对本阶层的归

● 徐增阳，姬生翔. 农民工维权行为选择偏好的测量及其影响因素——基于武汉市1120份调查问卷的分析 [J]. 四川大学学报（哲学社会科学版），2017（2）.
❷ 李拓. 和谐的音符——中国新兴社会阶层调查与分析 [M]. 北京：中国方正出版社，2008：134－142.

属感、认同感。进城农民工的工作伙伴和人际交往对象大部分还是农民工。受到经济条件和消费水平的限制，农民工大多居住在城乡接合部、城中村或工作地附近——如建筑工居住在工地的工棚里，医院护理工陪住在病房里。相同的外出动机、相似的文化程度、在城市里相同的生存状态——边缘群体，使得农民工形成较强的阶层意识，他们起初由于不被城市接纳而封闭，后来却主动与城市隔离，形成一种被称为"内卷化"❶ 的意识倾向，非常不利于农民工的城市融入。

住房所有权、家庭年收入、自主决策能力、社会交往能力以及休闲方式，都会对农民工阶层认同具有显著性的积极或消极影响。❷ 当然，农民工阶层的状态是处于变化之中的。随着国家经济社会结构的转型调整，以及户籍管理制度改革和全民基本保障的推进，农民工的发展前景较为光明。但是必须看到，转移和消化以亿计数的农村劳动力不是一个可以轻松实现的目标，必然是一个长期的过程，农民工阶层的规模还在扩大之中，不断有新的劳动力补充到农民工阶层这个流动的"蓄水池"中。同时，社会学的地位获得研究得出，阶层具有代际继承性。美国社会学家布劳和邓肯提出的地位获得模型屡屡被证明的事实是，父母亲的阶层位置显著影响子女的受教育程度，并进而通过劳动力市场的选择影响子女的地位获得和经济收入。❸ 农民工的子女很有可能也成为农民工。20 世纪 80 年代以后农村出生的、在年龄和知识结构上不同于其父辈群体的"新生代农村流动人口"❹，也属于农民工的范畴。因此，作为阶层的农民工群体现实而真切地存在着、发展着、变化着，有着重要的研究意义。

---

❶ "内卷化"（involution），是由美国人类学家戈登威泽首先提出，后经美国人类学家格尔茨阐发运用，用以描述社会文化发展迟缓现象的专用概念。戈登威泽的内卷化概念是指一种文化模式达到某种最终形态之后，既无法稳定下来，也无法转变到新的形态，取而代之的是内部不断变得复杂化、精细化。农民工阶层的内卷化，是指原本作为一种过渡性身份的农民工，现在却出现身份逐渐凝固化的发展趋势。参见甘满堂. 社会学的内卷化理论与城市农民工问题 [J]. 福州大学学报（哲学社会科学版），2005（1）.

❷ 徐延辉，袁兰. 资本积累与农民工群体的阶层认同 [J]. 社会建设，2019（1）.

❸ 张翼，薛进军. 中国的阶层结构与收入不平等 [J]. 甘肃社会科学，2009（1）.

❹ 王春光. 新生代农村流动人口的社会认同与城乡融合的关系 [J]. 社会学研究，2001（3）.

第二节　农民工阶层的自我认定

"农民工"的称谓出现在我国从传统的农业社会向现代的工业社会的变迁中，亦即出现在中国现代性的构建中。在这一历史时期，本土社会实践的结构性巨变和现代性的全球化长波交织在一起，促使我国农村劳动力大规模向非农业化转移（如表4.3所示），进一步引发了原有集体/社会认同的解构，也促成了新的集体认同的建构。农民工阶层的认同，是一个自我和他者、结构与行动、个人与社会的相互建构的过程，就其认同的自我认定一面而言，经历了由农民到农民工、由农民工向市民的生成性变化。

表4.3　我国农村劳动力非农化转移的规模和模式（2012—2018年）

年份	异地非农化转移/万人	本地非农化转移/万人	非农化转移总体规模/万人	劳动力非农化转移增速/%	异地转移比例/%	本地转移比例/%
2012	16336	9925	26261	3.9	62.2	37.8
2013	16610	10284	26894	2.4	61.8	38.2
2014	16821	10574	27395	1.9	61.4	38.6
2015	16884	10863	27747	1.3	60.8	39.2
2016	16934	11237	28171	1.5	60.1	39.9
2017	17185	11467	28652	1.7	60.0	40.0
2018	17266	11570	28836	0.6	59.9	40.1

资料来源：陈咏媛. 新中国70年农村劳动力非农化转移：回顾与展望［J］. 北京工业大学学报（社会科学版），2019（4）.

一、农民工基于农民的认同

漫长的农业时代，滋养了人类，也生产了农民。世代务农的农民，与自然最接近，与土地最亲。土地像母亲一样，从不嫌弃她的孩子，尽量满足他们各种各样的需求。当农民离开土地，如同孩子离开母亲，兴奋中夹杂惶惑，进取中充满无奈。没有人确切地想过，未知的新世界会给他们带来什么样的命运。早期那些外出流动的农民并不认为自己与其他农民有什么不一样，"农民工"

只是一顶别人给的奇怪的帽子。

城市远离乡土，是一个把人的想象和愿望变成现实的地方。在城乡分治的户籍制度限制下，农民离开土地只是暂时的、"候鸟式"的流动，农闲时外出打工挣钱，以贴补家庭经济收入，改善生活状况。对于一直被束缚在土地上的农民来说，能够从土地之外获得建造房屋、购买农业生产资料、供养子女上学的经济来源，是一个非常大的诱惑。所以，城里人不愿意做的脏活、累活反倒成了他们挣钱的机会，于是，"农忙务农、农闲务工"的季节性流动就业成为早期进城农民工的主要就业方式。虽然城乡户籍壁垒并未松动，大批的农民还是自愿自发地离开土地到城里"找生活"。农民工的这种兼业式生存能够持续存在的基本原因，在于他们的参照群体还是农民，他们的自我认同是基于农民的认同。

我国实行城乡分治已经有几十年的历史，城市提供的公共服务和方便的生活主要为城镇居民所享用，城乡二元结构表现在社会生活和日常生活的方方面面。

在社会生活方面，各种办公场所、公共会议、庆典仪式、新闻、交通及金融枢纽等都设置在城市，使城镇居民能够及时获知各种信息，优先享用经济社会发展的成果，并且通过各种组织单位参与集体生活以及参政议政；农民因为分散居住和农业生产的特点，还是长期处于"熟人社会"的状态，虽然国家权力渗透到村、社一级基层社区，但主要职能是收取各种税费，农民处于被管理的地位。土地家庭承包政策调动了农民的生产积极性，同时却也弱化了农民的组织化程度，降低了他们参与社会生活的机会与兴趣。尽管没有了地主、富农这样的剥削阶级，农民与农民之间完全平等，但是乡土中国"熟人社会"的性质没变，农民的社会关系、人际关系也未发生大的变化。

在日常生活方面，城市生活的商品化程度较高，居民依靠货币工资生存，最先感受工业化的成就，并且拥有政府统一提供的各种福利保障，日常生活较为丰富多彩；然而在农村，除了日用器皿、日化用品外，其他大部分需求都可以取自土地的出产，物品商品化、货币化程度较低，日常生活较为单调。

城乡社会生活和日常生活上的差异通过二元社会结构得到强化，"农民"的职业同时也是一种身份。离开土地是农民个体谋求改善生存环境的无组织行动，不是政府的命令和动员。当越来越多的农民流入城市寻求工作而城市在交通、治安、新增就业机会等方面难以负担时，政府反而采取了严格控制农民工流动的措施，20 世纪 80 年代末 90 年代初，"盲流"成为进城务工农民的代称。1991 年 2 月，国务院办公厅发布《关于劝阻民工盲目去广东的通知》，要求各地人民政府要从严或暂停办理民工外出务工手续。❶ 在体制不接纳、结构不变动的情况下，农民工即使务工时间再长，其身份仍然是农民。因此，从1978 年到 1991 年的十多年里，农民工的自我认定是农民。与以"80 后"为主的"新生代农村流动人口"相比，这批"80 前"的农民工是典型的"第一代农民工"。

第一代农民工自身的特征也深刻影响了他们的自我认定。调查资料显示，第一代农民工在进城前长期从事田间劳作，具有丰富的务农经验，大多已婚，受教育年限和水准较低，以小学和初中文化为主，一些人处于文盲半文盲状态。❷ 这些因素汇合起来，使得第一代农民工在自我身份认同和未来归属倾向上都等同于农民，甚至"从来没有把自己当作城市的一员"。无论是自身的条件还是社会结构的限制，都会造成农民工"进则无路"和"退则有路"的自我认识。"进"是指在城市长期发展，可是年龄、技能、文化、政策等都是不利条件；"退"是指回到农村继续务农和养老，而年龄、文化、经验、政策等都不是问题。

农民工基于农民的自我认同是农民工认同建构的出发点。如果说在从事农业生产中农民对自身的认同是一种社会秩序的自然设置，那么，当农村富余劳动力自发进入非农产业就业却不被社会肯定和鼓励，这个亚群体对农民身份的认同就是一种反思的、建构的认同，通过跨越群体界限尝试的经验，农民工意识到自己群体的边界所在。

二、农民工基于自身的认同

世界各国在工业化、城市化的历史进程中都会面临大量农村劳动力向城市转移的问题，我国是一个农业大国和人口大国，有着比其他国家更为长久的传统社会历史，在现代性全球化的浪潮中，同样要经历巨量农业人口向非农产业

---

❶ 王兴周，张文宏. 城市性：农民工市民化的新方向 [J]. 社会科学战线，2008 (12).
❷ 刘传江，程建林. 第二代农民工市民化：现状分析与进程测度 [J]. 人口研究，2008 (5).

的转移，而人多地少的矛盾、城乡的巨大差异尤其加剧了转移过程的复杂性。我国人口位居世界第一，人均耕地面积却位居世界后列，人地矛盾突出。城乡差异以消费为例，改革开放以前，中国城市居民消费水平为农村居民的 2.6 ~ 2.8 倍，改革开放初期，降到 2.2 ~ 2.3 倍，但是 20 世纪 80 年代末 90 年代初，又增至 2.8 ~ 3.0 倍。此后差距继续扩大。❶ 从发达国家的现代化经验看，工业化、城市化在现代化过程中占据重要位置，而我国在现代化建设中一度停滞城市化进程，所积聚的人口压力很大。而任何限制、阻止人口流动——主要是农村人口流入城市——的举措，都将导致"蓄之愈久，其发必速"的后果。

"堵"不如"疏"。进入 20 世纪 90 年代后，我国经济步入快速增长期，对劳动力的需求大大增加。国家开始推动城市化进程，规范农民工的流动，制定和完善各类法律法规，重视"三农"问题，加强对农民工流动就业相关问题的管理和引导。越来越多的农民加入农民工的行列，一些地方甚至出现了弃耕抛荒的现象。农业部调研指出，1992—1995 年，平均每年转移农村劳动力540 万人左右；1995—1997 年，平均每年转移 360 万人左右；1998—2004 年，年均转移 380 万人，年均增长约 4%。预计今后几年，每年劳动力转移新增人数将维持在 400 万 ~ 500 万人左右，增长速度为 4% ~ 5%。❷ 受到 2008 年国际金融危机的影响，部分农民工失业返乡。为全面、及时、准确地掌握农民工的群体特征和相关社会流动情况，国家统计局建立了农民工统计监测调查制度，从 2009 年开始发布农民工监测调查年度报告，对农民工的总体规模、流向、人口学特征、收支居住和社会保障等情况，进行调查分析。每年新增农民工的人数，大体相当于农村劳动力转移的数量。

不断被刷新的庞大的数字背后，是无数农民工辛勤的汗水、抗争的泪水。在工厂，在建筑工地，在菜市场，在商店，在饭店，在路上，到处都有他们或她们的身影，到处都有他们或她们的足迹。蔚为壮观的农民工群体，已经不再愿意是农民，他们就是他们自己，是人们所说的"农民工"。

在户籍登记还分为"农业户口"和"非农业户口"的时候，在户口后面

---

❶ 李强. 当代农民工的社会流动状况 [G] //微软（中国）有限公司，清华大学社会学系. 农民工：社会融入与就业 [M]. 北京：社会科学文献出版社，2008：15.

❷ 农业部调研组. 农村劳动力转移就业现状、问题及对策 [G] //国务院研究室课题组. 中国农民工调研报告. 北京：中国言实出版社，2006：86.

还携带着就业、住房、教育、医疗、养老方面的不同社会福利和服务❶的时候，在工作环境和工资待遇、子女入学等还与户口挂钩的时候，"农民工"就只能还是"农民的身份"加"工人的职业"。

农民工独特阶层意识的形成是多重因素的叠加效应。相对集中的工作与居住环境，乡土关系维系的求职渠道和人际交往，相似的消费场所、水平、方式，共同推动了农民工的阶层认同。

据国家统计局的抽样调查，农村进城务工人员约有70%聚集于我国东部经济发达地区，所从事的工作主要集中于劳动密集型行业，如制造加工、建筑施工、批发零售及服务业。根据国务院研究室的调研，2005年，我国建筑业的90%、煤炭采掘业的80%、纺织业的60%和城市一般服务业的50%从业人员，均为农村进城务工人员。对农民工居住情况的城市抽样综合分析表明，90%的农民工由用人单位提供住房或自行租房，投亲靠友住宿约占5%，自购房不足5%。居住地主要集中于城乡接合部及"城中村"。❷

工作场所与生活场所的高度同质，使农民工之间的交往互动频率远远高于和城市居民的交往。实际上在制造业和建筑业，农民工和其他群体几乎没有交往，工厂和工地与外界的隔绝首先从认知上造成从业农民工与当地的社会和生活相疏离。此外，普遍较长的工作时间也限制了农民工与其他群体的接触。一项于2006年对天津、上海、广州、兰州和重庆五市在建工程从业农民工的调查显示，建筑业的农民工每天工作10小时左右，每月工作27天，月工作时间270小时以上，平均月工资1350元左右，每月支出额约480元。农民工在建筑业工作的年数从1年至45年不等，平均年数为11.3年。❸ 在这种情形下，农民工对自身群体的边界辨认十分清晰，种种内在的与外在的、有形的与无形的、有意的与无意的对比，都强化了农民工群体对自己既区别于农民，又区别

---

❶ 以户籍制度为核心所形成的制度体系有多达14种的具体制度，主要包括住宅制度、粮食供应制度、副食品和燃料供应制度、生产资料供给制度、教育制度、医疗制度和婚姻制度等涉及人民生活方方面面的社会设置。参见郑杭生，潘鸿雁. 社会转型期农民外出务工现象的社会学视野 [J]. 探索与争鸣，2006（1）.

❷ 有关农民工就业地、工作行业、住房等百分比数字来自：建设部调研组. 解决农村进城务工人员住房问题研究报告 [R]，2006：274.

❸ 沈崇麟，赵锋. 建筑业农民工的工作环境 [G] //微软（中国）有限公司，清华大学社会学系. 农民工：社会融入与就业 [M]. 北京：社会科学文献出版社，2008：31，35，56.

于市民的社会身份认同和群体认同。

农民劳动力从农村到城市异地流动，从第一产业转向第二、第三产业，寻求经济地位和发展机会，这本身是一种趋于向上的流动，但是没有相应的社会制度和社会政策的保证，难以发挥应有的社会效应。户籍身份的"屏蔽"和农民工自身的低素质，使本应垂直方向的流动呈现出水平流动特点。有学者认为，进城务工经商的大量农民工在一定程度上仍然是从一个边缘社会（农村实际上就是我国的边缘社会）进入另一个边缘社会（城市边缘）的水平流动，由于在城市社会得不到应有的国民地位，而在城市社会内部构建新的二元社会格局，产生社会隔离和边缘化积累的问题。❶

我国人口总量大，农村人口占总人口的比重较大，农村富余劳动力的转移是一个长期渐进的过程，农民工阶层也将经历长期的存在和持续的变化。农民工群体的认同由农民转向自身，虽然带来某种程度的自我封闭和"孤岛化"问题，但却为未来的"蝶变"做了准备。农民工融入城市社会乃至最后消融到其他社会阶层中去的远景，既需要国家制度与政策层面的改革与创新，也需要农民工在职业、社区生活、身份认同和社会认同等多个层面完成向市民或国民的嬗变。

三、农民工对市民身份的追求

伴随我国工业化、城市化、市场化的发展，农民外出打工的现象越来越普遍。即使在国家取消农业税、加强农村基础设施的建设投入之后，每年外出务工的青壮年农村劳动力仍在持续增多。改革开放几十年来，城市迅速改观和农村长期停滞的现实，促使更多的潜在的农村劳动力将外出打工作为个人发展的必经阶段。农民工群体对城市已经有了一定的适应性和融入度，新一代的农民工开启了市民化进程。与此同时，农民工在城市里的生存与发展状态也引起政府和学术层面的关注。

---

❶ 王春光. 农民工的社会流动和社会地位的变化 [J]. 江苏行政学院学报，2003（4）.

（一）两代农民工的差异

国家统计局农调队的调查显示，虽然近些年农民工的平均年龄略有增加的趋势，但仍以青壮年劳动力为主，文化程度有所上升，有组织外出就业有所增加，农民工的工资待遇和权益维护正在得到改善。2004 年农民工平均年龄为 29 岁，其中 16~25 岁的占 45%，30 岁以内的占 61%，高中及以上文化程度占 16%，有组织外出占 12%。农民工群体内部的差异性变得明显，尤其是那些改革开放以后出生、20 世纪 90 年代后期进入城市打工的"新生代农民工"或第二代农民工，与 20 世纪 80 年代中期至 90 年代中期流入非农产业的第一代农民工相比，在社会认同与生活期望值等方面有更为积极的变化。

两代农民工的主要区别如表 4.4 所示。

表 4.4　第一代农民工与第二代农民工的特征比较

比较因素	第一代农民工	第二代农民工
成长的社会环境	改革开放前	改革开放后
成长的家庭环境	多子女家庭	独生子女或不多于两个孩子的家庭
文化程度	小学和初中文化为主	初中及以上文化为主
人格特征	吃苦耐劳特征较强	吃苦耐劳特征较弱
打工的主要目的	为家庭，生存为主	为自己，追求生活质量
对城市的认同感	较弱，多以同乡为交往对象	较强，向往城市生活和融入城市
与外界的信息交流	以口信、书信为主，信息量少，频率低，速度慢	以电话、网络为主，信息量大，频率高，速度快
与家庭的经济联系	大量的收入寄（带）回农村老家	汇寄回家比例较低，有时向家庭要钱
生活方式	与传统农民接近	与现代市民接近
对工作的要求	能够挣到比种田多的钱即可	向往体面的工作，或对将来在城市生存有帮助的工作
务农的经验	有比较丰富的务农经验	没有或缺乏务农经验
对未来的期望	多数人在年龄大后返乡劳动	多数人不愿意返回乡村

资料来源：刘传江. 中国农民工市民化研究 [J]. 理论月刊，2006（10）.

由表 4.4 中可以看出，第一代农民工仅在工作和空间上向城市转移，心理和文化上对城市的认同较低；而更为年轻和较高文化水平的"新生代农民工", 其自我身份认同和参照群体已经发生变化, 表现出较强的市民化诉求。

(二) 新生代农民工的认同危机和市民化诉求

由于受到成长环境、接受教育以及日益发达的大众传媒等现代性因素的熏陶和影响, 第二代农民工的乡土情结逐渐淡漠, 更容易接受新的社会思想, 适应城市生活的节奏和规则, 是农民工中最有可能全面转化为市民的子群体。但是由于户籍制度和附着其上的社会身份歧视尚未彻底消除, "新生代农民工"的自我认同存在危机和困惑。

自我认同危机突出地表现在"我是谁"的问题上。新一代农民工生长在农村, 也在农村接受教育, 但是往往是刚走出校门就进入城市务工, 缺乏作为一个真正的农民所有的务农经历和经验。对他们来说, "一直在念书, 不懂农活", 或"外出务工经商成为村里年轻人有出息的标志", "羡慕城市生活", "习惯了外出的生活和工作", 等等❶, 成为外出务工的普遍动机, 脱离了农业、农村、农民所固有的职业认可、社区归属和身份认定。当他们满怀希望地来到城市后, 美好的"城市梦"却遭到无处不在的或显或隐的"户籍墙"的打击。文化素质不高限制了他们获得体面又有较高收入的工作, 技能素质不高阻碍了他们获得稳定和有利于个人发展的工作, 低端劳动力市场的供大于求束缚了他们选择工作和与雇主讨价还价的权利, 种种因素都不利于他们市民化愿望的实现。尤其是当他们与城市同龄人相比的时候, 劣势处境非常明显。一个典型的例子是, 当前各地城市为解决中低收入者家庭的住房问题, 由政府补贴兴建的"经济适用房", 只针对城市户口的居民。此外, 还有"征地回迁房""拆迁安置房"等有补贴的房屋均与流动农民工无关, 他们只能租住条件、环境较差, 地处偏远、租金较低的房屋。总之, 体面的住房及有"城市性"的社区于他们是可望而不可及的。城市文化的接收与城市生活的不可得之间形成了矛盾, 农民工的市民认同是不完整的, 他们的自我认同中充满了欲求与剥夺、主动与被迫、迷茫与无奈的复杂成分。一项针对新生代农民工的抽样调查表明, 认为自己是半个城市人的有 26.9%, 说不清自己身份的有 41.9%, 二

---

❶ 王春光. 新生代农村流动人口的社会认同与城乡融合的关系 [J]. 社会学研究, 2001 (3).

者合计有 68.8%，这即是说，有超过一半的人对自我身份认同趋于模糊。❶

新生代农民工对于自我身份的主观认知以及所在城市的态度，还表现出介于"城市人"和"边缘人"之间的不确定特点，身份认同上的模糊性很大程度上影响了这一群体的就业质量和满意度。如 2012 年、2013 年和 2014 年针对局部地区部分新生代农民工进行的调查显示，在城市稳定就业的新生代农民工仅占 17%，频繁更换工作的超过 80%。❷ 诸多处理效应模型、工具变量回归、倾向得分匹配等估计方法得来的实证结论也证明：在工作特征上，"城市人"的身份定位对雇员身份农民工的就业质量的促增效应更为明显。❸

新一代农民工不再满足于在工厂车间担任生产主体，而是转向以消费主体为参照的生活方式。❹ 与父辈相比，新生代农民工对于手机、计算机等移动通信设备的使用频率更高，有更多的机会利用新媒体来发布相应信息、建构自我身份、融入城市生活。❺ 新生代农民工在城市环境中的文化适应主要受社会资本和政治资本的影响，与经济收入水平关联不大。❻ 一些经验研究也表明，新生代农民工处理劳资冲突的行为也不再一味地选择无奈与隐忍，个体决策随着目标的满意情况呈现动态变化。❼

只要农民工还在城市务工，就说明他们仍然在有意或无意地朝向市民化。农民工市民化不是一蹴而就的事情，从农民工自身的原因上看，文化、技术、能力等综合素质较低是其市民化转变的主要内因。农民工市民化是一个学术界方兴未艾的话题，有关理论和实践的发展仍在持续进行当中，对其内涵的理解也处在讨论交流的阶段。有学者指出，农民工市民化是一个具有多层面内涵的

---

❶ 殷娟，姚兆余. 新生代农民工身份认同及影响因素分析——基于长沙市农民工的抽样调查 [J]. 湖南农业大学学报（社会科学版），2009（3）.

❷ 丁惠峰，王克焕，郎需武. 如何提高新生代农民工就业质量 [J]. 职业，2015（22）.

❸ 邓睿. 身份的就业效应——"城市人"身份认同影响农民工就业质量的经验考察 [J]. 经济社会体制比较，2019（5）.

❹ 周贤润. 从生产主体到消费主体：消费认同与新生代农民工的身份建构——基于珠三角地区的分析 [J]. 福建论坛（人文社会科学版），2018（8）.

❺ 吴丽丽. 新媒体对新生代农民工市民化进程影响研究 [J]. 农业经济，2017（4）.

❻ 孟利艳. 新生代农民工的文化适应偏好与影响因素——基于河南省 18 个城市的调查 [J]. 中国青年社会科学，2016（6）.

❼ 李艳，孟凡强，陈军才. 新生代农民工劳资冲突行为决策——基于适应性马尔科夫链的解释 [J]. 西北人口，2019（1）.

概念，主要包括四个方面：①职业由次属的、非正规劳动力市场上的农民工转变为首属的、正规的劳动力市场上的非农产业工人；②社会身份由农民转变为市民；③农民工自身素质进一步提高和市民化；④农民工意识形态、生活方式和行为方式的城市化。❶

农民工是市民化过程的主体，农民工自身行为和认识的转变是推进市民化的活跃力量，也是我国工业化、城市化健康发展的不可缺内容。农民工群体在其发展演化过程中，经历基于农民、基于自身、基于市民的认同变化，呈现出特殊的认同图谱。农民工的自我认定过程具有明显的建构性，也明示了农民工在与社会结构或制度的互动中行动力量的发挥和理解诠释的结果。

第三节　农民工阶层的他者认可

农民离开土地，既是出于个体或家庭的意愿自发，也是对既有社会建制的不满反抗。社会互构论认为，农民工问题反映的是国家与家庭之间的互动关系，改革开放前中国社会的秩序结构是一种非自愿模式，改革开放后则是一种协议模式，❷ 前者是由国家制度安排的人工社会秩序，以强化国家意志、虚化社会成员的事实主体性为主要特点；后者以家庭联产承包责任制为开端，以行动者（农民）的主体性觉醒，争取利益和权利的非制度化行动获得国家认可并上升为正式制度为特点。农民工脱离其原属职业、阶层和身份，朝向高一级社会地位的过程，同时也是作为"他者"的社会其他群体以制度或阶层、团体的名义对之进行判断、认可的过程。

一、二元结构的制度设定

"农民工"一词自提出至今，不但没有消失，反而得到包括学术界、政府、民间及社会传媒在内的全社会的广泛使用。一种本来属于过渡性质的生存

---

❶ 刘传江. 中国农民工市民化研究［J］. 理论月刊，2006（10）.
❷ 郑杭生，潘鸿雁. 社会转型期农民外出务工现象的社会学视野［J］. 探索与争鸣，2006（1）.

状态，变成了某种意义上的常态，这不得不发人深思。

（一）基于户籍的分层设置

备受诟议的户籍身份制度在改革开放 40 余年后，仍然是维持我国社会秩序的基本设置，是了解国民基本信息、统计各类数据的主要依托。这说明，现有户籍制度的存在是我国现代化进程的一个伴随性特点，至少在目前的阶段上是政府所需求的，因而它也是有关农民工的制度长期存在的基本语境。

中国社会艰难的转型经历和特殊的建国环境，要求新政府必须谨慎地掌握和控制国家权力，以巩固新政权。1958 年颁布实施的《中华人民共和国户口登记条例》[1]，以国家法律的形式规定了城乡人口的分布和劳动力资源的配置，保证了"优先发展重工业"国家战略的执行，"重—轻—农"的产业发展次序确保了国家政权的安全，也形成了基于户籍的社会分层设置。拥有何种性质的户籍，就意味着处在社会分层结构的何种位置上，以及享有哪些特殊福利或承担哪些特殊义务。我国的户籍制度，"以及与其配套的城市劳动就业制度、城市偏向的社会保障制度、基本消费品供应的票证制度和排他性的城市福利体制等，有效地阻碍了劳动力这种生产要素在部门间、地域间和所有制之间的流动"[2]。由于户籍制度确立的是工业优先准则，广大农村、农业和农民被排除在相关就业、福利保障之外，社会逐渐形成了金字塔形的社会分层结构，农民处于金字塔的底部。

受到保护的城市获得了较快发展，城市居民率先享受国家制度赋予的权益，在政治、经济、社会、文化、教育、医疗卫生等各方面得到有序发展；受到排斥的农村发展则较为缓慢，农业生产的周期性和面对自然灾害的被动性特点，以及当时生产劳动组织的不合理性——工分制和大锅饭导致的低效率和浪费现象，导致农民丧失了在革命年代所具有的宝贵形象，逐渐有了落后、落伍的价值内涵。与之相反，城市市民获得了先进、时尚、优越的价值内涵。城乡

---

　　[1]　在此之前，1951 年公安部颁布实施了《城市户口管理暂行条例》，建立全国统一的城市户籍管理制度；1955 年国务院发布《关于建立经常户口登记制度的指示》，规定全国城镇、集镇、乡村都要建立户口登记制度，统一城乡的户口登记工作。于 1958 年颁布的《中华人民共和国户口登记条例》，以法律的形式限制农村人口流入城市。

　　[2]　王美艳，蔡昉. 户籍制度改革的历程与展望 [J]. 广东社会科学，2008 (6).

二元分治的制度先赋性地设定了农民身份的歧视性前提。

农村发展的停滞迫使改革的出现，家庭联产承包责任制的实行激发了农民的积极性。20 世纪 80 年代之后，我国的户籍制度有所松动，允许农民进城兴办服务业，并提出"离土不离乡"的政策，乡镇企业也于此时异军突起，"农民工"的现象正是产生于这种特定的时代条件下。农民身份是农村流动进城人员的固有身份，城市可以享用他们提供的服务，却不允许他们打破城市自身的循环圈。社会学者提出"农民工"一词的用意，在于一语点破城乡流动的关键性体制障碍，而不是歧视性地对待这部分充满活力的劳动者群体。

尽管有着各种歧视和排斥，农民工还是在工业化、城市化进程中不断壮大，然而附着在户籍上的各种福利项目，以及城市自身改革所造成的失业与下岗问题，使户籍身份制的废止进展缓慢。小城镇福利体系单薄，户口率先放开，但是就业机会少，吸引和吸纳农村劳动力的能力也小；大城市或特大城市里公共资源和社会保障更好更完善，就业机会多，吸引和吸纳农村劳动力的能力较大。但是如果放开户籍限制，大量外来劳动力涌入，会给城市政府原有的管理体制造成较大冲击，因此，它们采取的措施是"筑高门槛，开大城门"，城市准入条件苛刻。中等城市尤其是沿海发达地区的户口政策相对宽松。

由此看来，农民工特殊状态的持续受到城乡间户籍管理制度体系的强烈制约。作为"他者"的"非农业户口"人员，对有利于自身的制度安排予以积极的肯定，对不利于或有可能威胁自身利益的变化倾向进行消极认定。大量吃苦耐劳的农民来到城市工作，被认为是"越界"的和临时的，拒绝给予合法性。从国家、地方政府和城市居民三方构成的"他者"来看，国家没有号召农民流动，农民工进程是自发的现象，原有制度设置并不负责认可新事物；地方政府难以妥善解决大量农民工的"市民"待遇；城市居民则担心遭受福利上的损失，不愿意接纳新的群体融入。

（二）二元结构的城市内复制

农民工进城打破了城乡二元分割的局面，却没有形成城乡一体化的新格局，而是表现为一种"嵌入"式的存在。城市户籍福利系统的排斥，使农民工只能自行解决衣、食、住、行的问题。劳动力市场的分割和歧视，加上农民工自身的低素质、低竞争力，将他们推向城市生活的边缘区，消费的低档区，社会权利的"沉默"区，和视觉上的"隐身"区❶。农民工群体从农民阶层中分化出来，成为新的阶层，但是他们又不同于城市产业工人，多多少少带有农民的痕迹，所从事的艰苦职业和边缘职业为城市人所不屑或不愿。因此，农民工在城市的身份是边缘的，被单独分类的，受到城市的"社会性排斥"，主要表现有："城市的发展规划并不把农民工的住房、子女教育、医疗卫生等需求纳入公共设施建设的考虑之中；在子女教育、妇幼保健等方面，存在歧视性政策等。"❷ 如在农民工子女教育上，公办学校往往以各种理由拒绝接收农民工子女，或者要求繁杂手续和高额费用办理借读。"政府应当保证未成年国民的义务教育"这一最基本的国民待遇问题遭到了严重的忽视。❸ 2003 年 9 月，教育部、中央编办、公安部、发展改革委、财政部、劳动保障部出台《关于进一步做好进城务工就业农民子女义务教育工作的意见》，突出解决进城务工农民工随迁子女的入学问题，禁止违规收费。该意见规定要对农民工子女一视同仁，保障其接受义务教育的权利，并要求"流入地政府财政部门要对接收进城务工就业农民子女较多的学校给予补助"。❹ 2017 年，国务院政府工作报告提出统一城乡义务教育学生"两免一补"政策，统筹安排就学。农民工随迁子女可向居住地学校申请入学，禁止任何学校对其就学擅自增加收费项目或提高收费标准。近年来，一些省市也纷纷出台保障农民工子女入学的地方性政策，使农民工子女入学难的问题得到一定程度的缓解。

城市内二元结构的其他表现，如农民工由于没有城市户口而没有选举权和被选举权，成为沉默的群体。有些地方政出多门，各行其是，管理混乱，农民工深受其害。

---

❶ 城市生活的边缘，既包括城乡接合部区域所体现出的低"城市性"，也包括城区中拥挤、破旧、被遗弃的区域，它们的主人已移出，将它们作为"招租品"提供给城市外的人。低档消费是与异乡的边缘人相匹配的消费，也是衬托中高档消费品的必要铺垫。权利沉默是指农民工维护自身利益的孱弱，代表自身发言的失声。视觉隐身主要强调农民工在城市建设中付出艰苦努力，而建设好的城市却没有他们的位置，人们往往只沉醉于城市美丽的风景却看不到也不顾及农民工的奉献。

❷ 韩俊，崔传义. 农民工社会管理制度改革研究 [M]. 国务院研究室课题组. 中国农民工调研报告. 北京：中国言实出版社，2006：465.

❸ 王春光. 农民工的社会流动和社会地位的变化 [J]. 江苏行政学院学报，2003 (4).

❹ 国务院办公厅转发教育部等部门关于进一步做好进城务工就业农民子女义务教育工作意见的通知 [EB/OL]. [2003 - 9 - 13]. http：//www. moe. gov. cn/jyb_xxgk/gk_gbgg/moe_0/moe_9/moe_40/tnull_147. html.

因为难以以积极的姿态进入城市主流，农民工只能以消极的反应退缩于群体之内，城市社会也以"农民工"为一种新的"他者"，出台各种针对农民工的政策，其中不乏不公正的内容。例如，在一段时间内，农民工在城市就业要办理"务工证""暂住证""健康证"等各类证件，增加农民工在城市生活的成本。城市政府优先考虑市民的就业环境，将那些"脏、累、苦、险"的工作岗位提供给农民工，即使这样，还可能以"没有本地户口"为名任意辞退农民工，安置本地下岗失业人员，一度被超范围执行的"收容遣送"制度也加入剥夺农民工就业权利的行列。

2003年国务院办公厅一号文件指出："各地区各部门要取消对企业使用农民工的行政审批，取消对农民进城务工就业的职业工种限制，不得干涉企业合法自主使用农民工"，以及"逐步实行暂住证一证管理。各行业和工种尤其是特殊行业和工种要求的技术资格、健康条件，对农民工和城镇居民应一视同仁"❶。从中不难知道各地普遍存在针对农民工就业的不合理限制和歧视。但是由于城乡利益分割的基本背景未变，农民工仍然难以受到一视同仁的待遇，要么继续从事低工资、缺乏保障的工作，要么失业回乡。

我国的失业统计，是针对城镇居民而言的，农民——以户口登记为准，当然也包括没有取得城镇户籍的农民工——是不计入数据的，其隐含的前提是农民务农，不存在失业的问题，但是事实上农业的产出有限，人越多—地越少—生活越发贫困，是农民继续留在土地上的必然结果。

为了生存与积累，农民工只有在迫不得已和特殊情况下才会返乡。"农民工"的身份与种种特定的制度联系在一起，"农民工"被体制化了，这表明"城市—乡村"的二元制度在城市内复制为"市民—农民工"的新二元制度，农民工由农村里的"精英分子""活跃分子"离开旧的二元制度，却在城市里重又落入下层状态。他们活在城市的边缘，被阻隔在城市性之外。他们住在低成本、环境卫生质量差的社区，与城市市民的高成本、封闭管理的公寓社区互不往来。居住社区上的二元结构只是城市中二元格局的外在表现，除此之外，在就业、享受公共资源和公共权利上同样有着明显的二元区分。这样，原本具

---

❶ 甘满堂. 社会学的"内卷化"理论与城市农民工问题 [J]. 福州大学学报（哲学社会科学版），2005（1）.

有过渡性意义的农民工身份——指按照农民身份，农民工身份，市民身份的递进发展逻辑——在"体制化"的过程中出现凝固的趋向。农民工体制表明城市政府和城市社会把农民工群体视为可以利用的"他者"，而不是"我们"的一员。对农民工的"他者化"认同，强化了市民群体与农民工群体的界限，也说明城市社会在本质上没有接受农民工身份转换的社会合法性，农民工阶层则以"失语"状态默认了城市"区隔"的合法性，接受城市"二等公民"的社会地位。但是，农民工"内卷化"的倾向将威胁其身份认同和社会认同的健康发展。

（三）"第三种身份"的建构与认同

城市政府和城市社会在确保城市竞争力、财政负担和公共服务水平等主要利益的前提下，有条件地允许农民工在城市分享市民待遇或部分市民待遇，将农民工群体当作一个城市"只愿意使用，不愿意保养"的社会类别对待。"作为一个堪与'农民''城市居民'并存的身份类别，'农民工'在80年代以来的中国社会中，是由制度与文化共同建构的第三种身份"，"凭借既有的户籍制度，城市行政管理系统和劳动部门、社会保障、公共教育等各个系统将乡城迁移人员排除在'城市居民'之外，使乡城迁移人员成为事实上的'城市里的非城市人'——制度规定的'非市民'"。❶

所谓"第三种身份"是相对于农民、城市居民而言的，后两者是城乡分割造成的两个主要的社会身份差别。居住在乡村的农民，在土地上直接谋食，并向所有其他人群提供食粮。居住在城市的产业工人，是建立国家支柱的力量，是国家现代化建设的主体，理应得到优先保护。至于知识分子、干部、军人等社会其他阶层，因为其收入完全依靠财政拨款，所以在权利保障意义上也可以划归"城市居民"之列。农民和城市居民，代表了一个社会里两套独自运行的系统。在我国建立基本工业体系时期，计划经济发挥了重要的积极作用。但是对农民的长期限制是违背农民意愿，也不符合世界工业化、城市化潮流的。农民自发流动的动机，无论是第一代农民工的改善生活为主，还是第二代农民工的谋求发展为主，都与工业化、城市化的潮流相一致，也与人的主体

---

❶　陈映芳. "农民工"：制度安排与身份认同 [J]. 社会学研究, 2005 (3).

性原则一致，与人类物质和精神生活的基本需求相一致。诸多关于人口迁移的研究结论——如推拉理论——也支持了农村劳动力流动的不可避免性。然而，"故事还有另外一半"。农民没有如愿顺利地进行职业和身份的自由转换，"农民工"成为他们通过流动得来的、系统交叉处的第三种身份。现实是真实的，但不是唯一的，现实是建构出来的，是强势与弱势、中心与边缘、保守与激进、自发与有意之间博弈争夺、来回拉锯的结果。从户籍制度及相关制度的长期存在和未来一段时期的继续存在，可以看出事物复杂性的一面，我国传统型社会向现代型社会转型中存在复合性、非规范性、不确定性，以及城市化滞后于工业化等问题。

任何制度一旦形成就开始具有惯性，持续时间愈久，惯性愈大。从理论上说，这也符合吉登斯所说的人的"本体性安全"的需要。吉登斯认为，人的行为建立在获得"本体性承诺"的基础上，例行化的生活——按部就班，依据既有的规则行事——使人获得一种"本体性安全"，从而避免陷入对生存的基本焦虑，保证人的正常行动和对行为的合理化解释。从此角度上看，人及人的社会不能经受过于频繁的规则变动，那样会引起社会的动荡，产生极大的破坏性后果。

可是，短期内有效的制度如果不能随着时过境迁及时改变，势必会增加既得利益群体对制度的严重依赖，而利益受损的群体则会千方百计寻求改变既有不合理制度的途径。强硬的行政干预并不能完全阻止后者的行动。相反，人类历史经验集中地指向一点，就是只有尊重人——不管人是以什么样的身份出现——的主体性，才会有人类的发展，才会有持续的繁荣与稳定。农民工身份制度化已经引起了学术界的高度关注，只有政策面和整个社会转变"他者化"的认同思维，公平对待农民工，积极帮助农民工建构合理的认同，视其为"我们"的一部分，才有理由期待"第三种身份"的彻底消失。

二、社会贡献与问题

农民工在改革开放中巨大的社会贡献是有目共睹的，他们繁荣了城市，富裕了农村，在生存与发展的打拼中唤醒了自身的成长。然而，社会体制转换的惰性和农民工流动的自发性，给城市、农村和农民工自身也带来诸多问题，影响社会进一步发展的节奏和走向。

（一）农民工的社会贡献

农民工进城务工，首先带来了城市的变化。在原有的城乡分治条件下，城市里从事第二、第三产业的人员规模有限，城市建设与发展规划受到劳动力供给的严格限制。而人口再生产的周期较长——以 18 岁成年为标准计算，城市新生人口进入劳动岗位至少需要 18 年，城市还需要承担工人因生育、公休、退休而造成的劳动力损失成本。因此，在计划经济体制下，城市发展面临劳动力不足的根本局限。当农民透过政策宽松的缝隙流入城市后，无疑为城市的焕发提供了活力来源。马克思在一百多年前形容西方工业化时期的劳动力供给时说，"仿佛用法术从地下呼唤出来的大量人口"，同样也适用于形容改革开放后农民大量涌入城市的情形。城市的道路改造、植被绿化、卫生保洁和每一座高楼大厦的崛起，城市人每一天的生活，城市每一天的运转，都离不开农民工的辛勤劳作。农民工扛起城市里劳动强度大、工作时间长以及一些企业中脏、累、苦、险的工种，有效地缓解了部分行业劳动力匮乏的困境，为城市的产业和行业结构调整提供了低成本的劳动力资源基础。

农民工已经成为城市经济社会的重要组成部分。据统计，农民工占目前全国建筑业从业人员的82.7%、园林环卫工人的80%。珠江三角洲、长江三角洲地区餐饮等服务性行业的从业人员70%~80%来自农民工。此外，农民工人口数量也颇为可观，在有些城市里接近或超过常住（户籍）人口。北京、上海、广州、南京的外来人口接近或已占到城市户籍人口的1/3以上；苏州、杭州等城市外来人口已超过一半以上；深圳、东莞、义乌等城市外来人口分别是户籍人口的4倍、3.25倍和2.5倍。另据北京市统计局测算，2003年北京市建筑业实现增加值279.83亿元，由农民工创造的占83%；制造业实现增加值1032亿元，由农民工创造的占29%；批发与零售业实现增加值248.86亿元，由农民工创造的占49%。❶上述统计数字还在不断翻新之中。农民工适时填补了制造业、建筑业、纺织业等劳动密集型产业的劳动力需求空缺，降低了企业的用工成本，增加了工业产品的竞争力，我国城市和东部沿海地区吸引外

❶　国务院研究室课题组. 中国农民工调研报告 [M]. 北京：中国言实出版社，2006：319，365.

资和出口贸易优势离不开农民工的贡献。商业、服务业等城市第三产业的发展更是以农民工为主,城市居民生活环境的改善、生活质量的提高建立在农民工的"全程服务"基础上,农民工牵扯着城市从装备、生产到流通、消费的每一根神经。

农民工进城务工,也给农村带来巨大的变化。农民工在城市和发达地区就业获得的收入,除了日常必需的生活消费外,大部分以现金的形式带回了农村,用于购买农业生产资料和生活资料,对农业建设和农民生活水平的提高起了很大的作用。2003年,北京市务工农民工年均收入约10500元,相当于当年全国农民人均收入的4倍。河北省承德市2004年劳务输出年创收20多亿元,农民年人均劳务收入529元,占当年农民人均纯收入的37%,占农民现金收入的50%以上。❶ 一些农村劳动力输出大省如四川、安徽、河南、江西、湖南,每年农民工汇寄回乡的钱有300亿~600亿元,几乎相当于这些省份的年度财政收入。在缺乏政府投入或投入不足的情况下,农民工用自己的双手经营着一家人的生活,靠自己的努力应付住房、医疗、养老、子女教育等一系列的问题。农村土地与劳动力的资源配置状况也在不知不觉中发生变化,青壮年的外出缓解人地紧张的矛盾,为日后土地流转和适度规模经营提供了契机,为现代农业的推广准备了条件。农民工进城,客观上也造成农村宗族社会结构的改变,聚众械斗等社会冲突事件大为减少。

农民工在城市和乡村之间的流动就业与生活,同时促进了农民自身素质的提高。经过现代文明的熏陶和现代工业的训练,农民工学会了适应高效率、快节奏的生活方式,市场观念得到加强,接受新事物、新技术、新观念的能力增强,理性、宽容、尊严等人文精神得到培养。农民工将现代文明带回到农村,促进了农村传统观念的转变和社会变迁。节假日返乡的农民工一般会根据工作需要紧凑地安排各项事务,而不是守着过去的老皇历,传统农民的小农意识思想受到冲击,民主、自由、开放、文明的新风悄然进入农民工的心灵,成为他们追求正当而体面生活的意识来源。与当地农民相比,农民工对待消费娱乐、传统风俗、子女教育的态度和做法都更多地具有现代色彩。

---

❶ 河北省调研组. 河北省劳务输出工作现状、问题和对策 [G] //国务院研究室课题组. 中国农民工调研报告. 北京:中国言实出版社,2006:366,387 - 388.

（二）农民工的社会问题

农民工在给国家和社会创造巨大财富的同时，在努力改善自身处境、向更高阶层流动的过程中，遭遇到体制的各种束缚，付出了沉重的代价，形成一系列伴生问题，对城市和农村，对农民工和城市居民都造成不利的影响，这也是当前城乡统筹发展必须首要解决和综合规划的问题。

农民工大量流动就业引发城市管理的新问题，交通运输和社会治安首当其冲。城市里新的工业生产、工程建设和城市规划的实施新增了大量的就业机会，但是交通布局和相应的公共设施却没有同步跟上，农民工大量涌入致使城市人口迅速增加，加重城市水电、运输的负荷。再加上农民进城务工具有很大的自发性和盲目性，在找不到正式、正当或满意的工作，或因为权益受到侵害时缺乏有效的申诉渠道时，由于体制隔离和自身因素的双重作用，出现一些违法犯罪行为，影响了城市的社会治安管理。❶ 在春节等重大传统节日期间，因农民工返乡造成的全国性交通拥挤现象引起了几乎所有相关部门的重视。

农民工的大量流出对农村发展也有负面效应。具有一定文化水平的青壮年外出了，留下的是"留守老人""留守妇女"和"留守儿童"，形成所谓"九九三八六一"部队❷。其直接影响是造成部分农村地区劳动力紧张，出现有地无人种、良田抛荒或被种上树木的现象，引起一定程度的农业生产的萎缩。此外，农民工常年外出也使农村的基础设施、公益事业缺乏维护力量，农村基层组织建设弱化，留守儿童缺乏关爱和监管，义务教育效果大打折扣。这在某种程度上延缓了我国城市化的预期，因为低素质的下一代只能意味着父辈人生的复制。农村社会的一些优良传统也随着农民工匆匆的脚步飘散在前往城市的道路上。

---

❶ 但是不能因此就认定农民工群体是危险群体，把加诸于农民工身上的制度因素、城市居民的歧视等"他者"性评判当作农民工自身固有的因素对待，从而形成对农民工的"污名化"刻板印象。换句话说，如果占据我国人口相当比例的农民工是一个具有污名属性的群体，那么，当前社会的正当性、合法性又从何而来？相反，如果我们能够不把问题集中在农民工身上，政府和城市社会应当反躬自问的是，我国工业化和城市化是否能够离得开农民工以及我们是否公正地对待农民工？

❷ "九九三八六一"是用数字代表群体的民间代称。"九九"指99岁，用以代称留守老年群体；"三八"指3月8日，用国际妇女劳动节代称留守女性群体；"六一"指6月1日，用国际儿童节代称留守儿童。

农民工的农村流出和城市流入是时代使然，是人口经济学的"推—拉"力量使然。繁荣的城市，享受繁荣的市民，未必记得如下的事实：

> 数千万农民工，把最好的青春年华，都贡献给城市了，为城市创造了巨额的财富，哪个城市使用的农民工多，哪个城市就是最繁荣、发展最快的。相比而言，输出农民工多的农村却并没有相应富裕起来。城市把劳动中致伤、致残的，体衰病弱的都退还给农村，子女和老人也多由农村抚养着，这样的城乡关系是不正常、不合理的，需要调整改革。所以，要建立完善的社会主义市场经济体制，建设工人阶级队伍，加快城市化步伐，扩大内需，使国民经济持续、健康、快速发展，从这几个方面说，农民工这个制度也该到要加快改革调整的时候了。❶

单个的农民工无法解决他因为外出而给整个家庭造成的连锁影响，形成规模的农民工阶层也无法妥善地解决他们在工资待遇、社会保障、恋爱婚姻、子女教育方面的问题。制度造就了农民工，农民工的努力使问题进一步凸显，而问题的最终解决必须要有制度积极的介入。

三、最终的认同：市民认同

农民工是改革开放后形成的重要的社会阶层，是我国社会结构变动的突出体现。农村劳动力转移的长期过程，农民工称谓的长期存在❷，是中国社会现代性建构的一个基本现实。促进农民工各项权益的保障和维护，寻求农民工问题的积极解决方案——不是消极对待，临时应付，而是致力于问题的最终解决，帮助农民工阶层逐步融入各种职业阶层之中，完成其"先赋"身份向"自致"身份的彻底转变，是农民工问题的解决之道。

---

❶ 陆学艺. 要重视研究和解决农民工问题［G］//国务院研究室课题组. 中国农民工调研报告. 北京：中国言实出版社，2006：491.

❷ "农民工"称谓由学术用语到进入国家政策文件，有相关解释。2006年3月28日中国新闻网刊登文章《农民工称谓是经研讨后确定》指出，国务院仍然使用农民工称谓的原因在于：①采用农民工称谓，既能包括进城务工的农民，也能包括异地或就地转移到乡镇企业就业的农民；②农民工是中国工业化、城市化过程中的一个特殊群体，将在相当长的时期内存在；③这一称谓已经约定俗成，比较准确、贴切；④党中央和国务院相关文件中都使用过农民工称谓，有依据。参见严行方. 农民工阶层［M］. 北京：中华工商联合出版社，2008：7.

（一）农民工阶层作为"蓄水池"

农民工阶层如同一个劳动力的巨大蓄水池，其来源是农民，目前农村社会仍富余大量劳动力；其"用途"即出路则有几个不同的方向：一部分回流到农村；一部分上升为私营企业主和个体工商户，在城市或返乡创业；一部分成为城市产业工人，在城市或城镇就业并定居。结合当前农民工阶层的特点和内部分化来看，上述三个主要流出方向的"流量"各有不同，流出成分也不同。

（1）第一代农民工，文化、技术水平普遍不高，加上年龄上的劣势（企业招工有年龄限制，一般女 40 岁，男 50 岁就失去了竞争力），应当是回流到农村的主体。

（2）能够在城市或乡村创业的农民工，一般要具备技术优势、资金实力、敏锐的眼光和灵活的经营头脑等创业必备因素。而广大农民工的主体目前仍然缺乏这样的特性，即使在年轻的第二代农民工中，大部分人也不具备成功创业的素质和条件，更何况还有许多积累创业经验的城市居民、大学毕业生等受过高等教育的人员也是私营企业主和个体户的潜在人选。因此，从下层直接蹿升到中层的人数不会多，"流量"不大。

（3）根据国家对农民工问题的关注程度和农民工的意愿归属，以及对户籍改革和社会公共福利的乐观预期，成为城市产业工人并在城市定居应当是农民工的主要归宿，是"流量"最大的一个方向，也是学术界热烈议论的"农民工市民化"的主要所指。

农民工阶层是一个流动的"蓄水池"，水流是社会活力的表现，如何使水流成为滋润万物的甘泉，避免变成泛滥大地的洪水，需要社会集体的智慧。

（二）农民工阶层的社会支持体系

农民工阶层向新型产业工人阶层的转化，虽然是大势所趋，但却不是一蹴而就、水到渠成的。关于农民工的国家政策和用工体制，正在朝向城乡并重、差异发展的趋势变化。党的十六届五中全会提出"社会主义新农村建设"，以改善农村基础设施和公共服务条件为重点，对提升农村生活质量有较大帮助。

党的十八大报告继续"坚持工业反哺农业、城市支持农村和多予少取放活方针",❶ 把新农村建设和扶贫开发、发展现代农业、城乡发展一体化综合起来。党的十九大报告中提出乡村振兴战略,将其作为"贯彻新发展理念,建设现代化经济体系"的重要内容,把农业上升到国家粮食安全的高度,保障农民在农村的财产权益,加强对农业的支持保护。❷ 这些指导思想对于解决农民工的后顾之忧和返乡创业具有重要的支持意义。党的十九届四中全会明确提出要"保护合法收入,增加低收入者收入,扩大中等收入群体",❸ 显示了政府对再分配调节的重视,对于中低收入行列的农民工也有积极意义。

上述重要文件指明了国家发展战略对农民工及农民、农业、农村问题的统筹考虑,明确广大农民工群体的就业问题是固国安民必须牢牢抓住的关键环节,要求各都市圈加强对农民工的吸纳和保障能力,提高保障农民工稳定就业的能力。但是,这不等于为农民工提供直接的就业机会。在城市引领现代文明的当今时代,大量农民工仍然要到城市里挣工资、谋发展。因此,需要政府(中央政府和各级地方政府)、社会(包括城市居民、媒体、舆论等在内的各界)以更加开放的态度、更加积极的原则为农民工阶层营造一个消除歧视、适度倾斜的社会支持体系。

农民工的社会支持体系涉及农民工工作生活的方方面面,有的学者也建构了支持体系的规划性思路。❹ 然而,就影响农民工社会认同的他者认定的关键因素而言,主要制度的设置及其实际施行,甚至主要舆论的传播导向,将直接

❶ 胡锦涛. 坚定不移沿着中国特色社会主义道路前进 为全面建成小康社会而奋斗——在中国共产党第十八次全国代表大会上的报告 [EB/OL]. [2012-11-8]. http://news.china.com.cn/politics/2012-11/20/content_27165856.htm.

❷ 习近平. 决胜全面建成小康社会 夺取新时代中国特色社会主义伟大胜利——在中国共产党第十九次全国代表大会上的报告 [EB/OL]. [2017-10-27]. http://cpc.people.com.cn/GB/n1/2017/1028/c64094-29613660.html.

❸ 新华社. 中共中央关于坚持和完善中国特色社会主义制度 推进国家治理体系和治理能力现代化若干重大问题的决定 [EB/OL]. [2019-11-05]. http://www.gov.cn/zhengce/2019-11/05/content_5449023.htm.

❹ 例如,韩长赋将农民工社会支持体系的内容分为八个方面,分别是:城乡统一的就业服务和培训体系;覆盖农民工的城市公共服务体系;农民工合法权益保障体系;适应农民工特点和可衔接的社会保障体系;妥善解决农民工户籍的管理体系;农民工融入城市社会的社区服务管理体系;保护农民工土地承包权益的制度安排;发展县域经济和小城镇以促进农民就地就近转移。参见韩长赋. 中国农民工的发展与终结 [M]. 北京:中国人民大学出版社,2007:191.

决定着农民工社会支持体系的有效性。

1. 制度层面的社会支持

从制度层面上看，农民工的市民化认同依赖制度提供的基本保障。在制度建设上，不仅要从根本上变革户籍制度，还需要一整套的衔接制度，使农民工的农村退出和城市进入有一个通畅和相对公平合理的制度环境。尽管自 20 世纪 90 年代以来，户籍管理制度逐渐松动，一些省市纷纷出台"户籍新政"，❶但是由于改革主要局限于户籍形式本身，进展并不顺利。一方面城市出于扩大规模而放开户籍，结果导致城市资源尤其是教育资源急剧紧张，如郑州市停止部分新政即是为此原因；另一方面农民放弃农业户口缺乏有效的补偿，一些近郊农民甚至拒绝转变为城市户籍，如宁波市的情况即是如此。可见，单纯的户籍变动是难以取得实效的。其关键原因在于，户籍所具有的利益分配功能没有发生实质的变化。要想彻底变革户籍制度，必须剥离户籍携带的不公平社会利益，还户籍最简单的功能，即户籍仅与居住地相联系，是统计人口、维护治安和迁移管理的基本依据。至于以往户籍所携带的社会利益，则需要区分是普遍性的"国民待遇"还是地方性的福利。属于前者范围的权益，如义务教育，应当用合法转移的方式解决；属于地方居民的保障和福利，应遵守权利与义务对等的原则，履行了有关义务（尤其是纳税的义务）之后，方能享受相应的福利（如住房、医疗、非义务教育等）。❷当然，改革户籍制度，促进人员自由流通和迁徙的政策趋势，必须根据城市的接纳条件有规划、有计划地逐步推进，城市的各项政策法规也要以实现社会公平和社会发展为最终目标进行相应

---

❶　例如，河南省郑州市从 2001 年 11 月起，放宽进城落户的政策；从 2003 年起，取消"农业户口""暂住户口""小城镇户口""非农业户口"等户口性质，统称为"郑州居民户口"，允许各县（市）、区的户口相互迁移。外地农民工签订劳动合同、参加社会保险后即可办理郑州户口；此外，每年评选"百佳十优"农民工，入选的 110 人的户口迁入郑州市。但是"新政"的部分内容很快于 2004 年 8 月停止。重庆市从 2003 年 9 月起，取消农业、非农业二元户口性质，统称为"重庆市居民户口"，只有农村居民和城镇居民之分，但是城乡居民在征地补偿、退伍军人安置、交通事故赔偿、社会保障等方面的待遇仍然是不同的。因此，其户籍改革只是形式上的。另外，宁波、石家庄、江苏、广东等地区也进行了户籍改革。参见王飞，刘文海. 部分地方户籍制度改革情况调查报告 [G] //国务院研究室课题组. 中国农民工调研报告. 北京：中国言实出版社，2006：268-273.

❷　关于改革触及有关群体既得利益和如何补偿的问题，存在一个"卡尔多改进"的补偿机制，即一部分人的境地改进伴随另一部分人的境地恶化，但是前一部分人境地改进的收益要高于后一部分人境地恶化的成本，通过对后者实行补偿可实现两个群体的共同改进。参见刘传江，徐建玲，等. 中国农民工市民化进程研究 [M]. 北京：人民出版社，2008：109.

的清理和修订。

户籍制度的改革与创新，为农民工提供了"城市进入"的通道，在此前提下，还需要破除劳动力市场分割制度、构建城乡一体化的劳动力市场，并在农民工权利维护等方面允许、扶持"第三部门"❶ 积极介入。农民工由于自身能力与各种资本的短缺，在城市的竞争能力不强，初次就业往往是短期和临时的，缺乏正式和稳定的劳动保障和合同关系，常常处于法律法规的保护边缘，不仅存在工资待遇不合理的问题，而且还面临雇主拖欠工资、单方面毁约等风险。农民工的非正规就业造成他们在劳动力市场上的弱势地位，不利于农民工积累技术资本和经济资本，阻碍其市民化的进程。由于我国的劳动力市场分割主要是横向分割和行政分割❷，急待政府管理部门统筹规划，改革就业体制。另外，在农民工的权益维护上，需要中央和地方各级政府的积极行为，同时加强工会组织、各种非营利组织和非政府组织的建设，发挥它们机动性强、针对性强的优势作用。

土地承包经营权的制度创新。在相当一段时间里，农民工的土地资源（宅基地、耕地等）没有参与到农民工市民化的进程中，土地闲置和低效运作是进城农民工的普遍处理办法。究其原因，不是农民工不知道利用土地资源，而是缺乏相关可操作的制度。农村土地所有权归属的不明晰、使用权方面频繁的土地调整，以及禁止土地转让、出租的规定，都妨碍了土地资源的转变。而现行的土地征用制度，主导权在地方政府手中，存在征地补偿标准不合理、征地利益分配不合理等许多缺陷，造成失地农民问题。因此，需要一个安全、合理的"农村退出"机制，才能使农民工的市民化转变有坚实的保证。

党的十七届三中全会通过的《中共中央关于推进农村改革发展若干重大问题的决定》指出，"按照依法自愿有偿原则，允许农民以转包、出租、互换、转让、股份合作等形式流转土地承包经营权，发展多种形式的适度规模经

---

❶　"第三部门"通常是指政府和市场主体之外的"非政府组织"或"非营利组织"，包括各种协会、基金会、社会服务机构等。它们致力于改善人类生活，通过独立自治和志愿参与的机制，实现多种多样的公共需求，有时又被称为民间组织、公民社会。

❷　横向分割指劳动力的单位分割、产业分割、城乡分割、地区分割；行政分割主要指政府以加强流动人口就业管理为借口，制定与户籍制度有关的各种限制性规章制度。参见刘传江，徐建玲，等.中国农民工市民化进程研究 [M]. 北京：人民出版社，2008：122.

营"。该文件还针对农民工的就业、权益保护、养老保险等各方面提出要求，促进逐步实现农民工与城镇居民的同等待遇。这一文件的出台，推动农民土地资源向经济资本、文化资本和社会资本等其他资本的转化，为农民工的"农村退出"、提升城市竞争能力和改善生活处境提供了必要的制度环境。

2013 年，《中共中央、国务院关于加快发展现代农业 进一步增强农村发展活力的若干意见》❶ 提出，全面开展农村土地确权登记颁证工作。为土地流转、保护农户土地承包经营权以及培育新型农业主体积极创造条件。

党的十八届三中全会通过的《中共中央关于全面深化改革若干重大问题的决定》指出，加快构建新型农业经营体系，稳定农村土地承包关系，"赋予农民对承包地占有、使用、收益、流转及承包经营权抵押、担保权能，允许农民以承包经营权入股发展农业产业化经营"。该文件还指出要赋予农民更多财产权利，对农村集体资产股份、农户宅基地用益物权进行保护。该文件同时提出，推动大中小城市和小城镇协调发展，全面放开建制镇和小城市落户限制，"推进农业转移人口市民化，逐步把符合条件的农业转移人口转为城镇居民"。❷

党的十九届四中全会通过的《决定》指出，要"深化农村集体产权制度改革，发展农村集体经济，完善农村基本经营制度"，再次强调实施乡村振兴战略，"完善农业农村优先发展和保障国家粮食安全的制度政策，健全城乡融合发展体制机制"。

2. 实践层面的社会支持

在实践操作的层面上，当务之急有两方面的社会支持体系必须尽快建立。

第一，建立广泛、长期的针对农民工的职业技能培训系统。无论是年纪较大的第一代农民工，还是较为年轻的第二代农民工，都需要进行不断的职业技能培训。经济形势的变化和产品、服务的升级换代，需要从业者经常更新技术水平和从业思维。农民工培训需要政府、社会和用人单位多方合作，政府在政

---

❶ 中共中央、国务院关于加快发展现代农业，进一步增强农村发展活力的若干意见 [EB/OL].[2012 - 12 - 31]. http：//www. gov. cn/gongbao/content/2013/content_2332767. htm.

❷ 中共中央关于全面深化改革若干重大问题的决定 [EB/OL]. [2013 - 11 - 15]. http：//www. scio. gov. cn/zxbd/nd/2013/document/1374228/1374228. htm.

策上要加大扶持力度，企业要增加培训投入，各种社会力量和农民工自身也要以提高农民工的人力资本为目标。

第二，提高基础教育尤其是农村基础教育的投入，使农民工代际转移与代际提高同步。农民工子女的教育问题不仅关系到农民工家庭自身的发展问题，而且关系到国家发展的人才储备和社会安定的长远未来。目前随父母流动的农民工学龄子女已是一个庞大的群体，但是这些孩子中，有相当部分在城市里不能享受平等的义务教育；而那些没有随父母流动的"留守儿童"，他们的生活水平、学习效果和心理健康等状况也不容乐观。如果不能有效改善农民工子女接受教育的基本条件、教育水准，这些"祖国的花朵""祖国的未来"们，极有可能重蹈其父辈的覆辙，继承农民工的边缘身份和低社会地位，难以实现代际流动和提高，那么未来中国的健康发展问题着实令人担忧了。

发挥"他者"影响的，不仅有制度的设定和实践的操作过程，还有来自意识层面的因素。在某种意义上，公众在多大程度上意识到农民工问题的重要性和迫切性，农民工问题就在多大程度上可能被解决。引导公众意识的大众传媒，实际上扮演着城镇居民代言人的角色，自觉或不自觉地维护着现有的各种制度秩序。相比之下，一些公益性的专门机构，如法律援助中心，则更多地面向社会弱势群体，帮助他们解决个人的困窘。大众传媒机构作为无所不在的、强大的"他者"一方，应当具备深刻的反思精神和前瞻意识，应当致力于成为塑造和引导思想潮流的主体，警惕变成附和时趣的应声筒，或沦为金钱的奴隶。

农民工的市民转化牵涉到社会生活的方方面面，在农民工阶层处于社会弱势地位的情况下，构建全面的社会支持体系，保障农民工的合法权益，具有非常重要的意义。

（三）对农民工的赋权

对农民工的社会支持，必须不能理解为一种对农民工的特殊照顾，而应理解为对农民工以及农民权利的充分尊重和认可，即理解为一种"赋权"。赋予农民工应有的公正合法权利，是推进农民工阶层健康消融于其他社会阶层的基本认识。农民工的不利社会处境和发展困境，不仅有着进城农民自身的"携带性"局限因素，更有赋权不足甚至权利完全被剥夺的社会性排斥因素。在某种意义上，后者严重妨碍了农民工主体性的发挥，降低了农民工自发改变社会地位和提升自我形象的努力成效，不利于农民工现代性和城市性的培养。

对农民工的赋权首先必须明确的问题是，农民工有哪些基本权利需要得到确认与强调？作为中华人民共和国的公民，农民工与其他阶层和群体的成员一样，依法享有公民权利、政治权利以及经济、社会文化权利等一系列人权。然而，由于农民工游走在农民和工人之间、城市和乡村之间，像迁徙的鸟儿一样不仅失却了安宁的秩序，还要面对猎枪的偷袭。受到旧体制的局限和旧观念的束缚，农民工的各项权利还没有得到充分的认识和保障，用工单位损害农民工权益的事件屡有发生，国家基本政策对新兴农民工阶层就业的特殊性缺乏足够的关注。例如，在公民权利和政治权利方面，农民工的平等公民权、政治自由以及居住和迁徙自由权、人身权、自治权和参政权等基本权利受到城乡二元社会结构的制度性限制，使得农民离开土地的非农化过程异常艰辛。

农民工的工作权（或劳动权）、财产权、受教育权和社会保障权等经济社会文化权利的状况，也不容乐观。"长期以来国家在宏观政策上限制农民进入城镇就业，各级政府的劳动部门只对工人的工作负责，对农民的劳动则不予理睬。"❶城市使用农民工时考虑的是自身的利益而不是对方的劳动就业权利。城市特权的社会保障制度将广大农民排除在外，农民工被当作暂时流动的农民对待，农民工的子女即使在城市里生活，也难以享受到和市民子女一样的受教育权，诸如此类的不公平现象引起越来越多的人的反思。这种状况已经得到一定程度的改善。目前，一些城市规定部分义务教育阶段的学校接收农民工子女就学。然而，我国当前社会转型的巨大、全面与深刻性特点又决定了农民工市民化的进程是一个复杂的系统工程，绝不是能够"毕其功于一役"的事情。虽然各级政府的工作思路已经开始转变，有关法规与制度也正在完善，但是农民工脚下的路依然坎坷不平，赋权不足仍然是一个突出的现实问题。

对农民工的赋权应该本着怎样的原则？农民工赋权的出发点和战略地位如何？这些问题也是赋权过程必须加以考虑的。是继续成为农民还是经过"农民工"这一历练城市性格、磨砺现代品质的过程成为新市民，是摆在亿万农民和他们的子女面前的两种选择。根据发达国家的经验，最终直接从事农业劳

---

❶　张英洪. 农民权利论［M］. 北京：中国经济出版社，2007：18－19.

动的人口只占总人口的极小部分，因此，我国农业剩余劳动力的转移之路必然是在各种非农产业上。如何通过赋权使农民工能够顺利转变身份、快速适应城市生活，是一项关系到我国城市化的进程和结果、关系到社会和谐均衡发展的重大议题。合理到位的赋权将会加快农民工市民化的步伐，缩短我国平复城乡社会差距所需的历史时间；倘若各级政府和部门不能充分解放思想，仍然固守陈规，漠视农民工的各项权利，则不仅会延缓城乡一体化的过程，还可能使社会转型期的社会问题加重。因此，当我们关注一个个农民工维权的个案时，还应当站在制度赋权的高度，着力于从根本上改善农民工从农村退出、进入城市和融入城市的生态链。

在我国市场化速度加快、城乡二元社会结构持续存在、农民工阶层自身状况复杂的情况下，农民工的赋权问题需要长期的探索、尝试和讨论，任何只强调某一具体权利的建议都会显得片面，因为必须将农民工的各项权利作为一个整体加以考虑，统筹规划，有系统分步骤地实施，才能取得预期的效果。可是，农民工遍布全国各地各部门各行业，如何才能将农民工的各项权利作为一个整体加以考虑呢？实际的情形是，目前我国农民和农民工阶层的组织化程度极低，农民工的流动和就业仍然是自发的行为，遇到纠纷和侵权时很难及时有效地维权。

鉴于这种局面，我们的建议是，成立一个关于农民工的固定的长期机构，这个机构或组织不仅能够向农民工提供就业信息，为初入城市的农民熟悉城市环境提供帮助，而且负责培训或联络培训单位，为农民工增强职业技能服务。更为重要的是，这个机构或组织必须具有一定的权力，能够接受农民工的委托代理处理相关纠纷和仲裁，真正代表农民工与任何性质的用工单位或涉及农民工权益的部门打交道，成为表达农民工的诉求、协调农民工与其他社会阶层利益冲突的地方。它的功能类似于移民局，至于如何进行具体的操作和实施，则是对决策部门智慧的考验了。我们提出这一设想的初衷是呼吁建立一个实体性的农民工机构或团体组织，使农民工阶层在组织层面和政策层面凸显出来。既然谁都不能否认农民工阶层的存在，又何必动辄用"城市流动人口"或"新兴产业工人"等语焉不详的概念呢？一个被预期要在中国较长时期存在的群体，以及伴随中国实现现代化全过程的现象，难道不值得设立一个专门机构处理相关事宜吗？

小　结

农民工阶层的社会认同问题，是农民工的自我认定和社会及制度的他者认可相互建构和互构的结果。赋权为我们认识和解决农民工问题提供了一个新视角，它使我们正视农民工阶层和社会其他阶层与群体之间互构的现实。农民工并不是一个天然的他者群体，社会的制度安排、社会的定义与实际认可是造就农民工的幕后力量。赋权于农民，"不断推进制度化建设，将在城市中稳定生活的农民工从非制度化转向制度化，使他们最终融入城市的主体社会"。❶

---

❶ 李强. 农民工与中国社会分层［M］. 北京：社会科学文献出版社，2004：391.

第五章

集体认同建构的例证之二：女权运动

　　现代性的到来及其对传统社会秩序的重建，除了通过全方位的制度设置和科技应用来搭建现代社会的骨架之外，还经由各种集体认同的途径塑造新型社会的内在灵魂。现代性的内向拓展将意义、目的和自由等生存之上的问题摆放在"我"和"我们"的面前，进一步的追问不可避免地揭开性别不平等的大幕。世界范围内出现的女权主义和女权运动，同各种现代制度、现代设施一样，是属于"现代"范畴内的事物，是现代性逻辑展现的一部分。女权主义者的申诉曝光了长久以来性别建构的隐秘，而寻求妇女解放和自由的抗争之路也随之开辟。男女平等已成为现代社会普遍接受的基本原则，尽管事实上的不平等依然存在，但是谁也不敢贸然否定这一原则。真实的情况是，只要哪个国家在现代化的道路上前进，其国内必然会同时伴随着要求男女平等的呼声。女权运动是一场在男权世界里瓦解旧的社会定义、争取新的性别认同的斗争，由于受到经济、文化、心理、社会、宗教等多重因素的共同限制，妇女解放的道路还很漫长。当前中国社会女权思想和妇女解放的表现，既有西方女权主义扩散的影响，又有传统文化和新中国制度实践的独特性。在中国社会变迁加速、现代化进程加快的语境下，社会各领域争取妇女权利的运动，是中国现代性的重要内容和要求，是集体认同建构力的一种表现。

第一节　女权的兴起：现代性对自由与解放的追求

　　女权思想的提出、女权主义理论的形成和女权运动的开展，并不是现代社会的一个孤立事件或局部反应，而是与现代性本身息息相关的主要事件之一，其普遍性和一般性程度甚至超过了种族问题与和平问题——种族问题涉及对不同肤色的价值判断，和平问题涉及对他人生命的态度和处置，性别问题则是在任何有关人的领域都必须首先面对的问题。现代性对主体性的强调必然带来女性自我意识的觉醒，现代性的逻辑演进也规设了女权要求的内容和实践。

一、女权思想及女权主义理论

（一）女权主义的释义

"女权""女性主义""女权主义"是几个用以表达相似内容的不同用语，这些词汇共同的指向是争取妇女权益，并揭示性别差异和性别歧视的存在。"女权"是指"妇女在社会上应享的权利"，"女性主义"和"女权主义"都是对 feminism 的翻译。

从词源上看，feminism 最初来自拉丁语的"妇女"，而后传入法国形成法语"女性化"，即"具有女人的气质或特征"之意。英语 feminism 的首次出现是在 1895 年 4 月 27 日美国的《图书》杂志上，该杂志刊登了艾丽斯·罗西的一篇书评，是她"首次从词源上进行了深入探究，并提出了女权主义一词。从此后，人们开始陆续使用这一词，以后，它又逐渐替换了以往的各种提法。至 20 世纪初，'女权主义'开始广为沿用并流传至今"。[1] 它的本意在于"支持女性享有与男性平等的法律和政治权利"。然而自它出现的那一刻起，其意义就一直处于演变之中。换句话说，人们可以在不同的学科基础上，从不同的理论关注点上定义女权主义。在最宽泛的意义上，女权主义是指那些"认为性别之间的关系是不平等的，是一方服从另一方、另一方压制一方的"理论或理论家；并且这并不是一个自然的事实，而是一个政治权利的问题，既关系到政治理论又关系到政治实践。[2] 考虑到女性在社会中长期遭受的不平等，

---

[1] 利沙·塔特尔. 女权主义百科全书 [M]. 朗曼有限公司, 1986: 107. 转引自奚广庆, 王谨. 西方新社会运动初探 [M]. 北京：中国人民大学出版社, 1993: 8.
[2] 瓦勒里·布赖森. 女权主义政治理论引论 [G] //李银河. 妇女：最漫长的革命. 北京：中国妇女出版社, 2007: 44. 文字有改动。

"所谓女权意识概括地说就是一种受害者意识，即意识到社会权力分配的不公平，意识到自己是这种不公平的受害者"●。"女权主义理论就是对妇女屈从地位的批判性解释。"❷ 它涉及社会生活的诸多方面，包括政治权力、经济、文化、教育、意识形态以及性等领域的控制与屈从。女权思想或女权主义在不同领域不同人群的传播中，不断激起反响，不断被重新阐释。事实上，它既是一种思想，又是一种运动。

由于女权主义是在西方首先发展起来的，在汉语中，"女性主义"和"女权主义"是作为同义词使用的，因为"女权"就是"妇女权益或权力"的简称。如果说确实有何差别的话，可以说"女性主义"一词特别强调的是提出者和参与者的性别，❸ 而"女权主义"一词则突出女性权益的重要性。学者们是使用"女性主义"还是"女权主义"的称谓，要依据学术讨论的习惯用法和个人研究的关注点而论。通常在文学或文艺评论领域，使用"女性主义"较多，而在政治学、法学、社会学等领域，使用"女权主义"较多。

（二）女权主义的渊源与发展

争取女权的思想，最早可以追溯到 18 世纪的启蒙运动。在伏尔泰、狄德罗、卢梭等人的带领下，法国思想界发动了对已经不适应资本主义新生活的传统秩序的猛烈攻击。理性、自由、民主、平等、改革等社会理想广泛传布，特别是卢梭的一句名言"人是生而自由平等的"影响尤其深刻，资产阶级（中产阶级）因此有了反抗封建贵族压迫的依据，城市工人因此有了与资本家据理力争的依据，学徒因此有了抗议行会师傅剥削的依据，农民因此有了为维护自身生存而斗争的依据，一切不平等、不自由的制度与现象都应该接受批判。当然，这意味着女性也有可能质疑男性加给她们的不公正，尽管卢梭本人并没有表现出男女平等的态度。

● 李银河. 女性权力的崛起 [M]. 北京：文化艺术出版社，2003：144.

❷ D RICHARDSON, V ROBINSON. Introducing women's studies [M]. Macmillan, 1993：50.

❸ 例如，西方女权主义运动也被称为女性主义运动，并被定义为"是欧美等西方国家女性发动的一系列长期的社会运动，目的是改变男权社会中女性在经济、政治、社会生活、文化、教育、意识形态等领域的劣势地位"。参见周绍雪. 女性主义运动：历史与理论的演进逻辑 [J]. 湖南社会科学，2009 (6).

　　1789 年爆发的法国大革命开始了对启蒙主张的实践，然而国民大会起草的宪法只给予男子选举权，这激发了妇女分享基本人权的要求。1791 年法国女剧作家奥林普·德·古日撰写了论战性的小册子《妇女权利宣言》（或称《女权宣言》），书中指出"只有当妇女们真正了解她们悲惨的命运和她们所失去的社会权利的时候，革命才有可能发动"，"妇女生来就是自由的……男女应有平等的权利"。❶ 也有的文献认为法国当时一位著名妇女活动家玛丽·戈兹（Marie Gouze）发表了第一个"女权宣言"，主张自由平等的公平权利（尤其是教育权和就业权）不能仅限于男性。❷ 1792 年，英国女作家玛丽·沃斯通克拉夫特（Mary Wollstonecraft）发表了被后人尊为"第一部女权论作品"的《妇女权利辩护论》（A Vindication of the Rights of Woman），书中认为造成男女不平等的原因在于后天的环境和教育，阐明了社会进步依赖男女地位平等、通过教育提高妇女素质的思想。❸ 早年的女权思想呼吁强调的重点是选举权这一象征基本人权的社会权利，然而在当时由于男权社会过于强大而未能付诸实践。

　　在女权主义思想史上，傅立叶、穆勒、马克思、恩格斯、波伏瓦等人占据重要的位置，他（她）们对妇女问题的见解和剖析丰富和发展了女权主义思想，并为后来声势更为浩大、影响更为广泛的女权主义理论和运动提供了不可或缺的资源。

　　"19 世纪所有伟大的社会主义思想家都认识到妇女的从属性问题，并意识到她们自身解放的必要性，这是这次革命运动留给我们的文化遗产的一部分。"❹ 傅立叶就是早期社会主义者中极力倡导妇女解放的思想家之一，他在一篇关于平等运动的文章里写道："某一历史时代的发展总是可以由妇女走向自由的程度来确定，因为在女人和男人、女性和男性的关系中，最鲜明不过地

　　❶　玛依玳·阿尔毕丝杜尔·丹尼尔，阿尔莫扎特. 中世纪以来法国女权运动史［M］. 北京：中国妇女出版社，1977：235. 转引自奚广庆，王谨. 西方新社会运动初探［M］. 北京：中国人民大学出版社，1993：26.

　　❷　李银河. 女性权力的崛起［M］. 北京：文化艺术出版社，2003：117.

　　❸　奚广庆，王谨. 西方新社会运动初探［M］. 北京：中国人民大学出版社，1993：27.

　　❹　JULIET MITCHELL. Women：the longest revolution［J］. New Left Review，1966（11/12）.

表现出人性对兽性的胜利。妇女解放的程度是衡量普遍解放的天然标准。"❶
这段著名的论述后来被马克思在《神圣家族》中所引用。虽然傅立叶缺乏更
详细的论证，但是他将妇女解放作为全社会进步标志的见解非常深刻，也影响
了马克思对妇女问题的认识。

　　约翰·斯图亚特·穆勒（John Stuart Mill）是英国19世纪著名哲学家、经
济学家，他因为于1869年出版了《论妇女的屈从》而成为女权运动历史上最
杰出的人物之一。穆勒从功利主义出发看待女权问题，认为解放妇女除了能够
促进妇女自身得到福利之外，也是为全人类增添幸福的一个先决条件。❷ 穆勒
很重视法律在妇女解放中的作用："只有法律上完全废除妇女的不平等，才有
望实现妇女的解放，才能使妇女享受到男子已经取得的自由。"❸ 他还通过自
己议会下院议员的身份（1865—1868）为妇女要求参政权、就业权、财产权。
穆勒本人冲破家庭和社会的阻力，与当时的女权活动家哈莉特·泰勒（Harriet
Taylor）结为伴侣，后者著有《妇女的选举权》。穆勒对女权思想的主要贡献
是将百年来一般性的、抽象的男女平权意识，发展成为妇女争取具体的、受法
律保护的利益。

　　马克思十分赞赏傅立叶的"妇女解放的程度是衡量普遍解放的天然标准"
的论断，认为任何伟大的社会变革都会有妇女参与的"酵素"作用。不过，
马克思在其早期著作中更注重于对家庭的分析而不是男女不平等现象。恩格斯
在《家庭、私有制和国家的起源》一书中，系统地论述了性别不平等的问题。
恩格斯从家庭的演变上分析性别关系的变化，认为由最初的母系继承发展到父
系继承是妇女最大的失败，在私有制的一夫一妻制家庭中，妇女变成了个人
（男人）的奴仆："母权制的被推翻，乃是女性的具有世界历史意义的失败。
丈夫在家中也掌握了权柄，而妻子则被贬低，被奴役。"❶ 恩格斯将妇女的被
压迫地位归于私有制的一个后果，因此，妇女的完全解放必须同私有剥削制度

❶ CHARLES FOURIER. *Theorie des Quatre Mouvements*, 1841. 译文转引自马克思恩格斯. 神圣家族
（摘录）[M] //马克思恩格斯列宁斯大林论妇女 [M]. 北京：人民出版社，1978：7.
❷ 杨英慧. 女性、女性主义、性革命 [M]. 台北：合志文化事业股份有限公司，1988：10.
❸ M. A. 里夫. 当代政治思想词典 [M]. 英国曼彻斯特大学出版社，1987：110. 转引自奚广
庆，王谨. 西方新社会运动初探 [M]. 北京：中国人民大学出版社，1993：29.
❶ 马克思恩格斯全集：第21卷 [M]. 北京：人民出版社，1972：69.

的消灭联系起来，同妇女参加公共的劳动联系起来：

> 只要妇女们仍然被排除于社会的生产劳动之外而只限于从事家庭的私人劳动，那么妇女的解放，妇女同男子的平等，现在和将来都是不大可能的。妇女的解放，只是在妇女可以大量地、社会规模地参加生产，而家务劳动只占她们极少的工夫的时候，才有可能。❶

恩格斯把家务劳动社会化作为妇女解放的又一条件，认为只有家务劳动变成一种公共的行业以后，男女的真正平等才能实现。这一观点使许多之后的马克思主义者（包括倍倍尔、列宁等）都认为，只有在共产主义社会里，妇女才会享有真正的自由。马克思、恩格斯从宏观的人类发展史、社会发展史的角度分析了妇女地位的历史变迁，对性别不平等的根源和妇女解放的条件进行了阐述，赋予女权主义以历史的重要性，也使我们认识到妇女解放的长期性和艰巨性。

法国存在主义哲学家、作家西蒙娜·德·波伏瓦（Simone de Beauvoir）1949 年出版的两卷本著作《第二性》，以翔实的资料论述了不同时代妇女都始终从属于男性、向来居于次等地位的存在事实，以及妇女的这种生存处境如何阻碍了她作为一个自由人充分发挥个人才智和潜能的机会。波伏瓦认为，女性的生育作用使她们摆脱传宗接代的"天职"奴役，女性天赋的生物繁殖机能与她作为一个完全独立自由人的理念是有冲突的。女性沦为第二性（the second sex）的最主要原因不是她先天的生理特征，而是后来环境中政治、文化、社会、历史因素的制约。因此，"女人不是天生的，而是后天形成的"（One is not born a woman, one becomes one）❷。在妇女如何解放的途径上，波伏瓦提出了到社会上工作、成为知识分子、对社会进行社会主义的改造等几种方案。尽管波伏瓦的思想存在许多争议之处，但是由于《第二性》发表在妇女运动的低潮期，引起西方社会的强烈反响，相继出版了 18 种语言的译本，在美国该书一经出版就成为畅销书，销量多达百万册，为美国女权的兴起奠定了思想基础。

---

❶　马克思恩格斯全集：第 21 卷 [M]．北京：人民出版社，1972：185.
❷　SIMONE DE BEAUVOIR. The second sex [M]. Penguin, 1972.

女权思想的兴起，唤醒千万妇女的主体意识，激励她们为自由平等而斗争，妇女运动的浪潮也随之出现，妇女研究（或性别研究）在学术界逐渐发展成为一个新的重要研究领域。

（三）女权主义的主要理论流派

女权主义思想和妇女运动相生相伴，前者是观点理论，后者是行动实践。"女性主义理论最主要的作用之一就是探索妇女受压迫的原因，并指出怎样对性别不平等进行挑战和变革以实现妇女解放。"❶ 然而，受社会生活条件、时代思想传统以及个人生活境遇等因素的影响，女权主义者们在关于女性受歧视和压迫的根本原因、女性应该如何才能获得解放等问题上存在不同解释和理论分歧，形成许多不同的女性主义理论流派。自由主义女权主义、社会主义女权主义和激进主义女权主义是其中最主要的派别，即所谓"三大家"（big three）；此外，还有后现代女权主义、生态女权主义、心理分析女权主义、分离主义女权主义等其他派别。

1. 自由主义女权主义

自由主义女权主义（liberal feminism）是早期女权主义的基本倾向，指由自由主义思潮发展而来的女权主义，它是各流派女权主义的起点或修改和改造的对象。❷ 自由主义主张机会均等、公平竞争，反对特殊保护主义，运用到女权主义方面就是强调"女权也是人权"，人权要包括女权，认为只要给予平等的公民权、受教育权和就业机会，妇女就可以像男子一样实现理性的发展。《妇女权利辩护论》的作者沃斯通克拉夫特、《论妇女的屈从》的作者穆勒等是早期自由主义女权主义的代表，西方最大的妇女组织、1966 年成立的美国"全国妇女组织"（National Organization for Women，简称 NOW），其第一任主席弗里丹（Betty Friedan）是自由主义女权主义在现当代的重要代表。

自由主义女权主义的特点主要有：第一，强调社会正义，即认为在一个公平的社会里，每一个成员都应该得到发挥自己潜力的机会，这种机会不应当有性别的限制，法律应当维护公平竞争的环境，反对女性特殊主义。第二，认为女性

---

❶ 周绍雪. 女性主义运动：历史与理论的演进逻辑 [J]. 湖南社会科学，2009 (6).
❷ 罗萍. 略论女性主义诸流派的理论与实践 [J]. 浙江学刊，2000 (6).

受压迫的原因在于个人或群体缺少机会与教育，强调女性受教育的权利。第三，强调男女在人性本质上的相似性，认为女性在攻击性、抱负、力量以及理性等方面并不必然逊于男性，反对性别之分，主张制定中性的法律以推进性别平等。

男女两性在生理特征上的差异是显而易见的，社会制度对妇女的歧视也是实际存在的，自由主义女权主义无视这些事实，对现存社会体制持一种非批判的态度，这决定了其斗争成果的有限性，例如"全国妇女组织"为之奋斗多年的"平等权利修正案"❶ 最终以失败告终。自由主义女权主义受到包括其他女权主义者的批评，主要集中在以下方面：第一，平等权利要求的局限性。男女生理差别的天然事实，使得忽视性别式的（sex blind）立法要求失去现实基础，不仅如此，在生儿育女方面是不能要求男女平等的，考虑到儿童的需要和妇女的作用，必须向妇女倾斜。第二，对现实判断的局限性。自由主义女权主义不承认非性别形式的其他种类的压迫，尤其是阶级压迫的存在。在现实生活中，还有因为肤色、少数民族、处于社会结构边缘地带而导致的无权群体的存在。人类社会不仅存在个人独立、竞争和自治，还同时存在合作、相互支持和依赖，女性的自主性与她们对他人的关爱心以及社会对妇女保护的必要性不是彼此对立的关系，而是相融的。第三，价值准则与标准的男性化。所谓"中性的""人类的"实际上是"男性的"，"理性人"的内涵也是有限的男性实践的结果，自由主义女权主义"未能触及资本主义社会的本质和父权社会的灵魂"。❷ 总的说来，自由主义女权主义是一种社会改良主义。

2. 社会主义女权主义

社会主义女权主义（socialist feminism）产生于 20 世纪 70 年代，是受社会主义思潮影响的女权主义，马克思主义女权主义（marxist feminism）与之相似，通常也被包括其中。其基本特征是致力于大范围的社会批评和变革。

马克思主义女权主义强调阶级压迫是基本的压迫形式，注重经济因素的作

---

❶　这一宪法修正条款只有 24 个英文词：Equality of rights under the law shall not be denied or abridged by the United States or by any State on account of sex. 意思是：联邦政府或各州政府不得以性别为基础否认或削减法律上的平等权利。1973 年美国国会通过了此修正案，但是由于未能争取到 3/4 绝大多数州的通过，最终于 1982 年被否决，修宪失败。妇女在申请贷款、独立经营以及继承权等方面依然受到歧视和限制。参见奚广庆，王谨. 西方新社会运动初探 [M]. 北京：中国人民大学出版社，1993：33 - 34.

❷　文军. 西方社会学理论：经典传统与当代转向 [M]. 上海：上海人民出版社，2006：285.

用，认为妇女在资本主义社会所受的压迫具有一种特定的形式：她们被排除在薪资劳动之外，并在家庭领域中扮演了复制生产关系的角色。❶ 因此，最根本的解决办法在于变革妇女所做的工作，使做饭、照顾孩子等家务劳动社会化，而这只有在社会主义制度下才能实现。

社会主义女权主义的主要观点有：妇女也是一个阶级；妇女受压迫的现实也是一种"异化"；不是个人能力的原因，而是历史和社会的原因造成妇女在生活的一切方面系统地处于不利地位；必须为妇女争取特别的保护性立法，以及各种救助弱势群体的特殊措施，以求争得男女平等。与马克思主义女权主义相比，社会主义女权主义更强调父权社会与资本主义社会互相叠加给妇女造成的严重压迫。"妇女的生育是物质性生产工作，但是这一工作使女性在经济上失去独立、依赖男性，父权社会加给女性的同样是物质性枷锁。"❷

米歇尔（Juliet Mitchell）是社会主义女权主义的最重要代表之一，她于1966年发表的《妇女：最漫长的革命》是妇女运动的纲领性文献，书中从生产、生育、性和儿童的社会教化四个领域论述女性的受压迫和剥削状况。其他代表人物有加拿大女权主义理论家本斯通（M. Benston）、莫顿（P. Morton）等。针对社会主义女权主义的批评指出，不能将由性别差异而导致的劳动分工与资本主义混为一谈，社会主义社会仍然有妇女受压迫的问题。

3. 激进主义女权主义

激进主义女权主义（radical feminism）兴起于 20 世纪 60 年代，是自由主义女权主义的激进化。激进主义女权主义者们"不仅描绘出了形形色色的社会观点和政治形态，而且都致力于更加广泛的制度变革和文化改革，而不仅仅是只改变态度和法律"。❸ 激进主义女权主义用父权制（patriarchy）理论概括男权社会的性质，认为妇女受压迫的根本原因是父权制——以权力、统治、等级制度为主要特征——的存在。米丽特（Kate Millett）在她的作品《性政治学》中引入父权制概念。父权制原是指由父亲做家长的机制，米丽特赋予它

❶ ABBOTT PAMELA, WALLACE CLAIRE. 女性主义观点的社会学 [M]. 台北：巨流文化出版社，1996：299.

❷ 罗萍. 略论女性主义诸流派的理论与实践 [J]. 浙江学刊，2000（6）.

❸ 斯蒂文·塞德曼. 有争议的知识——后现代时代的社会理论 [M]. 北京：中国人民大学出版社，2002：167.

新的含义：首先，它指男性统治女性；其次，它指男性长辈统治晚辈。此后，这一概念被用来定义男尊女卑的系统化机制。❶

与前两种女权主义相比，激进主义女权主义的"激进"之处有：第一，批判、否定男性的本质，认为性别压迫是最基本的压迫，父权制是导致妇女从属地位的关键机制，社会结构和家庭结构都充满了父权制，实现妇女解放必须粉碎父权制。第二，肯定、赞美女性的本质，认为女性与男性相比的生理差别，如母性、情感性、被动性、抚育性等，不仅不是缺点，反而是优点，应当受到赞美和推广。女性提供给人类的价值有爱、和平、包容等，而男性提供给人类的却是暴力、对立、斗争和相互践踏。因此，"女性是优越的"（Female as superior）。第三，在行动上倡导一切反抗现行婚姻家庭制度的尝试，试图使女性摆脱传统的性别角色。西方社会曾一度泛滥的性解放与激进主义女权主义密切相关。

激进主义女权主义的"颠倒乾坤"的做法也受到严厉的批判，批评者指出，"女权至上"与男权主义一样，仍然是一种本质主义（essentialism）。没有证据表明男性或女性就一定与某些好品质或坏品质天然地联系在一起，男性所可能有的缺点，女性一样也可能会有，反之亦然。激进主义女权主义从一个极端走向另一个极端，无助于妇女问题的解决。

激进主义女权主义的代表还有费尔斯通（Shulamith Firestone），她著有《性的辩证法》；以及《女太监》的作者格里尔。激进主义女权主义是女性主义流派中唯一将矛头直接指向男人的理论。❷

4. 其他女权主义

后现代女权主义是受到后现代主义思潮影响的女权主义。后现代主义思想家福柯（Michel Foucault）、拉康（Lacan）、德里达（Derrida）等人的著作，经常被后现代女权主义者引用。

这一流派极具颠覆性，主要观点有：第一，否定所有宏大理论体系，认为过去有关性别、种族、阶级甚至女人的分类与概括过于宏观了，实际上每一类别内部都是千差万别的。第二，肯定话语即权力。权力并非集中于某个机构或

---

❶ 李银河. 女性权力的崛起 [M]. 北京：文化艺术出版社，2003：163.
❷ 罗萍. 略论女性主义诸流派的理论与实践 [J]. 浙江学刊，2000（6）.

群体，权力是分散的和弥漫的，一直以来，这个世界是男性话语主宰的，因此有必要发明女性的话语进行对抗。第三，所有旧式女权主义只是强调妇女的受压制和无权地位，而没有注意到在强大的社会压力下，妇女也在自我管制，自己制造出驯服的身体。第四，关注身体，认为"女性的话语"就是身体体验的快乐。第五，反对本质主义和普遍主义，认为强调性别概念和生理特征是本质主义的表现，强调人性则是普遍主义的表现。实际上，性别不是不可变的，社会、文化、种族、民族等各种因素对生理差别的解释很重要。

由于接受了后现代主义解构现代秩序体制及其信念确定性的宗旨，后现代女权主义被指陷于自我消解的困境之中，既然男女两性的分类可以取消，政治信仰可以无限分散，女权主义自身的位置又在哪里呢？失去宏观理论的规范后，实践和经验的依据与标准又是什么呢？

生态女权主义、心理分析女权主义和分离主义女权主义等是女权主义的新的支派。生态女权主义（the ecology of feminism, or the feminism of ecology）试图寻求与自然相结合的人类文化，主张按照女权主义原则和生态学原则重建人类社会，即尊重多样化，反对对生命（包括男女）做等级划分，质疑以经济增长为衡量标准的发展模式，主张适度发展等。

心理分析女权主义（psychoanalytic feminism）用心理因素解释性别不平等现象，认为女性的劣势地位源于心理学上关于女性的刻板印象（stereotype）：女性是被动的、异性恋的、富于哺育性的、嫉妒男性的、缺乏理智的，无竞争力的。这一流派反对传统的性道德、各种性压抑和性神秘化，甚至为虐恋行为辩护，引起其他女权主义的震惊和愤怒。

分离主义女权主义主要指的是女同性恋分离主义（lesbian separationism），她们认为传统的异性恋思维是一种霸权，同性恋也并非不正常，要求女同性恋者组织起来，以反对男性霸权，争取社会认可。同属此类的还有一种文化女权主义，主张建立妇女文化使两性分离。分离主义女权主义招致不少批评，被指具有"仇男"倾向和颠倒的性别歧视。

女权主义理论的百花园里群芳竞艳，争取妇女权利的意识已经深入人心，即使是处于性别优势地位的男性也意识到女权抗争的合法性。现实生活中性别不平等现象依旧不容乐观，但是妇女们已经起来或将要起来行动的趋势却是不会逆转的。

二、女权主义与现代性之主体性

现代性要求在一切领域里实现变革，彻底发挥人的主体力量，唤醒人的自我意识，使每个有理性的人能够充分运用自己的理性。资本主义开启了女权之路，当女性走出家庭，她的主体性也第一次被唤醒。女权主义思潮和运动不仅是占人类一半的人口对压迫的反抗，也充分体现了现代性的变革性和自主性。

（一）现代性的主体性

主体性是现代性的鲜明特征。"现代性从它开始形成以来，它所起的作用就一直是使自然规律的宇宙与主体的世界相分离——用笛卡尔的话就是：使空间与灵魂相分离。"❶ 前现代社会将人视为依照传统敬奉神灵的存在，宇宙的节律制约着人的行为，世界的奥秘隐藏于无垠又无语的星空中。当宗教开始规训世俗世界的时候，它就为现代性的出现埋下了伏笔。人类按照自己的意志而不是天国的样子设计社会，理性的规划、翻天覆地的行动、无穷无尽的创造和变革，现代性的事业于不知不觉中开始。人类的自主意识仿佛插上了魔力的翅膀，思维想到哪儿，人类的力量似乎就能飞到哪儿。经由启蒙运动和现代化历程而形成的现代性，强调摆脱自然和地域的限制，"免于上帝之怀"，按照理性化的原则成为主体，在现实社会中自我决定、自我规范、自我负责。

现代性的主体性诉求表现在现代社会的政治、文化、信念等诸多层面，"作为一个文化理想，现代性涉及一个社会解释自身以及依据知识基础行动的能力；作为一个社会概念，现代性是指社会体制的领域，其中社会关系被结构性地组织起来；作为一个政治概念，现代性指的是社会的动态过程，由此社会行动者把自己的创造和学习力量用于具体情境来促使社会变化"。❷ 正是现代性的主体性要求促使社会生活各个领域的变革，以及变革的不断推进。每一项

❶　阿兰·图海纳. 我们能否共同生存？——既彼此平等又互有差异［M］. 狄玉明，李平沤，译. 北京：商务印书馆，2003：28.

❷　GERARD DELANTY. Social theory in a changing world: conceptions of modernity［M］. Cambridge: Polity, 1999: 5–12. 出自张一兵，周晓虹，周宪. 社会理论译丛：第二辑［M］. 南京：南京大学出版社，2004：19.

新发明、新技术、新制度、新思想，都渗透着现代性无穷无尽的解放冲动。尽管人们对现代性的理解存在多种学科角度和理论视野的分歧，但毫无疑问的是，任何一种意义上的现代性都必定是贯彻主体性精神的现代性，任何领域里的现代性都充满了冲破束缚的动力，以及永远不会满足和不能满足的矛盾状态。

从女权主义的观点来看，现代社会（或资本主义社会）仍然是一个男权主义/父权主义的社会，女性仍然遭受极大的不平等待遇。然而，正是这样的男权社会出现和鼓动了反对男性专制的女权主义，追求平等、解放、自由的人类理想之路，不可避免地要进入性别压迫的"盲区"。

（二）女权与主体性的逻辑发展

女权主义是人的主体性的体现，是主体性逻辑推演的结果之一。人的主体性在性别关系上经历了从不自觉到自觉的过程，女权主义所取得的成就，也受到人的主体性尤其是妇女主体性意识自觉程度的重要影响。

1. 中性的主体性

人的主体性问题首先是以中性的面目出现的。当最早的现代性思想家以人权对抗神权的时候，"人权"所指的人只是一个抽象的人。人文主义者彼得拉克所说的"我只是凡人，我只要求凡人的幸福"中的"凡人""天赋人权论"中的"人"都是抽象的人，是急切地要与上帝脱离关系的泛指的人，没有任何具体的社会属性，当然也没有性别之分。然而这种主体性的中性却不是真正的中性，其实质依然是男性的，是一种不自觉的男性主体性。它之所以是不自觉的，乃是由于在当时的语境下性别压迫并没有成为社会的主要反抗目标，女性在重重压迫之下无力、无望于反抗男权。西方社会长达千年的中世纪所树立的神学权威深入社会的每一个细胞和神经，连国王也必须与之经过不断的较量才能获得和巩固自己的世俗权威。由文艺复兴开始的人权对神权的抗争是一条充满艰辛苦难的道路，无数人死在以神的名义进行的惩罚之下。现代社会的第一个任务是推翻过去那种严格的等级制，要求社会承认普通大众的基本人权。鉴于广大妇女在等级制社会中长期受到禁锢、一直就没有多少权利而言，她们对自身的权利意识是非常模糊的。在现代性的斗争中，她们的角色是不自觉的参与者，性别压迫被阶级、阶层压迫所淹没，一个贵族女子不会认为自己与女仆有什么共同之处，贵族与平民百姓的对立暂时覆盖了男性对女性的统治。男性在这场斗争中同样是不自觉的，对他们而言，父权制的社会性别设置似乎是天然的和无可争辩的，"神—俗"设置才是窒息人的活力的主要障碍。因此，人类的所有问题在于启蒙，在于有勇气运用自己的智慧。

2. 主体性中性别意识的出现

"女权也是人权"是触发女权主义的最初口号，它表明主体性思维中开始有了对性别差异的关注。自由主义女权主义者所强调的"人权要包括女权，女权是人权的部分与延伸"主张，使早期现代性中的抽象人变得具体化了。人分男女，人权自然也要包括男权和女权。可是，在革命中与男子一样并肩战斗、在工厂里与男子一样创造财富的妇女，在新的社会秩序中却被拒绝给予平等的权利，更不用说妇女在生养、哺育后代方面无可替代的作用了。奥林普·德·古日在发表了《妇女权利宣言》之后不久，却以不守妇道等罪名被推上了断头台。但是杀戮并不能阻止妇女争取人权，因为妇女也是人，歧视妇女的制度也是人为设置的结果，不具有永恒性和真理性，女权运动从此如燎原之火燃烧起来。在英国宪章运动中，1838年妇女最终迫使当局发布缩短女工与童工劳动时间的法律；1848年美国塞尼卡瀑布女权大会召开并发布宣言，引用美国《独立宣言》并将其中"人人生而平等"改为"男女都生而平等"，❶女权运动的历史帷幕从此被拉开。

在19世纪，不光是女性自身，男性也参与到对男女不平等制度的批判之中。傅立叶、约翰·斯图亚特·穆勒、马克思、恩格斯、倍倍尔、列宁等虽是男性，也对妇女解放运动的理论与实践有很大的贡献。这足以说明，妇女问题已经进入现代社会的议事日程，人的主体性的逻辑延伸必然会触及性别问题。

3. 主体性对两性关系的反思

人的彻底解放包含妇女的解放，主体性的发展确认了性别不平等的存在和妇女权利的正当性。但是，紧接着的问题是，怎样解决现实的不平等问题？究竟什么样的状态才是实现了妇女解放？是采取自由主义女权主义的主张还是社

---

❶ 奚广庆，王谨. 西方新社会运动初探［M］. 北京：中国人民大学出版社，1993：10.

会主义女权主义的主张？抑或是激进主义女权主义的主张？男性难道就没有受到现有不平等性别设置的损害吗？诸如此类的问题是主体性思维深入思考性别关系时不能不面对的。

女权主义的不同主张体现的正是主体性对两性关系的多种认识。自由主义女权主义将女性当作在理性上与男性无差别的主体看待，要求从法律上给予妇女充分的赋权，让男女两性能够在无性别歧视的环境中自由竞争；社会主义女权主义则认为女性是与男性存在天然生理差异的主体，因此，在赋权于女性时必须考虑到由生理差异而带来的不可避免的影响，保护妇女和儿童是一个社会的基本责任；激进主义女权主义将女性的主体性推向了极端，试图从根本上推翻现行社会秩序（包括性别秩序）的合法性基础。在她们看来，父权制社会结构所赖以维系的基本信念认为男性是比女性更优越的存在，男性比女性拥有更多的理性和能力，女性则是被动的、情感性的和能力欠缺的，而这些信念实际上是完全错误的，女性的主体性不但不是不足，反而是比男性更加优越、更适合作为全人类的标准。

女权主义的兴盛显示出主体性对两性关系反思的深入。自从性别关系全面进入主体性的论域后，社会生活就再也不能是"中性"的了，私人领域和公共领域都贯穿着性别因素和性别立场的影响。"个人问题就是政治问题"（The personal is political.），这一口号既是女权主义的，也是非女权主义的，换句话说，在现代社会里，个人问题与公共问题已经缠绕在一起，无论男性还是女性都一样被裹挟在自治、民主的浪潮中。人的主体性在公共领域、国家政治层面上的运用就是民主，公共领域的民主化与私人领域、个人关系的民主化是互为条件、互相推动的。一方面，公共领域的民主化为私人领域的民主化提供了本质条件；另一方面，个人关系的民主化、自我的自治性发展将对重大群体的民主实践——例如国际关系、地区关系——产生深远的借鉴意义。

正是基于这种思考，吉登斯指出，"亲密关系……如果将它看作平等的个人纽带的相互协商，它的表现就完全不同，亲密关系意味着对个人关系领域的大规模的民主化，其方式完全可同公共领域的民主相提并论"，而且，亲密关系（intimacy）的变革还可能因为突出情感满足而对强调经济增长的现代体制有着颠覆性的影响。❶ 虽然吉登斯是在"生活政治""解放政治"的现代性出路关怀下提出上述观点的，但是他肯定了妇女在亲密关系变革中的主要作用，以及由此带来的主体向内探询——"我将是谁?""我将如何生活?"——的重要转向，恰恰证明了现代性主体性的逻辑之路，即主体性思维发挥到极致必然会走向对其自身的全面反思和彻底批判，任何已有的思维程式都须重新取得最新认识的验证，主体性的进展甚至不惜以否定自己以往取得的重大成就为代价。在性别关系上，现代性的主体性已经远远走在实际行动的前面。

4. 妇女主体性的参与

主体性对性别关系的认识为消除性别歧视提供了必要条件，父权制社会的合法性受到了质疑，有利于广大妇女争取平等权利。但是妇女的实际解放并不是一件可以坐等实现的事情，而是需要长期的艰苦斗争才能接近的目标。恩格斯把消灭私有制和家务劳动社会化作为最终实现妇女解放的两个客观条件，对照人类社会的现实，这两个条件的完全具备还为时尚早。除此之外，妇女解放还应当具备一定的主观条件，即妇女自身的觉悟和她们为自我解放进行的斗争。也就是说，妇女主体性必须参与到争取女权的行动中，才会促使妇女境遇的实际改善。

"历来的妇女运动，都是在妇女对自身的状况有所醒悟后才能发生。"❷ 第一次女权运动发生于 19 世纪，当时中产阶级妇女在平等自由的思想潮流中，发现自己因为性别而不能受到平等的对待，从而奋力追求作为人权的女权。经过努力，有越来越多的妇女获得了选举权，妇女教育广泛开展，妇女就业也有所增加。20 世纪 60 年代发生的第二波妇女运动中，部分处于半解放状态的妇女——主要是大学生和女工作人员，意识到妇女还没有参与到社会的主流当中，还未真正享有与男性的平等伙伴关系的特殊权利和责任，于是各种各样的群众性妇女组织如雨后春笋般成立。不仅如此，妇女问题也成为受到官方和国际关注的正式议题。1975 年被定为"国际妇女年"，第 30 届联合国大会宣布1976—1985 年为"联合国妇女十年"，主要宗旨和目标是"平等、发展与和

---

❶　安东尼·吉登斯. 亲密关系的变革——现代社会中的性、爱和爱欲 [M]. 陈永国，汪民安，等 译. 北京：社会科学文献出版社，2001：3.

❷　奚广庆，王谨. 西方新社会运动初探 [M]. 北京：中国人民大学出版社，1993：47.

平"，后来又加上三个目标"就业、保健与教育"。1979 年，第 34 届联合国大会通过了《消除对妇女一切形式歧视公约》，许多国家陆续成立专门机构用于维护妇女权益。

20 世纪 80 年代后，随着经济全球化的席卷、通信与交往媒介的迅速发展，越来越多的妇女意识到现有的知识基础、价值体系、话语体系、意识形态、社会福利等对自己的统治与歧视，她们开始致力于从根本上怀疑现存的一切范畴。各个国家不同行业的女性从各自关注的领域，进行有关妇女解放的思考和行动，一些新的关注点包括：对妇女在参政和劳动中的特殊保护问题，关于持续严峻的妇女就业困境问题，关于性别气质以及相关的本质主义与反本质主义问题，关于卖淫、工作场合的性骚扰和家庭中的暴力问题等。不同意见和争论依然伴随着每一个问题，从立法到施行、从强制执行到自觉遵守也难以一蹴而就，但是我们有理由相信，只要妇女有觉醒的种子，就一定会开出参与之花和胜利之果。

三、女权思想随现代性的进展而变化

女权主义和妇女运动不但体现了现代性的主体性，同时也随着现代性的不断成长而变化自己的内容和形式。现代性从世界的一隅走出，逐渐在经济、政治、文化、社会等领域产生了世界性的影响力，其与传统社会的差异是巨大的。女权思想或许是现代性历史上最具戏剧性的结果之一：一向自认为与传统决裂的现代社会在某个时刻突然发现，原来自己也是一度沿袭旧体制的父权制传统，并且因为资本主义的缘故成为对妇女更加压迫的罪魁祸首。当然，这一认识也是现代性自我反思的结果，它预示着解决问题的新的可能性而不是走向绝望。

(一)"人人平等"之下的"男女平等"

现代性早期的主要任务是反叛中世纪，挑战神学和各种封建传统的合法性。当产业革命和政治革命决定性地推翻了原有社会生活的基本秩序之后，建立什么样的新秩序便成为现代性的主要内容。在 19 世纪 70 年代，欧洲各国的男子已经普遍获得了选举权，不再受到身份贵贱和种族差异的限制，但是妇女却得不到相应的公民权，引起了中产阶级妇女的强烈不满，爆发了妇女运动，要求同等的政治权利以及财产继承、受教育的基本权利。

在这一过程中，妇女运动的目标与现代性的发展程度是一致的，争取平等对待（无论是贵族与平民，还是男性与女性）是主要的奋斗目标。妇女一方面继续承担生育子女和无偿家务劳动，一方面又有许多人走出家庭，在现代产业系统从事有偿劳动，妇女在现代体制下获得了参加社会劳动的自由，以及养家糊口的责任，却没有同时获得相对称的权利，这种"等而不平"的倾斜状态迟早要被突破。最容易引起全社会共鸣的就是象征公民权的选举权，"妇女也是人，女权也是人权"的核心，就是要为妇女争取法律上的独立主体地位。

（二）抽象平等之后的具体平等

现代性在确立和巩固了自己的统治地位后，便进入稳定发展和全面推进的时期。20 世纪中期以后，以美国为代表的主要资本主义国家经济繁荣，社会安定，生活富足，但是广大妇女却发现，发展的结果并不是越来越好，选举权也没有给她们带来完全的男女平等。相反，社会上却兴起了让妇女们回家，"做一个幸福的家庭主妇"之类的舆论导向，这让一些女权主义者极为不满。于是，一场始于北美，西欧、北欧随之响应的"新女权运动"爆发。她们要求重新认识和评价妇女，检讨社会生活的各个方面，把一切歧视妇女的制度、观念、行为、言语等揭露出来，要求获得事实上的、全面的平等。

这一时期的现代性，以工业社会为主要信念和表现，认为人类在理性的指导下会不断向前进步（尤其是拥有充足的物质产品），实现和时刻保持一个合理的社会秩序，其中个人能够享有充分的自由。然而，社会舆论却让妇女在事业与家庭之间选择后者，显然是将女性的价值禁锢在女性自身性别角色——生养、照顾子女及家庭——的范围内。现代性信念的贯彻和普及使妇女们认识到，女性是相比于男性的"第二性"，而且这种"第二性"的地位是社会制度与文化建构出来的，真正重要的是社会性别（gender）而不是生物性别（sex）。"社会性别是一种文化构成物，是通过社会实践的作用发展而成的女性和男性之间的角色、行为、思想和感情特征方面的差别。"❶

---

❶ 刘霓. 社会性别——西方女性主义理论的中心概念 [J]. 国外社会科学，2001 (6).

因此，妇女解放运动的主张便是要全面争取妇女的权益，重新定义男女平等的含义，明晰女性权利的内容和拓宽女性价值的范围。男女平等不再局限于政治和经济的平等，而是扩展到包括性别角色、家务劳动、养育子女、夫妻关系在内的家庭观念，以及人的道德观念、价值观念等多方面观念上的平等，必须从思想文化领域中彻底扫除歧视妇女的认识来源。在具体措施上，女权运动的要求是多种多样的：教育平等、就业机会平等、同工同酬、自由堕胎、设立日托中心等，甚至还提出一律用女士（Ms.）称呼女性，而不论其婚姻状况如何。❶

法国女权主义理论家伊丽加莱（Luce Irigaray）全面论述了女性的权利。她指出，女性的权利有：第一，人类尊严的权利，其中包括制止对女性身体和形象的商业用途，女性拥有在行动、语言和公众形象方面的地位和代表。第二，在人类身份方面的权利，其中包括女性的贞洁不被金钱、家庭、国家或宗教实体所侵犯，母亲作为女性身份内容所应有的权利。第三，世俗法律应当保护母婴的相互责任。第四，妇女应当拥有保护自己及其子女生命、生活空间、传统和宗教的权利，有反对男性法律的权利。第五，女性拥有选择独身生活方式的权利而不受税制的惩罚，国家发放家庭福利费等。第六，语言等交换体系应当更有利于保障男女两性平等交流的权利。第七，女性在世俗与宗教的决策机构中应当与男性拥有同等数量的代表。❷

伊丽加莱的主张使女性权利的内容具体化，同时也批判了现存社会价值的男权本质。在伊丽加莱和其他女权主义者的努力下，女性对自身的形象和意义、女性作为他者之与男性的意义、国家在立法和行政决策方面的行动都发生了或多或少的变化。不少国家和政府通过修改法律、增设妇女事务部门来表明自己在性别问题上的立场。平等、民主、自由等现代性的抽象原则，在深入贯彻的过程中必然会带动女权思想的更新，它们也是女性争取社会变革的条件和保证。

---

❶ 奚广庆，王谨. 西方新社会运动初探 [M]. 北京：中国人民大学出版社，1993：14 - 16.

❷ IRIGARAY. Je，Tu，Nous：Toward a culture of difference [M]. New York and London，1993：11 -91. 李银河. 女性权力的崛起 [M]. 北京：文化艺术出版社，2003：138.

（三）平等与差异的相互依赖（等而不同）

20 世纪 80 年代以来的当代世界发生了重大变化。对于众多发达国家而言，美国社会学家丹尼尔·贝尔二十多年前所预言的"后工业社会"不仅已经全面来临，而且由于科技和通信领域闪电般的迅速进步，人类社会的地域性分布特征也被彻底改变，世界正在走向平坦化。在全球化的语境中，"世界是平的"（The world is flat），托马斯·弗里德曼（Thomas L. Friedman）以此为 21 世纪定下基调，并将之称为"全球化 3.0 版本"。❶ 与之前的人类世界相比，新世纪的最大特点在于，是个人而不是国家或集团成为全球化的动力，是软件而不是硬件碾平了人们的距离。

现代性在全球化的新时期里，反思性进一步增强，渗透力更加扩张，向外可以追溯宇宙的起源，向内可以追问自我的根源。现代性对风险的意识与反思、对多元文化主张的认识、满足个性化需求的流动性以及对自我最深处的探询，都与工业社会时期有重大的不同。特别是一直以来被奉为真理的二元思维——主体与客体、人与自然、个人与社会、理性与情感、进步与落后等——遭到了全面的质疑，二元思维中的每一方不仅作为对立面存在，同时作为合作和共存的一方而存在。现代社会遇到它自身难以解决的诸多难题，发展与逆发展、财富增长伴随精神空虚、更多的和平与更具破坏性的战争、最现代与最原始的事物相遇……现代性也因此迎来一个开放的未来。

与此相对应，女权思想也出现新的思维。过去女权主义的种种主张，或者抹去男女两性的差别，或者强调两性的差别，或者突出对女性的倾斜。总之，男女两性的差异是压迫的来源，只要性别差异继续存在，性别不平等问题就难以彻底解决。新时期的女权思想则跳出性别关系上非此即彼的本质主义观念，不再纠缠于男权还是女权、肯定还是否定的思维死胡同，而是首先尊重男女性别的基本差异，在自然之"异"的基础上，将性别关系与人类的共同前景联系起来。在新的视野下，两性关系不再以对立为基本特征，性别压迫虽说主要以男性压迫女性为主，但是在这种体制下男性其实也是受压迫的对象，只是表

❶　托马斯·弗里德曼. 世界是平的——21 世纪简史［M］. 何帆，肖莹莹，郝正非，译. 长沙：湖南科学技术出版社，2009：9.

现形式不同罢了，比如一个家庭中如果男主人没有相应的收入养家，他所受的心理压力和社会压力就会比女主人要大。在男权制下，社会给予男性的特权多，要求的社会责任也同样多一些。因此，现行的性别关系对两性来说都是一种压迫。考虑到妇女在抚养子女和家庭情感中的特殊作用，社会更应该纠正以往对妇女的歧视。女性与社会发展息息相关，母亲的素质和境遇不仅直接影响她的家庭的现在，还会影响到一个社会至少一代人的未来。女权主义者们呼吁，妇女的社会状况若不加以改善，人类的生活便不会有实质上的改善。

追求平等与承认差异并不必然矛盾，差异应当得到尊重而不是歧视，平等应当体现配合而不是复现，无论男性还是女性都不应成为"第二性"。两性关系的原则应该是等而不同、相互依赖的，高度现代性的条件下，新的理想的两性关系的模式尚处于酝酿之中。女权主义使父权制充满了危机，而后父权制世界人们怎样才能在人人平等的家庭与社会中共同生活、分摊责任？这是一个现代性正在探索答案的问题。

第二节　女权运动：在男权世界里争取认同

女权思想和女权运动于 19 世纪正式登上历史舞台，与现代社会的历史相比，女权出现的时间不算长，但是它对现代社会的意义却非同寻常。女性出现在社会公共领域里，分享原来由男性独占的工作权利，这种变化并未对公共领域的基本规则和运作方式产生破坏性影响。可是，在私人领域（主要是家庭）里，妇女外出工作从根本上冲击了传统家庭的存在形式，带来自我、个人与社会关系的相应转变。

妇女对自身权利的认识和追求，本质上是一场重塑自我认同与社会认同的过程。在妇女运动的不同时期，女性认同的侧重点和表现形式有所变化，同时女性认同内部的建构也存在多样性与共同性并存的特点。

一、性别关系中的女性认同

就个人而言，现代社会开辟的无限扩张运动首先在自然界拉长拉大了人的形象。各种精密仪器延伸了人的视觉、触觉和听觉能力，大型设备则帮助人类攫取自然中所蕴藏的能源，有了它们，人类可以在自然中畅快地奔跑、翻腾，享受自然之主人的盛誉。那种神奇巨大的力量和速度，是奥林匹克运动会上最优秀的冠军也远远无法企及的。现代性所带来的不仅是人的力量的强大，在另一方面，现代社会向外的拓展有多大，个人（就他或她的肉体的、物质的存在方面）在这宇宙中的自我形象感觉就越小，个人就越来越不能抓住他（她）的创造物。这些创造物既包括物质的，也包括精神的，它们构成齐美尔所说的客观文化（也称客体文化）。❶ 客观文化的力量越来越对主观文化产生控制和奴役，人类在创造了远远大于其中任何一个个体能力的文化事物之后，个体及人类整体的创造力都趋向于枯竭，行动者越来越不理解，却又越来越依赖自己所创造的这个世界。主体对这种威胁的感受使得他（她）陷入对自我的沉思。

（一）"女人是什么？"

我是谁？我何以在这世界上辨认自己的存在和意义？由于"我"总是落在某种"我们"的群体中，"我们"确立的某种共识是"我"认定自己的标准。如果"我们"的共识出现动摇，或"我"发现自己已经不能接受这种共识，那么，就需要寻找或建立一个新的群体，以便把"我"置于其中。财富的变化、阶层意识的变化、职业和社会地位的改变、政治秩序的重新布局，乃至时空的跨越，都会使"我"及"我们"的认同发生改变。在由自我的各种角色构成的角色丛中，性别是一个始终稳定的因素❷，是人的认同中的元认同成分。自我觉醒之后不可避免地要摆脱它所意识到的种种束缚。一个女性的自我一旦觉醒，带来的是对性别关系合理性的全面追问。

在前现代社会和女权主义兴起之前，是无所谓"女人是什么？"（What is a woman？）的问题的，一个女性在从出生到死亡的每一个阶段，都有相应的社

---

❶　GEORG SIMMEL. The conflict in modern culture ［M］. New York：Tearcher College，Columbia University，1968：11.

❷　通过医学手段改变自然性别，或者由于先天原因造成的"双性人"通过手术确定一种合适性别的人，因其数量极为稀少，未列入我们的讨论范围。但是同性恋现象是重要的认同事件，它体现的是认同建构的极端性和纯粹性，即自然人可以在不改变自然生理特征的情况下，改变自己的性别行为，挑战已有的性别认同，建立新的认同并寻求主流的认可。

会规范约束她，她的父亲、丈夫和儿子是她人生的风向标。如果运气好，她也许会有一个被认为幸福的人生；反之，她只能抱怨命运的安排了。然而，现代社会抽掉了传统秩序赖以运转的根基，人生需要不断地努力才能实现其目标和意义。当一个女性也置身于这样的环境并反观自我时，她的主体性就开始发挥作用。女性也是和男性一样的主体，这是女性从自己的角度看待自我所得出的第一个认识，"女性是人类，而非玩偶、物体、东西或者动物"。❶ 以往对女性的社会定义不再被不假思索地接受，女性认为自己在拥有理性和主体性方面与男性并无差别，生理差别并不是差等，也不能成为差等的理由，人的共性首次超过生理差别显现出来。女性要求得到基本的人性对待，"妇女也是人，女权也是人权"的口号，是任何一个女权主义者都会接受的主张，也是女性认同的第一个共识。

　　人的认同的确立包括自我认定和他者认可两个方面，其中，他者认可体现的是社会结构和传统的力量，自我认定则体现了个人的思索与努力。女权主义兴起之前的女性认同是受他者认可主导的，这个"他者"所代表的是男性主宰社会的力量；女权思想表明女性认同中自我认定成分的崛起，女权运动则意味着女性新的自我认定试图获得主流他者的认可。

　　女性的自我认定是一个逐渐丰富的过程。在女权主义的自由主义流派之后，其社会主义流派和激进主义流派进一步指出，妇女不只是和男性一样的主体的人，她还是与男性不一样的人，独特的性征使她的人权内容不仅包括与男性平等，还要求特殊生理周期的特殊对待。又鉴于女性在人类存续方面不可替代的作用，女性认同中之前被贬低的地方恰恰是新的认同需要赞扬的地方，如母性就被认定为是人类的相互关怀、爱和保护品质的来源❷。女性正在运用自己的理性和主体性阐释"女人是什么"。

---

❶ 曼纽尔·卡斯特. 认同的力量 [M]. 夏铸九，黄丽玲，等 译. 北京：社会科学文献出版社，2003：228.

❷ 女权主义理论家吉尔曼提出此观点，她的基本主张是"女高男低"，其思想介于社会主义女权主义和激进主义女权主义之间。参见李银河. 女性权力的崛起 [M]. 北京：文化艺术出版社，2003：172－173.

（二）父权制与社会性别理论

为什么以往社会对女性的社会定义与女性对自身的认识存在如此大的悬殊？男女之间的自然生理差别是导致社会生活中的男女差别的唯一原因吗？女性自我认同在确立和伸张的过程中，必然触及旧有社会定义的成因问题。父权制理论揭示了一直以来女性"第二性"的社会定义的根源所在，社会性别理论把思想文化中潜藏的性别歧视与压迫揭示出来。

凯特·米丽特在其《性政治学》中给予"父权制"以充分的重视，指出男性不仅在家庭生活中是家长，并且主宰着婚姻生活；除了这些私人领域之外，在政治等公共领域和所有有报酬的工作中同样居于统治地位，国家也不过是父权制实施女性压迫的工具。总之，父权制对女性的压迫是所有其他形式压迫的基础和基本形式。在父权制下，女性遭受的压迫具有最早、最普遍、最深、受伤害最大、最能概念化地表现压迫形式五个方面的特征。❶ "父权制"理论以极其激进的主张阐述性别压迫的成因，尽管也受到其他学者的批评（如这一理论将男女对立起来；它是描述性的而非分析性的，不能解释男权的起源和提供结束男权统治的策略等），但是它揭示了造成生活中男女不平等的最为重要的原因——社会性别。

社会性别（gender）这一词汇出现于妇女运动的第二次浪潮时期，是女性主义者采取心理学家罗伯特·斯托勒所提出的性别与社会性别的划分方法，将性别差别的社会文化意义从其生物学基础上区分出来的一个概念。女性主义学者安·奥克利（An Oakley）提出，社会性别并非生物学性别的直接产物，性别所表示的是生物学意义上关于两性解剖学和心理学的特点，而社会性别是社会通过某种文化、心理、体制所建构的男性气质和女性气质，它们使人成长为男人和女人。❷ 另一位女性主义者盖尔·卢宾（Gayle Rubin）认为，社会性别是一种由社会强加的两性区分，是性别的社会关系的产物，是一整套的性与性

---

❶ 贾格尔，等. 女权主义理论概览［J］. 国外社会学，1989（1）. 李银河. 女性权力的崛起［M］. 北京：文化艺术出版社，2003：166.

❷ OAKLEY AN. Sex, gender, and society［M］. Oxford, Martin Robertson, 1972；刘霓. 社会性别——西方女性主义理论的中心概念［J］. 国外社会科学，2001（6）.

别安排制度。❶ 几乎所有的女权主义者在建构新的女性认同时，都或隐或显地使用，或者表达社会性别的思想。例如，波伏瓦曾说过，"一个人不是天生成为女人，而是变成女人的。没有生理的、心理的或经济的命运能够决定人类女性在社会中的形象：是整个文明造就了这一产物，处于男性和阉人之间，它被描绘为女性"。❷ 尽管她的《第二性》写于20世纪40年代，也没有明确使用"社会性别"一词，但是她关于女人是被造就的观点无疑是此后社会性别概念的核心。

由于女权主义涉足领域的多样性，社会性别概念也获得了不同的含义与应用。心理学家在个性特征与倾向、气质的意义上使用社会性别，社会学家、人类学家在制度、结构、社会等层次上研究社会性别，文学艺术注重探讨各种艺术形象以及语言中的社会性别表征问题。女权主义的不同流派就性别及社会性别划分问题出现许多争论，尤其是后现代女权主义者，她们认为社会性别概念依然是本质主义的，是建立在生物学类别的基础上的，表现出固化的、实体化的思维特征。而实际上，社会性别并不是有什么固定表现形式的实体，毋宁说各种各样社会性别化的行为创造了社会性别的概念，社会性别离不开这些具体的行为。"因此，社会性别是一个将其起源彻底地隐藏起来的构成物，不能说它是真实的或是谬误的，它也不严格地隶属于任何特别的身体类型。"❸ 后现代女权主义的解构态度虽然威胁到女性认同的一般基础，但是也提供了全面、深刻地理解社会性别概念的新角度。

尽管存在各种不同的视角和争论，社会性别仍然是各种女权主义的中心词汇，凭借这一词汇，女权主义得以否定旧有的女性定义的合法性，为女性的自我认同奠定坚实的思想基础。可以说，父权制理论和社会性别理论为新的女性认同提供了系统的理论基础，它们的每一个新观点都为女性认同注入新元素。

值得一提的是，社会性别理论与人类发展问题相结合，促成妇女问题在更高层面和更大范围内获得重视。"社会性别发展指数"（Gender - related Devel-

---

❶ 王政，杜芳琴. 社会性别研究选译 [M]. 北京：生活·读书·新知三联书店，1998：21 - 81.

❷ 莫尼克·威蒂格. 女人不是天生的 [G] //李银河. 妇女：最漫长的革命. 北京：中国妇女出版社，2007：34.

❸ 后现代女权主义者朱迪思·巴特勒 (Judith Butler) 在其《社会性别的困境》中提出这一观点。参见刘霓. 社会性别——西方女性主义理论的中心概念 [J]. 国外社会科学，2001 (6).

opment Index，GDI）和"社会性别赋权测量"（Gender Empowerment Measure，GEM），是联合国《人类发展报告》（1995 年起）所采用的、用以衡量人类发展中社会性别不平等状况的定量方法。通过对人类基本能力、参与政治经济决策两大方面的分国家、分性别统计，使妇女问题在国家的层面上更加明显，对具体解决各国的妇女问题、推动妇女全体的解放起到了科学参考依据的作用，也使女性认同从主观感受、思想意识的状态向实际行动迈进。此外，由女权主义者推动的"社会性别主流化"运动，要求"评估各个领域和各个层面的、所有有计划的行动包括立法、政策、方案，对男女两性造成的影响"，女权主义的这种呼吁，对于推动女性认同的社会认可，扭转社会政策非性别化的不利局面，具有重要的积极意义。

总之，性别关系中的女性认同是一场发现自我、认识自我的运动，女性通过对自己的历史与现实处境的反思，拒绝现存性别社会定义的正当性，揭示其名为"自然"实则"人为"的事实。女权主义者以主体的姿态建构她们自己的认同，并致力于重塑男权社会的性别观念。

二、妇女运动中女性认同的变化

从 19 世纪中叶至今，妇女运动共经历三次大的浪潮，每一次浪潮都产生了广泛的社会影响，并使社会政策、法律法规和社会舆论朝着有利于改善妇女劣势地位的方向进展。妇女运动中女性的自我认同也因女权思想的发展、社会生活的变化而出现变化，表现在认同的侧重点、认同的深度以及女性认同与其他认同的关系等多方面。

（一）认同侧重点的变化

从 19 世纪中叶至 20 世纪 20 年代，为妇女运动的第一次浪潮，主旨是争取男女政治权利平等，范围主要在欧美地区。妇女在这次运动中所呼吁的公民权、参政权、受教育权、就业权等各项人权认同，均是以男性作为认同标准的。究其原因，乃是因为男性在社会中占据优势，居于统治地位，女性则全方位地处于附属地位，在法律上也几乎没有什么权利可言。比如，在当时的英格兰习惯法的支配下，"妇女一旦结婚就要失去法律的存在。夫妇属于同一个法人，这个法人就是丈夫。已婚女子不准管教其子女，也不准管理自己的财产。未婚女子可以有较多的法律自由，但是尽管如此，未婚女子也要受到社会的歧视"。❶

工业革命成为妇女改变命运的转机，机器大工业生产不仅逐渐取代了以家庭为单位的工场手工业生产，也使男性的体力优势褪色。在社会的下层中，妇女和儿童迫于生活的压力成为廉价劳动力的来源，而社会中上阶层的妇女受社会习俗的约束，无法发挥自己的才能。这种局面最终促成女权组织和女权运动的出现。1848 年，美国女权主义者在纽约州召开了第一届妇女权利大会；1859 年，英国第一个女权组织"朗汉姆女士"成立"促进女性就业协会"；1865 年，全德妇女联合会成立；1882 年，法国成立女权同盟；1890 年，美国成立争取妇女选举权全国协会。妇女运动第一次浪潮取得了显著的成就，使得各国不同程度地取消了对女性权利的公开限制和歧视，妇女运动因此逐渐平息。

妇女运动的第二次浪潮发生于 20 世纪 60 年代至 70 年代，主旨是消除两性差别，开放公众领域，范围涉及各主要发达国家。在这次运动中，女性认同的侧重点已不再是男性，而是女性自身，尤其是女性在社会中的各种角色地位等问题。妇女在第一次浪潮中所争取到的各项法律权利并不足以保证事实上的男女平等，妇女在参政、就业等领域仍然遭受性别歧视。更为严重的是，女性认同中的自由人身份与传统的母亲角色及其职能之间出现了矛盾，作为一个自由人，她应当可以和男性一样去公平竞争，发展事业；可是，作为一个母亲，她要生养、哺育和关爱子女，体恤丈夫，更多地照顾家庭。女性认同中的这种矛盾激发了针对妇女的研究热潮，各种女权主义思想也应运而生，性别关系不平等的事实被来自各个角度的研究所证实。

与第一次浪潮相比，妇女运动第二次浪潮的主要进展有两个方面：第一，将性别关系与范围更广的各种社会关系联系起来。性别不平等被纳入社会权力关系的基本体系，看似只是私人领域问题的两性关系，实际上是与公共领域的权力运作密不可分的，性和生育及婚姻制度、家务劳动也具有政治意义，因其

---

❶ 新标准百科全书：W 卷 [M]. 美国芝加哥标准教育公司，1982：278 - 279. 转引自奚广庆，王谨. 西方新社会运动初探 [M]. 北京：中国人民大学出版社，1993：9.

中存在大量不利于女性的身份地位设置。第二，女性主义的学术研究兴起，并开始影响到其他学科，有关妇女问题的文学、历史学、心理学、社会学等多学科研究得到发展。例如，1969 年，美国女权会议"妇女团结大会"首次提出在大学开设妇女学讲座的问题。1970 年年底，美国各大学已经开设 110 门妇女学课程，各种妇女研究大纲也相继出台。

20 世纪 80 年代至今，为妇女运动的第三次浪潮，主旨是强调性别差异性和对性别关系的多元划分，范围波及全球。新的妇女运动浪潮中，女性仍以自身为认同标准，但女性内部的差异性成为关注焦点。

一方面，女性群体边界的认定发生变化。以往的妇女运动领导者和女权主义理论家多是白人中产阶级女性，随着女权思想的扩散和种族运动、和平运动等其他社会运动的兴起，一些在过去被忽视、处于相对边缘化状态的有色人种女性主义者、第三世界和殖民地国家女性主义者、同性恋女性主义者，不断地向传统的女性主义理论发出挑战，认为传统的女性主义思想将女性作为一个内部完全一致、没有差别的群体看待，以白人中产阶级女性为发言人，不能够代表不同阶级阶层、不同种族以及不同性取向的女性的观点。女性内部的差异意味着存在复杂的生活体验，妇女运动和女性思想必须能够涵盖所有的女性，并注意与女性相关的领域。

另一方面，性别关系的二元论思维遭到质疑。在福柯等人的影响下，后现代主义女权主义者认为传统的男女对立思维是二元论的和本质主义的，向女性看齐和向男性看齐一样是错误的，应当接受男女之间的差异，应用多元和综合建构的社会认同取代单一的"女性"和"女性气质"概念，把性别当作与民族、阶级、种族和性取向并存的许多概念中的一种，❶ 比如同性恋就是依据个人性取向而建构的一种性别认同。因此，性别不是天生的和不可改变的。

妇女运动的第三次浪潮中，性别认同与其他社会认同的相互关系的重要性被发掘出来，女性认同的主体构成也更加丰富，认同的自然标准——女性的身体以及异性恋的性取向标准——出现动摇，女同性恋的自我辩护使性别关系离开女性的自然身体，成为一种纯粹的建构之物。

❶ 文军. 西方社会学理论：经典传统与当代转向 [M]. 上海：上海人民出版社，2006：298.

（二）认同深度的变化

三次妇女运动逐步确立的女性认同，不仅有侧重点的变化，也有认同深度的变化，呈现出由浅入深的层次递进特点。第一次妇女运动浪潮所争取的政治权利，体现了女性认同的最浅层次：女人也是人。"女人首先是人"的表述虽然浅显，却是其他层次认同的前提，它以模糊或回避女性的生理特征、强调男女作为人类的相同之处为切入点。这一策略有助于女性获得主要他者——男权社会的同情与认可。

妇女争取基本公民权，看似非常简单，但是在当时却遇到来自男权社会的强大的阻力。例如，美国马萨诸塞州的一位立法者曾公开拒绝给予妇女选举权，他说："如果给妇女选举权，你就得在每个县建立疯人院，在每座城镇建立离婚法庭。女人太神经质和歇斯底里，不能介入政治。"❶ 女性通过肯定自身的理性和主体性能力，间接地否定了男权社会赋予女性感性化、情绪化和被动的负面印象，为女性赢得平权待遇诉求的可贵起步。

第二次妇女运动浪潮发生于女性不满足于只获得形式上与男性平等的认同，而是开始直面自己与男性的生物学差别，"女人不是男人，女人就是女人"，从中找寻优点和自信。通过深入反思性别差异的社会意义和社会根源，女性认识到性别压迫不是个别现象、局部现象或者暂时现象，而是系统的现象——是男权社会的产物。这一时期的女性认同建立在对社会体制和机制的批判之上，性别的建构性性质深入女性的自我意识中。

晚近时期正在发生的妇女运动第三次浪潮，使女性认同的实践基础和应用范围发生重大变化。女人不是千人一面，也不只是一个符号，女人有很多种，她们散落于社会各处、世界各地，每一种情境下的女性都可能有与众不同的个人经历，她们正是在这些经历中转变和形成女性认同的。不同的历史文化和经济社会发展的程度，都会影响女性认同的内容和解放目标。当代妇女运动在理论和实践上都比过去更加开放和具有反思性，理论方面出现了女权主义认识论和方法论，实践方面则强调个人体验的重要性。

女权主义认识论的矛头直接指向男性中心（androcentric）认识论，认为现

---

❶ 李银河. 女性权力的崛起［M］. 北京：文化艺术出版社，2003：119.

代社会所奉为真理的理性、客观性、价值中立和普遍性等原则，实际上是以男性为中心设计出来的——确切地说，是白人中产阶级男性，它们以非性别的面目压抑了女性具有特殊认知能力的可能性。女权主义认识论最主要的立场是反对客观主义认识论，充分考虑主观性在认识中所起的作用。女权主义研究方法论，是一种"对女性的研究，由女性来做的研究，为女性而做的研究"（on, by, and for woman）；或者是"由女性来做的研究，关于女性的研究，为女性而做的研究"。❶ 这种方法论注重对女性特殊群体（如移民、混血儿、性奴隶、女恐怖主义者等）以及特殊行为的研究，注意收集女性主观社会经验。她们还创造了口述史研究方法，倡导价值导向研究（value‐oriented inquiry），偏爱半结构化的访谈。女权主义认识论和方法论的提出和应用，使妇女问题从"问题"状态走向"知识"状态，将女性认同置于更加宽广、深厚和真实的基础之上，面向具体情境下的女性，注重认同的实验性、实践性，从白人中产阶级向处于各种境况下的女性扩展。

（三）女性认同与其他认同的关系

经历数次妇女运动的洗礼，广大妇女得以根据自己对性别关系的理解，确立女性的自我认同，给现代世界带来全新的影响。随着女性研究的深入，性别认同与其他社会认同的相互关系也进入了女权主义的视野，引发女性研究和认同研究的交集。

与政治权力认同的关系是女性认同首先需要面对的问题。西方率先进入的现代社会，是以新的生产力、生产关系和政治体制的变革为主要动力的，在女性的自我意识没有觉醒之前，是不会有新的女性认同的，有的只是对男性霸权的屈从和女性"第二性"地位的接受。女性认同兴起于妇女怀疑性别不平等社会设置的合法性，而各种社会设置是政治权力布局的结果。因此，新的女性认同必然会质疑权力系统的政治正当性，要求修改有关内容，甚至是推翻现有政治权力的运作逻辑，父权制理论针对的就是包括现代社会在内的社会政治权力性质问题的，是基于性别认同对政治权力关系所做的解释。

---

❶　MILLER C, TREITEL C. Feminist research methods：an annotated bibliography ［M］. Greenwood Press, 1991：33；李银河. 女性权力的崛起 ［M］. 北京：文化艺术出版社, 2003：307.

　　女权运动首先发生于资本主义社会，女性认同与资本主义社会制度认同的关系也是相关的。由于妇女运动的爆发正好落入资本主义社会制度的时空，它要反对和否定的，自然也包括资本主义社会制度。女权主义从生产关系私有制和父权制两个方面批判资本主义社会制度。马克思主义女权主义认为，私有制是一切压迫和剥削的根源，资本主义仍然是一种私有制的生产关系，妇女压迫是私有制带来的必然结果，男子婚姻上的支配权源于他经济上的支配权，无偿的家务劳动构成妇女压迫的物质基础，劳动力的再生产是造成妇女压迫的根源。❶ 激进主义女权主义认为，资本主义社会制度具有父权制的性质，整个女性群体受到男性群体的控制，处于被殖民的状态，即妇女普遍屈从于父权制的压迫，所有其他形式的压迫都与性别压迫有关。通过对资本主义制度的批判，女性认同确立了自己的认同标准。

　　女性认同与阶级认同、人种认同、职业认同、民族认同、文化认同等其他社会认同之间关系也是错综复杂的。某些认同会增强女性认同，另外一些认同则会削弱女性认同。阶级、阶层认同注重人们在社会结构中是否处于相同或相似的位置，人种认同与以肤色为象征的人性品质有关，职业认同是对所从事工作的价值、性质以及社会地位的认可，民族认同和文化认同涉及语言、信仰、宗教、心理、习俗、生产及生活方式等许多事项的历史沿革和匹配关系。当上面所提及的认同被加以特别强调时，其中的性别关系可能被模糊处理——实际上是默认性别不平等，或者就是公开的性别歧视——在某些宗教中，至今仍是如此。女性认同与它们的关系受到具体情境的影响和限制，女性认同的发展水平与方向，既受影响、也施影响于其他各种社会认同。

三、女性认同建构的多样性与共同性

　　各种论述的女权思想和各种形式的妇女运动，不管是作为叙事还是作为实践，所昭示的都是女性认同的建构和再定义。女性认同的建构既存在歧义性、多样性，也有基本共同性，那就是挑战和对抗父权主义，"通过要求平等、点明差异或者是彻底分离，在各种事件上否定由男性定义或由父权家庭铭刻的女

❶　奚广庆，王谨. 西方新社会运动初探［M］. 北京：中国人民大学出版社，1993：38 - 39.

性认同".❶ 参与新的女性认同建构的，既有个别女权主义者的努力，也包括
以集体面目出现的妇女组织；既有单独、正式的呼吁与提案，也有借助于其他
社会运动的联合行动。认同建构主体的多样性、认同目标的特殊性，使得女性
认同呈现出多样性，甚至碎片化——一些追求特殊认同的少数群体与其他女性
主义形成对立。尽管如此，女性主义的诸多认同仍是相互影响的，通过阅读其
他女权主义的作品而形成彼此的团结，构筑宽泛却不松散的女性认同的框架。
在某种意义上，正是女权主义的多样性构成妇女运动的生命力，使不同文化、
机构与政治脉络下的妇女能够接受并参与到改变性别处境的斗争中去。美国社
会学家曼纽尔·卡斯特（Manuel Castells）根据女权主义对自我认同及其敌人、
斗争目标的不同看法，将女权主义思想与运动做如表 5.1 分类。

表 5.1　女权运动的类型分析

类型	认同	敌人	目标
女性权利（自由主义的、社会主义的）	女性也是人	父权制国家和/或父权制资本主义	平等的权利（包括生育权利）
文化女权主义	女性的共同体	父权制度和价值	文化自主性
本质论女权主义（唯心论、生态女权主义）	女性的存在方式	男性的存在方式	母权自由
女同性恋女权主义	性和文化上的姐妹情谊	父权制的异性关系	通过分离主义消除性别
女性的特殊认同（种族的、民族的、自我的，如黑人女同性恋者的女权主义）	自我建构的认同	文化统治	去性别化的多元文化主义
实践的女权主义（工人、共同体的自我保护、母性）	被剥削的/被虐待的女性/家庭主妇	父权制的资本主义	生存和自尊

　　资料来源：曼纽尔·卡斯特. 认同的力量［M］. 2 版. 曹荣湘，译. 北京：社会科学文献出版社，
2006：252.

---

　　❶ 曼纽尔·卡斯特. 认同的力量［M］. 夏铸九，黄丽玲，等 译. 北京：社会科学文献出版社，
2003：206.

从表5.1中可以看到，不同主张的女权主义对女性认同的强调各有侧重，所致力于反抗的敌人在"相貌"上也略有差异，关于女权斗争的最终目标即性别关系重建后的构想也不完全相同。女性认同建构的多样性是显而易见的，可以说，有多少种女权主义的主张，就有多少种女性认同；有多少个女性活动组织，就有多少个女性权利的追求目标。即使是那些表面上并未打着女权主义旗号，也没有明确对抗父权制的职业妇女的社会实践和社会组织活动，也可以称为女性实践，卡斯特将她们归入"实践的女权主义者"（practical feminist），她们的抗争固然比不上文化女权主义那样的话语表达，但是为了孩子、住所、工作、尊严所做的抗争和努力，不能说无关乎女权主义的实践。

虽然自由主义女权主义和社会主义女权主义在一些主要观点上非常不同，如自由主义女权主义认为可以通过修改法律法规、推进自由民主以实现妇女解放，而社会主义女权主义却强调家务劳动社会化、消灭资本主义剥削制度，但是，捍卫女性作为人类的基本权利是二者的共识，也是所有女权主义的最低认同。

文化女权主义（culture feminism）强调文化自主，即致力于改变文化的男性主宰现象，通过激励女性追求自身独特价值观——如非竞争性、反暴力、合作等——而建立女性文化和女性认同。本质论女权主义（essentialist feminism）是文化女权主义的进一步推进，将女性作为比男性更为优越的性别，激进女权主义和生态女权主义都可以归入此类。

女同性恋女权主义（lesbian feminism）首要反对的是父权制下的异性恋，她们通过彻底与男性相分离来表达在性和文化上对女性的认同。从反对异性恋霸权的角度上，她们与男同性恋者倒是有相同之处。女权认同的多样性还可以通过与其他认同成分的混合来表现，例如，在种族认同基础上形成的黑人女同性恋女权主义、非洲裔美国人女权主义，在民族基础上形成的日本女权主义，而施虐性和受虐性的女同性恋女权主义，则代表一种特殊的自我认同。

女性认同的建构虽然存在上述如此丰富的多样性，但是一种关于女性认同的集体的概念还是存在的，就像一首华丽的乐章，丰富多变的音符和不同音质的乐器共同奏响一个主题。不管对女权主义或妇女运动做怎样的分类，各种类别的女权主义的共同之处在于："通过斗争和话语，运动的基本任务乃是借机去除社会的性别体制，以解构和重构女性的认同。女性的权利揭示出这样一个事实：女性是自主的主体（subjects），既不同于男性，也不同于父权制所指派的角色……无论是真实的还是虚幻的，在女性实际的经验基础上，女性的多重认同都对事物的存在方式进行了重新界定……通过不同的途径，以不同的形式，女权主义模糊了根植于社会体制与社会实践中的父权制的男女二分法。"❶

因此，女性认同以其极大的包容性和弹性推动现存世界的改变。不仅如此，女性认同还成为女权主义的活力来源："如此一来，女权主义建构的不只是某种单一的认同，每种认同还借由其自主性存在（autonomous existence），在个人生命经验的全球国际网络中攫取到了微观权力（micro power）。"❷

妇女运动以其鲜明的方式和巨大的社会影响，表明现代性条件下各种社会认同的建构。宏观社会秩序的重建必然带来生活秩序与心理思维的改变，自我认同问题的出现，性别视角的介入，也必然会掀起男女平等的轩然大波，其结果是，论证各种认同的努力存在于整个社会中。

第三节　中国的女权

中国与其他传统社会一样，有着漫长的父权制历史，尽管在古代也有民间女子社团，但其目的主要是女子之间的自护自助、自娱自乐。❸ 与西方社会极为不同的是，中国缺乏不受外部干扰的自主的启蒙和变革，传统文化的稳定性和适应性太强。这不仅影响了中国一百多年来的社会发展进程，影响中国现代性的形貌和性质，也影响了中国的女权思想与运动。近代中国，女权紧随现代性的开启而萌生，逾百年的历史记载了女权不断寻求和建构社会认同的曲折之路。在新中国妇女政策下，妇联和其他女性组织正在通过自己的努力，改善和推进性别的事实平等。

---

❶❷　曼纽尔·卡斯特. 认同的力量［M］. 2 版. 曹荣湘，译. 北京：社会科学文献出版社，2006：259.

❸　据发现于敦煌的古文书记载，中国最早的民间女性社团"女人社"，出现于五代时期后周恭帝显德六年（公元959年），参见大成：最早的民间女性社团女人社［N］. 光明日报，1993 - 9 - 26；李银河. 女性权力的崛起［M］. 北京：文化艺术出版社，2003：123.

一、女权与中国现代性的开启

社会转型是思想变革的土壤。西方社会资本主义政治经济秩序的确立与巩固，是女权主义兴起的基本条件。在中国，社会由传统型向现代型的转变，也是女权思想兴起的必要条件。近代中国以前，统治中国女性的是"三纲五常""三从四德""女经"，女性在其从父、从夫、从子的一生中，要时刻牢记和遵从"妇容、妇德、妇言、妇功"的规范与要求。从宋代起，女子缠足的习俗兴起，❶ 更使广大女性陷入从身体到心灵的巨大束缚与摧残之中。

（一）19 世纪末 20 世纪初的中国妇女运动

鸦片战争开启了中国社会的转型之路，只不过这是一条内忧外患一齐发力的艰难之路。内部洋务运动、宪政运动的最终失败，外部抵御外敌的失败，使得各种社会关系处于彻底重组状，女权思想也于此时应运而生。在"女子无才便是德"的思想影响下，中国历史上尽管涌现出不少才女，但多是基于个人家庭因素的特殊性，社会上并没有任何专门的女子教育机构。近代中国女学创办归功于一批孜孜以求的外国传教士，1844 年，英国东方女子教育协进会会员、传教士爱尔德赛在宁波创办的女塾，是第一间教会女学。此后的几十年里，基督教教会相继开办了更多的女学。例如，仅在 1878—1879 年，教会在江南一带办的女校就有 213 所，学生达 2791 人。❷ 教会女学的兴办使觉醒了的中国人意识到女子教育的重要性，"兴女学"成为中国妇女解放运动的突破口。1898 年，经元善在上海创办的"经正女学"是中国近代国人自办的第一所女校，随后，1902 年，蔡元培等在上海创办爱国女学。1907 年，全国共有女校 391 所；1918—1919 年，全国初等小学女生达 190882 人，占初等小学生

---

❶ 缠足之风兴于宋代，据考证，缠足最初只是宫廷中的一种舞蹈装束，相传其始作俑者为五代时期南唐后主李煜，他为了寻欢作乐设计了一套舞蹈服装，舞者以白绸裹脚并弯曲成新月状，舞于金莲之上。后来这种缠足装束在上流社会流行起来，成为一种身份标志。至宋代，下层妇女也开始缠足，缠足便成为普遍的社会习俗。参见"20 世纪中国女性发展史"之"天足运动"，http://www.cctv.com/life/38/20fzs02.html.

❷ 王新田. 中国近代女学发展概说 [J]. 镇江师专学报，1990（4）.

总数的 4.3%。❶

与兴办女学同时兴起的还有反缠足运动。1847 年，厦门伦敦传教会约翰·迈克高望牧师组织成立"天足会"，号召女性反缠足。1883 年，维新派代表康有为在其老家广州南海联合开明乡绅，创立"不缠足会"，并以身作则，其妻女都不缠足。1896 年，康有为、康广仁在广州成立"粤中不缠足会"，会员达万人之多。1897 年，著名的维新派领袖梁启超在上海成立"不缠足总会"，引起国内轰动。1901 年，慈禧太后下旨劝禁缠足。1912 年，新成立的中华民国南京临时政府也明令禁止妇女缠足。然而，缠足陋习的彻底禁绝却是在新中国成立之后于 20 世纪 50 年代末期才完全实现。❷

妇女组织和女子报刊对于近代早期女权思想的传播也很重要。"共爱会"是中国最早的妇女组织，于 1903 年在日本东京成立。稍后成立的反清革命组织"中国同盟会"（1905 年）也容纳了许多知识女性，如著名女革命家秋瑾便是同盟会的成员，她从日本留学回国后，于 1907 年创办了《中国女报》，提倡男女平权，主张推翻清政府。此外，还有燕斌创办的《中国新女界杂志》（1907 年）、陈撷芬创办的《女报》（1902—1903 年）等。1912 年，由上海女子参政同志会、女子后援会、湖南女国民会等全国各地的女权组织联合组成的"中华民国女子参政同盟会"宣告成立，显示了妇女解放运动的高涨，该会同时提出女子教育、一夫一妻、婚姻自由、女子参政等九项政纲。❸ 但是接下来的袁世凯政府却拒绝给予女子选举权和被选举权，并通缉迫害妇女运动领袖人物。

总的来说，19 世纪末 20 世纪初的中国妇女运动，从兴办女校，争取女子受教育权；到要求放足、剪发，争取女子身体的权利；再到要求婚姻自由、参与政治等社会政治权利等，反映了近代女性要求从身体到心灵的解放呼声，她们开始打破"三从四德"的桎梏，朝向自由自主的觉醒境界迈出艰难而又坚定的第一步。

（二）五四运动时期的妇女运动

尽管遇到了保守势力的强大阻力，妇女解放的大门一旦打开，就再也难以

---

❶ 韩志俊，等. 我国近代史上三次妇女文化教育运动探讨 [J]. 唐都学刊, 1989 (3).
❷ "20 世纪中国女性发展史"之"天足运动", http://www.cctv.com/life/38/20fzs02.html.
❸ 沈智. 辛亥革命时期的女知识分子 [J]. 上海社会科学院学术季刊, 1991 (4).

关上。在国运多舛、民族危亡的特殊时期，妇女运动与社会变革、民族解放、阶级斗争等多重目标融聚在一起，可能会缺少了对父权制社会的冷静反思，但是获得了强大的发展动力。当时，中国社会由传统型向现代型的转变尚处于第一阶段或初始阶段，是一种主要由外力入侵推动的被动式的转型，存在转型速度慢、军事保障能力低、涉及范围不广、程度不深等特有现象。❶ 中国现代性起始时所遭遇的种种压力，本质上"就是资本主义按自己的面貌改造世界，改造落后民族……同时又不自觉地……逼迫中国改变几千年来的传统制度……历史着意赋予近代中国反侵略和反封建的同一性"。❷ 因此，中国的妇女运动从一开始就不是纯粹的反抗男权的斗争，而是要兼顾反对旧的传统和维护民族独立。

在一个创造大于维持、救亡压倒启蒙的时代，男女平权要比男子专权拥有更大的能量，故而晚清时期呼吁女权的人士中不乏男性，但是他们对于妇女社会重要性的理解却是狭隘的，过于强调妇女的生理功能而忽视了其他方面。例如，梁启超认为，"兴女学"的目的是"上可相夫，下可教子，近可宜家，远可善种，妇道既昌，千室良善，岂不然哉!"。❸ 这种代表男性思维的"新妇德"，显然不会出自女性的自我认同。

如果说五四运动之前的女权思想着力于性别关系的部分调整，目的在于更好地延续宗法社会传统，那么，五四运动则是真正意义上的思想启蒙，它要求全面批判传统社会，尤其是从文化上进行清算，以便于挖根断源，旧有的性别关系的合法性自然也在批判之列。五四运动揭开中国现代史的序幕，新文化运动又以女权为瓦解旧伦理道德的突破口，一系列重新界定两性关系的观点纷纷出炉。

新文化运动的刊物《新青年》同时也是女权思想的一个阵地，其创刊号上就刊登了陈独秀翻译的法国人 Max O'Rell 的作品《妇人观》；自第 2 卷第 6 号起，设立"女子问题"专栏，胡适、陈独秀等纷纷撰文抨击片面要求妇女

---

❶ 郑杭生. 中国社会学百年轨迹［M］//郑杭生. 本土特质与世界眼光. 北京：北京大学出版社，2006：164，177.

❷ 陈旭麓. 近代中国社会的新陈代谢［M］. 上海：上海人民出版社，1992：104.

❸ 梁启超. 倡设女学堂启［M］//梁启超选集. 上海：上海人民出版社，1984. 转引自张文娟. 近代妇女解放思想与五四新文化运动［J］. 齐鲁学刊，2008（1）.

贞操、守寡、不参政等禁锢女性的传统文化。在他们看来，"新文明"所遵循的自由、民主、平等的原则毫无疑问地包括了女性，因为女性也是人，"人权者，成人以往，自非奴隶，悉享此权，无有差别"。❶

妇女解放思想之所以能够成为新文化运动的重要内容，一个基本的原因是新文化运动具有革命性质，他们希望通过革命建立一个现代民族国家——像英、法、美那样的国家，而此时的英法等国，已经经历了第一次妇女运动浪潮的洗礼，许多国家实现了选举权的男女平等，改善了女性受教育权、工作权、财产权等权利状况。这些国家成为"新文明"的范本，被认为保障了人的自由、尊严和权利。相比之下，传统中国积弱、积贫、积愚、积困到了极点，固步自封，不愿、不会、不敢、也不许有任何创新。首批出国留学"开眼看世界"的热血青年，以大无畏的精神和气概呼吁国人觉醒。儒家主导的传统文化思维认为家国一体，"齐家"然后才能"治国"，宗法制的家庭是传统社会秩序赖以运行的基础，也是性别压迫的主要场所。只有将半数之多的女性从家庭中解放出来，才能实现"新文明"的目标。因此，这一时期的妇女解放运动既有女性自身的觉醒——她们不愿意继续恪守封建规范，又有男性社会运动精英的推动——他们试图建造新的社会秩序，给予妇女权利被认为是这个新秩序的一部分。

处于新文化运动统摄之下的妇女解放思想，无疑受到了新文化运动的强力鼓动。新文化运动发起者们以西方国家为模仿样本，以女权促民权的提倡和振兴，动员妇女起来参加民族革命，强烈冲击了"男尊女卑"的传统社会观念，使妇女解放得到来自男性的支持。但是，妇女解放思想同时也受到新文化运动主题的规约。新文化运动虽然对传统文化持否定态度，但是"在对西方文明的拿来与应用之间存在一些天然的裂隙，背离经过代代传承已化为血脉的传统也并不像丢弃一件穿旧的外衣那么容易，于是在这个过程中，新文化人也体验了种种焦虑和困惑"。❷ 他们在痛斥封建礼教的"吃人"本质的同时，却不能提出有效的替代政策，使新女性精神流于空谈，受到女权思想启蒙的一些女性，有的只能以死亡这样惨烈的方式抗争包办婚姻。

---

❶　陈独秀. 东西民族根本思想之差异［J］. 青年杂志, 1915（4）. 转引自张文娟. 近代妇女解放思想与五四新文化运动［J］. 齐鲁学刊, 2008（1）.

❷　张文娟. 近代妇女解放思想与五四新文化运动［J］. 齐鲁学刊, 2008（1）.

（三）"新女性"

在民主革命的潮流中，中国女性自身也表现出越来越自主的解放精神。1924 年，宋庆龄在日本神户县立女子高等学校的演讲中指出："妇女地位是一个民族发展的尺度。我希望中国和日本的妇女，争取实现那个人类不为动物本能所支配，而由理性所指导的日子。"她还认为，妇女要求平等首先要做到打破富贵贫贱的阶级界限，平等看待其他妇女。❶

20 世纪 30 年代，上海是中国现代工商业发展最快、最繁华的地方，在劳动密集型产业轻纺工业中，聚集了大量的女工；受过一定教育的女孩子，还可以在公司、商店中找到工作。此外，文学、戏剧、电影等文艺领域也涌现出一批优秀的女性，上海滩成为引领中国时代发展和女性时尚的潮流之地。1934 年，上海著名杂志《良友》举办了一次关于女性标准的评选，因女性题材作品《莎菲女士日记》而扬名的女作家丁玲入选其中。在文学界，除了丁玲，还有苏雪林、冯沅君、白薇、庐隐、萧红、张爱玲等多名才华横溢的女作家，她们的作品再现了当时中国女性的生活、情感和人生际遇，女性的自我意识在女性作家的女性体裁作品中得到了诠释。电影作为一种新兴艺术形式受到极大的欢迎，1933 年，上海《明星日报》发起评选"电影皇后"的活动，胡蝶当选中国第一位电影皇后。女性体裁电影《新女性》中的女主角及其扮演者阮玲玉的悲剧结局——因不堪重重压力而自杀，❷ 也是妇女解放的理论与现实冲突的真实写照。

上海以它的都市化与国际化，将女性推向舞台的中心，中国传统文化和西方现代文明在这里激烈碰撞，如同当时"上海小姐"的评选一样，创造与毁灭，沉沦与重生，无数女性为了成为自己心目中的"新女性"而奋斗和挣扎，徘徊在依附男性和独立自主的路口。在政治活动领域，有社会活动家何香凝、革命家蔡畅、名律师史良等女性精英，她们在妇女组织和妇女运动中充当了重要的领导角色。

概括地看，这一时期的女权思想仍然与民族独立、国家存亡联系密切，但

---

❶　程绍珍. 宋庆龄民主革命时期的妇女解放思想 [J]. 郑州大学学报，1991 (5).

❷　参见 "20 世纪中国女性发展史"，http://www.cctv.com/life/38/20fzs02.html.

是自我觉醒的程度更高，波及的领域更为广泛，而不是局限于家庭之中，表现的方式形式更加多样化。由于政局的动荡等原因，妇女解放思想仍然居于民间的和半边缘的处境，女权的拥护者们多停留在向男权社会争取平等社会权利的层面，尚未进到"女性优越论""女性特殊论"的认识层次。这种状况与中国现代性的发展程度是一致的。传统社会结构遭到了内外夹击，外敌的入侵裹挟着新思想，内部的求变又粘连着旧观念。中国该怎样转型，转向怎样的现代型，通过怎样的途径才能独立和富强，以及怎样处理传统文化和外来文化的关系等，都还是没有明确答案的问题，现代性的画卷已经展开，但是该如何勾勒着色却还在酝酿之中。

二、女权的社会认同之路

从"兴女学""倡天足"开始的中国女权之路，是一条曲折反复之路，女性的自我认同和社会认同随时代时局的变化而变化，在血与火中洗礼和成长。西方女权思想的启发和民族解放运动的现实，使中国女性的自我认同和社会认同建构具有自身特有的标记，并将在未来的一段时间里继续产生影响。

（一）民权的认同与民族的认同

"民权"是指人民在政治上的民主权利，"人权"是指人享有的人身自由和各种民主权利。二者的共同之处是强调民主权利，不同之处在于，"民权"所谓的民主权利是相对于"官"或政府而言的，因此侧重政治权利；"人权"包含了人身自由和他（或她）在社会世界的所有民主权利。西方近现代社会对人权（human rights）的强调是在"神—人"的秩序框架下提出的，中国近现代社会所注重的民权则是基于"官—民"的社会秩序原则。中国民主革命的先行者孙中山所提出的"三民主义"——民族主义、民权主义、民生主义，鲜明、真切地表达了广大民众的意愿和追求。孙中山对"三民主义"的解释是："我们革命的目的，是为中国谋幸福，因不愿少数满洲人专制，故要民族革命；不愿君主一人专制，故要政治革命；不愿少数富人专制，故要社会革命。"可见，民权意在从君主手中争民主，民族指向全体中华成员，民生涵盖不同社会阶层的福祉，所有权利、尊严、利益的归属都是"民"。中国几千年封建社会君主统治的传统遭到了彻底的否定。

争取女子的"民权"是中国女权思想的出发点，也是与西方国家早期女权思想的相同之处。虽然没有"女权也是民权"的口号，但是女子之于民族和国家的重要性却是毋庸置疑的。女子拥有天然正常（不缠足）的身体和一定的文化水平，是"强种"、强国的必备条件。对女子受教育权、参政权的强调也源于西方社会的参照。另外，由于女权主张的边缘性和父权社会的性质，中国女权思想也是作为一种民间的声音开始的。

与西方女权思想的发生和渊源相比，中国女权思想在提出背景、主体性程度、主题归属等几个方面存在不同。

首先，提出背景的不同。西方女权思想萌生较早，18 世纪晚期法国大革命之后，便陆续有女权言论和作品问世，而比较有影响的妇女运动产生于 19 世纪中期。当时的西方社会已经普遍进入资本主义状态，并完成生产方式、社会制度的资本主义转变，各个国家基本上处于加速发展的时期。在这种背景下，西方爆发中产阶级女性领导、产业女性支持的妇女运动，也是对当时经济发展与社会发展匹配关系的一种回应。而中国女权思想的提出，却是在国家主权不完整、人民流离失所、社会陷入半殖民地半封建状态的境地。国之灾难深重，既有的男权尚且岌岌可危，何况女权！这与西方社会男子权利普遍改善的性别反差是完全不同的，中国的女子在男权社会中一直处于失语状态，不管男权是盛还是衰。"女权"是男性的发现。以往女性的主要活动领域在家庭，但是现在国家有难，不仅匹夫有责，"匹妇"❶ 也有责。在时局中处于边缘地位的革命分子、激进人士，欲以沉默的女子一方为自己的盟友，唤起她们的主体性，增强变革社会的力量。

其次，主体性的程度不同。西方女权思想兴起时最有力的声音来自女性，最热烈的妇女运动也是女性组织和领导的结果。虽然有马克思、恩格斯等男性性别平等派的关注，女权主义的各个"经典"——包括著名作品和会议、组织等——的创造者却几乎都是女性。女性自身的主体性在妇女解放中始终占据主导地位。而在中国，妇女问题的发现者不但不是中国女性，甚至也不是中国男性。由前文所述可知，中国第一间女学，第一个"天足会"，均不是由中国

---

❶　金天翮在其 1903 年出版的《女界钟》里，提出"天下兴亡，匹夫有责，匹妇亦有责焉"的口号。

人所创建。后来大量出现的女校、"反缠足会"，其主要领导者多是男性。虽然妇女运动的对象是妇女，但是她们是作为被动的客体、被启蒙者而出现的，在较长的一段时间内，女性的自我意识是"无应"状态，主体性程度很低，妇女的觉醒较晚。即使后来女权活动中出现了女性领导者和参与者，她们也是将自己纳入民族国家利益的总目标，很少有自己单独的奋斗目标。

再次，主题归属的不同。西方女权斗争的主要目标是改变、改善妇女的经济社会地位，让她们也能享受资本主义现代文明的发展成果。人权包括女权，女权要求性别的平等待遇。在现实中，女权运动的开展也与阶级斗争、种族运动等其他社会运动发生联系，但是总的来说，对女权的理论思考是比较纯粹的，妇女问题是一个独立的论域。至西方第二次妇女运动浪潮时兴起的妇女研究，就是一个明证。但是在中国，妇女问题从一开始就未能构成一个独立的研究领域。因为特殊的提出背景和低度的主体性水平，使得女权难以突出自己的话语，只能寄托在民族、民权的认同中。女权认同一方面以反侵略、民族独立的民族认同为总依归；另一方面以反专制、人民民主的民权认同为总目标。无论是早期的男性唤醒，还是后来的女性自觉，女权认同都表现出民族、民权认同的倾向。表面看起来，中国女权运动的发展速度和成果似乎比西方女权要快、要多，但实质上的进展并不快，妇女的自主性、妇女研究尚处在起步阶段，远未深入。

最后，通过与西方女权的对比，可以比较清晰地发现我国女权建构的特点及其社会根源。在与反帝反封建的民族解放运动的交响之中，女权认同与民权认同、民族认同产生共振，它必须借助后二者方能实现自身。

（二）女性自身的认同

当女权在民族、民权的呼声中被催生时，它也获得了发展的力量和嬗变的可能。设想在传统生产方式和经济形态仍占据主导地位的历史年代，如果没有政治领域的重大危机，女性怎么可能有机会脱离或逃离将她深深束缚的家庭和家族呢？即使她侥幸脱身，又将于何处觅得新生？中国最著名的爱情悲剧传说"梁山伯与祝英台"、咏叹焦仲卿和刘兰芝爱情的哀婉诗歌《孔雀东南飞》，无不渗透着女性自我意识的无奈；而鲁迅的小说《伤逝》，更是告诉人们一个残酷的事实：父权和夫权无处不在。

　　近代以来中国遭受的种种灾难，既是民族的不幸，在某种意义上也构成历史赐予中国女性的机缘。女性走出家庭，进入社会，为了个人自由，为了美好的婚姻，为了拯救国家……个体的目标尽管可以千差万别，但是都有实现的可能，因为这是一个动荡不定的社会，每个人只有经历过后才能有答案，时代给了人们尝试的机会。

　　在革命中，女性的自主性优先得到了发展。直接置身于建构新秩序的潮流中，女性将自身的解放融入民族的解放宏愿，献身于革命同时意味着借机摆脱传统秩序的角色规范——一整套关于如何为人女、人妻、人母的刻板教条，女性一跃而成为干预旧体制、确立新制度的主体。女性是如何跨出"蝶变"的这一步的？社会学的冲突理论认为，越是以集体利益而非个人利益面目出现的冲突，越具有合法性。从社会学的角度分析，女性参加革命的行为的确是一种很大的反叛，但是这种行为同时也符合个人服从、服务于集体（国家）的文化传统，从而使女性获得某种心理安慰，女性的这种明显的"越轨"行为得到潜在的文化辩护，增添了一些崇高性。

　　民族救亡和社会变革的实践锻炼了女性的主体能力，她们用自己的行动演绎了"男人能做的，女人也能做"的女权思想，尽管这种观点只是女权意识的初级水平。女性在民族救亡运动中所显示的力量和贡献，为男女平等主张的文化合法性奠定了重要的基础。新中国成立后，男女平等被确立为一项基本国策——虽然现实中男女不平等现象依然存在，但是抽象意义上的男女平等获得了社会主流文化的认可。

（三）女权社会认同的途径

　　受到启蒙的中国妇女，经由何种路径才能影响男权社会的价值评价体系？革命中的妇女又如何面对性别的自然差异和社会文化释义，建构一种与男性有别的自我认同？各种方式、各种程度的女权认同似乎一直都在进行，然而最能鲜明地表现女权认同、产生广泛社会影响的途径有两个：女性文学和女权组织。

　　女性文学家及女性文学的出现，是中国女性群体探索自我认同并向社会寻求认可的精神努力。所谓女性文学（woman literature），"泛指女性作家创作的文学；但从严格意义上讲，则是指具有鲜明女性意识、表现女性真实自我，并从女性视角观察社会的文学"。后一种意义上的女性文学始于五四运动，也是具有现代性特征的文学现象。中国女性文学的现代性特征主要表现为："女人作为创作主体、言说主体在文学中对自己作为人的主体位置的探寻。"❶

与西方女权主义者撰书立说阐明自己的女权立场不同，中国经济社会发展的停滞状态限制了女性群体的社会视野，能够用以践行女权主张的具体场所也很有限，更多的中国妇女仍然生活在宗法社会结构中，或者游走在家庭与社会之间。而文学能够以虚构的方式反映社会生活、表达理想愿望，是当时觉醒女性属意的表达方式。一批才华卓越、感觉敏锐的女性作家，以她们独特的视角呈现给世人一部部优秀的作品。冰心、庐隐、苏雪林、丁玲、白薇、谢冰莹、张爱玲、苏青等都在中国现代文学史上占据重要地位。通过她们，中国女性将自己定义为"人"（和男人一样的）以及"女人"（和男人不一样的），诠释了与西方相似的女权主体性的发展。

女权组织或妇女组织，是将觉悟妇女集合起来以求更大影响和更大目标的重要手段。西方女权组织的首要宗旨，多是维护妇女在家庭和工作中的权益，如要求法律对妇女生育及照看婴儿而影响工作的保护、要求男女同工同酬的待遇、平等选举权、已婚妇女财产权等。中国女权组织的目标和宗旨，并不都是与妇女权利直接相关，因为，"现代史上中国女性所组织的团体，起因几乎均属维护和争取民族国家的强大和完整，根本性地缺乏争取女性群体自身利益的愿望"。❷ 例如，在"九·一八"事变后的抗日救亡时期，北平出现了许多妇女社团，"北平女界抗日救国会""妇女救国十人团""华北妇女救国会""妇女救国同盟会""各界妇女后援会"等，都是应救亡之召唤竞相崛起的妇女组织。它们通过集会、请愿、游行、通电等形式所开展的主要活动，不是争取自己作为女性的权利，而是抵制日货、为抗战募捐、救护以及救亡宣传等有关民族存亡的事务。"妇女救国十人团"的入团誓词为："谨以爱国至诚发誓，永远不购日本货，凡有可以与日人发生之一切经济关系，并皆决然断绝之，有违誓者，天人共弃。"一篇名为《妇女救国责任的我见》的文章指出："救国家于危亡，挽民族于垂死，不只是政府、军队的责任，我二万万女同胞至少要负

---

❶　陈明秀. 中国女性文学的崛起、发展及其现代性特征［J］. 安徽农业大学学报（社会科学版），2006（3）.

❷　刘慧英. 女权/女性主义——重估现代性的基本视角［J］. 中国现代文学研究丛刊，1996（3）.

起一半的责任。" ❶

　　过去，女性被封建宗法制度局限于家庭之中，被剥夺了参与国家事务的权利，也无法尽自己作为社会成员的责任。现在，爱国救亡运动以一种高于性别平等要求的民族独立诉求打破旧有的性别秩序，妇女在这一机缘中首先要表达的是男女的共同利益——民族利益，以民族认同的形式裹藏女性认同——"女同胞要负起一半的责任"意味着男女同样的权利。各种妇女社团和女权组织在革命中成为男性冲锋陷阵的强大后援，她们以另一种方式完成对国家的忠诚，显示了女性群体的巨大潜力。虽然在民族矛盾上升为主要矛盾时，性别矛盾退居其次，但是女性已经以群体的面目获得了男权社会的基本认同。

三、新中国女权的理论与实践

　　国内解放战争即将结束之际，1949 年 4 月 1 日，中国妇女第一次全国代表大会通过了《中华全国民主妇女联合会章程》。该章程在总纲中指出："本会宗旨在于团结全国各阶层各民族妇女大众，和全国人民一起，为彻底反对帝国主义、摧毁封建主义及官僚资本主义，为建设统一的人民民主共和国而奋斗，并努力争取废除对妇女的一切封建传统习俗，保护妇女权益及儿童福利，积极组织妇女参加各种建设事业，以实现男女平等，妇女解放。"从此总纲中不难看出，女权要求是建立在民族国家独立之上的。"皮之不存，毛将焉附"，为国之独立而奋斗是妇女的责任，而后要求平等权利则是权责对等的合理推定。

　　1953 年 4 月 23 日，中国妇女第二次全国代表大会通过了修订后的《中华全国民主妇女联合会章程》。新章程在总纲中删去了反帝反封建等已经实现的内容，并表达了世界和平的愿望："本会宗旨，在于团结全国各阶层各民族妇女，积极参加祖国各种建设事业，保护妇女权益及儿童福利，提高妇女觉悟与能力，实现男女平等，争取妇女彻底解放；并联合全世界爱好和平的妇女为保卫世界和平而奋斗。"

---

❶ 刘宁元. 救亡时期北平女界组织研究 [G] //谭琳，姜秀花. 中国妇女组织发展的理论与实践. 北京：社会科学文献出版社，2007：381 - 389.

1957 年 9 月 20 日，中国妇女第三次全国代表大会通过了《中华人民共和国妇女联合会章程》。总则将组织的范围定为"全国各民族、各阶层、各种不同宗教信仰的妇女群众组织"，将组织的任务定为"团结和教育全国妇女积极参加祖国的社会主义建设"，和"为妇女群众服务"。在这次会议上，组织的全国领导机关中华人民共和国妇女联合会，简称全国妇联。

1978 年 9 月 17 日，中国妇女第四次全国代表大会通过《中华全国妇女联合会章程》，总则将组织定性为："中华全国妇女联合会，是中国共产党领导下的，以各族工农劳动妇女和革命知识女性为主体，广泛团结各界妇女的群众组织，是党联系妇女群众的桥梁。"之后的历次全国妇女大会都对章程的总则有所修改，突出有关时代内容。例如，"宪法规定妇女在政治、经济、文化、社会和家庭生活等各方面享有同男子平等的权利"（第五次全国大会，1983 年 9 月）；"中国妇女是建设社会主义物质文明和精神文明的重要力量"（第六次全国大会，1988 年 9 月）；"中国妇女是建设有中国特色社会主义的重要力量"（第七次全国大会，1993 年 9 月）；"在社会主义初级阶段，妇女联合会要团结、教育广大妇女，贯彻党的基本路线"（第八次全国大会，1998 年 9 月）；"坚持马克思主义妇女观，贯彻男女平等基本国策"（第九次全国大会，2003 年 8 月）。❶

虽然除了妇联之外，全国仍有各种各样的妇女团体和妇女机构，但是毫无疑问，各级妇联组织是最能够代表中国女权实际的非政府组织。通过追溯新中国成立以来历次全国妇女大会，可以使我们再次清晰地看到中国女权与经济社会发展的密切关系。新中国女权与国家政权的关系更为紧密，这与中国女权自诞生之后的传统是一致的。妇女解放首先是妇女的事业，妇女的自我认同是不可或缺的主体条件。但是，妇女解放又不单是妇女的事业，它是全社会的事业，没有对女权的社会认同，仅仅依靠妇女的孤军奋战，是不会取得大的社会成效的。

计划生育政策使性别关系在两个方向上都得到了发展。一方面，限制人口生育数量使生育中的男孩偏好更加明显，偷生、超生、选择性生育、藏匿甚至

---

❶ 谭琳，姜秀花. 中国妇女组织发展的理论与实践［M］. 北京：社会科学文献出版社，2007：392 - 432.

残害女婴的现象一直难以杜绝，生育行为凸显了性别不平等观念；另一方面，政策、法律强制下的生育限制，使得独生子女家庭越来越多，也促进了儿童时段的男女平等，女童接受中小学教育十分普遍，学校教育以男女平等为基础。一项初衷是控制人口增长，缓解人口对资源、环境、社会压力的政策，却同时收获了女权的果实。

妇女问题是贯穿女性一生的问题，男女平等、妇女解放的美好愿景需要落实在每一个具体的行动上。原全国人口与计划生育委员会开展的"关爱女童"行动，就是出于降低未来农村成年女性社会问题的目的。中国妇女发展基金会在甘肃、宁夏等西北缺水地区实施"母亲水窖"工程，帮助已婚妇女改善生存条件。当前妇女问题比较集中地表现在女性就业（尤其是女大学生就业）方面。由于年轻女性存在因怀孕、生育而影响工作的可能，而依照国家有关法律的规定，企业不得以此为理由辞退员工，致使一些部门和企业不愿意录用女性。女性在劳动力市场上的弱势地位，与长期以来根深蒂固的性别歧视有关，也与社会发展水平以及政策制度有关，它反映了女性社会认同与各种利益关系之间的复杂关系。如何解决女性就业困境，使妇女权益真正得到有效保障，是一个需要全社会认真思考的问题。

小　结

通过对女权思想的梳理和中西方妇女运动的考察，可以得出：女权思想是随着现代社会的出现而出现的，是人类主体性觉醒的一部分。性别关系是社会关系的基础部分，同时它又受到社会经济普遍发展水平的限制和各国特殊情境的规约。天然的生理差别和被强化的社会性别分工，家务劳动的非社会化（或低社会化程度），以及人类文化、宗教的性别化传统，思维建构的妇女解放理想状态与现实社会错综复杂的情感或利益纠葛之间的巨大差距，都是妇女问题长期存在的原因。女权的未来，依然是"路漫漫其修远兮"。

连绵不绝的妇女运动，女权思想的社会扩散，从另一侧面展现了现代性追求自由与解放的基本宗旨，以及要求"承认"的认同建构力的表现。因此，只要现代性继续发展，就会有对性别关系的不同理解和认同追求。旧的妇女问题解决了，还会有新的问题出现，现代性的逻辑即是如此。

第六章

中国现代性中的集体认同

　　中国的现代性问题是 20 世纪 80 年代以来知识界关注的热点，但是有关现代化、现代性的思考与实践却要追溯到近现代中国的开始处，鸦片战争以危机和困境的方式将中国推入现代性中。从兴办洋务到民族制造，从剪发放足到维新宪政，进行现代化的初期尝试以模仿西方为主。清帝国大厦倾覆之后，各个短暂的政权继续现代化的接力，但是内忧外患迫使中国现代化在低水平徘徊，由现代化过程而来的现代性也处于朦胧、模糊状态。新中国成立后，现代化始获得稳定的发展环境和有计划的推进。改革开放政策的实施，使中国进入社会转型加速期，❶ 不同于西方主流社会的政治、经济体制和权力运行模式，巨大的经济创造能力，将"中国现代性"问题摆在中国和世界学者的面前。在经济全球化浪潮之下，现代性的反思性加强，中国现代性需要阐明它与西方现代性以及中国传统文化的关系。中国现代性的构建过程，也是一个解决认同危机、确立新的认同的过程，在利益分化、自我认同多元化的时代条件下，仍须重视核心价值体系的社会认同，以"意义共同性"化解各种歧见与矛盾。

第一节　中国现代性及其构建

　　随着中国与世界的关系越来越紧密，特别是改革开放以后，我国经济社会

---

　　❶　"社会转型加速期"是指 1978 年至今的一段时期，这一说法是相对于中国社会在此以前所经历的转型而言的。参见郑杭生．本土特质与世界眼光［M］．北京：北京大学出版社，2006：177.

生活领域不断变革和发展，加上国际局势的演变，全球经济文化联系的日益增强，有关中国现代性问题在人文与社会科学界引起广泛而热烈的讨论，开始了继五四运动之后的新一轮思想启蒙。与五四运动时期相比，此时的话语环境已大为不同。如何既取得像西方那样的现代化发展成果，又不至于失去民族性的特质，是"新启蒙"的核心议题。国内的经济现代化建设正在按照规划稳步推进，同时西方有关后工业社会的思想也传播进来，现代性与后现代性的冲突、中西文化理念的差异以及"摸着石头过河"的权宜之计，都使中国现代性问题紧迫起来。

一、中国现代性的历史基础

作为对现代社会的一种概括，现代性是随现代化运动而来的结果。由西方社会酝酿和发起的现代化，在资本和技术的推动下，完全改变了社会的基本面貌和社会秩序的性质，确立了以工业化、都市化、科层化、世俗化、个体化等为原则的资本主义秩序。到 18—19 世纪时，现代化运动通过殖民主义、帝国主义的侵略扩张和全球范围内资本主义市场的开发，已经完全打破了内在和外在的疆域，开始将西方的普遍性启蒙理性、现代性观念和实践强加于非西方国家和社会的头上。❶ 中国就是在这样的给定条件下启动了被称为"后发外生型"的现代化道路。由于缺少西方国家"先发内生型"现代化的有利条件，中国现代性的目标与表征不能完全与西方现代性的要求相契合，从而成为一项有待完成和澄清的事业。

（一）对"五十年中国进化"的反思

其实，中国现代化的实施、现代性的形成从一开始就存在不同理解和面临不同选择。鸦片战争之后，晚清政府深受军事孱弱之苦，以为西方强盛主要是在"器物"方面，遂下令督办"洋务"，渐次成立福建船政学堂、上海制造局等军备部门，并命李鸿章打造"北洋水师"。然而现代化毕竟不能只等同于几

---

❶ 刘康. 中国现代性的不同选择的再反思 [G] //张一兵，周晓虹，周宪. 社会理论论丛：第二辑. 南京：南京大学出版社，2004：69.

件坚船利炮，"洋务运动"的失败在所难免。之后，正如梁启超于 1922 年撰写的《五十年中国进化概论》中所言，从"甲午战役起到民国六七年间止"的一段时期内，"是从制度上感觉不足"，"所以拿'变法维新'做一面大旗，在社会上开始运动"。可是，"革命成功将近十年，所希望的件件都落空，渐渐有点废然思返，觉得社会文化是整套的，要拿旧心理运用新制度，决计不可能，渐渐要求全人格的觉醒"。因此，"第三期，便是从文化根本上感觉不足"。❶ 梁启超对近代中国社会发展的这种概括，也是对中国早期现代化及现代性的基本脉络的概括。面对西方这一从物质到精神都很强大的"他者"，中国从器物到制度最后达至文化的逐步演变过程，体现的是不成功的模仿和西化。这一时期的"体用之争"也反映了中国思想界对现代性问题的不同见解。"中体西用"所主张的"中学为体，西学为用"，是器物层面上的认知；"西体中用"所主张的"西学为体，中学为用"，是制度层面上的认知。前者保守的倾向浓厚，后者改良的意味浓厚。"体""用"的二元争论无果而终，无论哪一种方案都建构不了中国的现代性。

自从严复的译作《群学肄言》（原作者斯宾塞）、《天演论》（原作者赫胥黎）问世之后，社会进化论思想得到广泛的传播。例如，新文化运动的领袖陈独秀在 1915 年发表的《法兰西与近世文明》中说："近代文明之特征，最足以变古之道，而使人心、社会焕然一新者，厥有三事：一曰人权说，一曰生物进化论，一曰社会主义。"❷ 胡适作为新文化运动的又一战将和现代中国自由主义传统的象征人物，主张通过移植以美国为代表的西方文化，实现中华文明的"再造"。他的观点被批评者指责为"全盘西化论"，而他自己则称之为"充分世界化"。不难看出，在胡适眼中，（以理性或工具理性为主导概念的）西方近代社会是世界的典范，具有普适性，因而也是中国未来的发展方向。❸

（二）中国的"启蒙现代性"

五四运动时期所推出的"德先生"和"赛先生"口号，把民主

---

　　❶❷　转引自陈引弛. 类型与时代：中西文化之别——"多元现代性"视野下的回顾 [J]. 史林，2005（2）.

　　❸　胡希伟. 观念的选择：20 世纪中国哲学与思想透析 [M]. 昆明：云南人民出版社，2002：29 - 60.

（democracy，即"德先生"）和科学（science，即"赛先生"）隆重地推介给广大中国人。文化精英们寄希望于开启民众的理性精神和主体性意识，在政治、经济这两个最重要的领域里发挥民主和科学的力量。新文化运动的精英们与欧洲启蒙运动的倡导者们是一致的，对传统批判的态度、以理性为准绳衡量所有事物的合法性——在这里，西方现代性被当作范本摆在国人面前。因此，五四运动时期的现代性构想是属于"启蒙现代性"的。

中国五千年的文明深远悠长，连绵不绝，历史上不乏外族入侵和内部割据状态，但是以儒家思想为主导的中华文明总是能化险为夷，同化异端思想，由混乱走向秩序，近代以前一直走在世界文明的前列。不同朝代的更替轮回如同四季变换，过去发生的事情凝练为成语，一再指导现在和未来之事。因此，说中国人的历史观是循环的，有充分的理由。但是，近代以来频遭外侮、不能自立的局面迟迟不能扭转。于是，原先只是部分学习西方的态度转变为全面学习，西方的科学技术（重视研究和技术转化）、民族国家观念、政治结构设计（三权分立与制衡）、经济秩序安排（资本主义的市场经济），都是令人渴慕的使国强民富的必要条件。与此同时，中西文化的差异及其性质问题也被提了出来。冯友兰认为，所谓中外、东西文化之别，实为古今、新旧之别，"中国在许多方面，不及西洋，盖中国历史缺一近古时代"。❶ 中国尚处于中古，西方已经进展于现代。他在另一篇文章里又指出，中国文明，原来是农业文明，而"现在世界是工业化的世界。现世界的文明是工业文明。中国民族欲得自由平等，非工业化不可"。❷ 因此可以看出，面对"三千年未有之变局"，中国思想界的认识和反思指向的是"启蒙现代性"。

与上述主流思想不同，梁漱溟认为中西文化有根本的差异。他在《东西文化及其哲学》中强调，文化的核心在于意欲（will）何种"生活的样法"，西方文化意欲向前要求，中国文化意欲调和持中，印度文化则反身向后以求。针对东方落后于西方的论调，他认为中国人另有他的路向和态度，既然不在一个路向上，又谈何赶得上赶不上呢？这一思想表明，由于中国与西方过去是在

---

❶ 冯友兰. 中国哲学史：下卷 [M]. 北京：中华书局，1985。陈引弛. 类型与时代：中西文化之别——"多元现代性"视野下的回顾 [J]. 史林，2005（2）.

❷ 冯友兰. 中国现代民族运动之总动向 [J]. 社会学界，1936（9）.

不同的历史道路上行走，因而今后的现代性建构也不会是一样的。在后来的《中国文化要义》中，梁漱溟从社会结构和宗教结构两个方面，进一步探讨了中国文化相比于西方文化的特殊性。不仅如此，梁漱溟还身体力行，投入以"乡村建设"为核心的社会实践改造中，其思其行，直到今天仍有启示意义。

　　当资本主义现代性的合理性正在被许多人接受之时，来自资本主义内部的反对声音——马克思主义随着俄国十月革命的炮声传入中国，中国现代性又多了一种新的理解和选择。与之前的西化论、建设论、国粹论等各种主张最大的区别在于，马克思主义是唯一强调依靠暴力革命推翻现存秩序，重建新秩序的思想，而其他的学说都是建立在改良的基础上。马克思主义批判资本主义的看似自由实则不自由、看似平等实则不平等的现象，指出资本主义并不是人类美好生活的样板，无产阶级的彻底解放才是人类光明时代的到来。由于它的激进姿态，使得它从一开始就被作为一种危险的思想而受到监控和压制。马克思主义的中国化——毛泽东思想，为陷于困顿、混乱的中国开辟了一种新的现代性前景。

　　概括地看，1840—1949 年的百余年，是中国现代化进程最为缓慢、现代性发育的朦胧时期，也是中国被无情地拖入资本主义世界体系，并打上落后标记的耻辱时期，是日后中国人意图实现"中华民族的伟大复兴"的根源所在。百年间，中国现代化的进程时断时续、中国现代性的探询时左时右，无论如何，都构成今日中国现代性的不可缺少的历史资源。

二、中国现代性的构建

　　在现代性的历史上，民族国家所提供的稳定环境是现代化和现代性赖以进行的必要条件。中国近代史上百余年的困境与外侮内乱、民族丧失独立、不能掌握时局话语权有关，而民族之所以不能独立，乃是内部诸多力量不能充分捍卫民族利益所致。只有民族国家独立，将国民意志集中于一处，才能获得现代性的资格与身份，才能实施现代化建设的方案，进行现代性目标的构想。在不长的历史时期内，中国现代性适逢现代性世界发展的两种形式：以现代化理论为主导的形式和以全球化理论为主导的形式。中国现代性也做出自己的反应，并力图在构建自身主体性的基础上，对现代性的未来有所贡献。

（一） 中国现代性的资格与身份

"中国现代性的建构并不是设定好的规划，而是首先需要争取权利。"❶ 中国并不是基于自身的逻辑而生出现代化的需求，而是西方现代性的强迫使然。西方自近代起积累了数百年的力量发展现代化，当它蓄谋已久、来势汹汹地冲到中国面前，已绝无轻易撤回的可能。中国因此失去从外部获得公平竞争的机会，在内部，也缺乏足够应对和缓冲这场危机的物质及思想资源。封建专制的长期沿袭，重农抑商的产业政策，因循守旧的国家治理，使晚清时期的国力并不强大，卖国苟安更使大量黄金白银直接流失海外，国库空虚；民族资产阶级羽翼未丰，难以独自对抗皇权势力和封建贵族的专制统治，中国传统文化中也缺乏支持个体利益为中心的信念。在这些因素的共同制约下，中国现代性的身份迟迟不能确立。

马克思主义的传入为中国获取现代性资格提供了契机。马克思认为，资本主义是比封建制更为优越的社会制度，它极大地解放了生产力，创造了现代社会丰富的物质财富，但却不是人类的自由王国，资本主义制度下剥削与压迫的加重表明它在政治制度和精神文化方面的不合理性。资本主义必将被更为文明和合理的社会主义、共产主义所取代。"资本主义促成了现代性的历史形成，但现代性本身的拓展和完善却要超越和扬弃资本主义。""现代性也要历史地表达为人类性。"❷ 马克思主义对资本主义现代性的批判态度和革命手段的主张，开出了一条走向更好现代性的新思路，也契合了中国革命需求的脉搏。在中国共产党的领导下，中国社会最广泛的群体——广大中下层的主体性和创造性被调动起来，占人口数量最多的农业人口加入争取民族解放与独立的斗争中。1949 年，中华人民共和国成立，新中国以独立民族国家的姿态宣告了自己的政治合法性，也确立了现代性的资格与身份。

马克思主义在中国的胜利，既是它本身开放精神的一项成果，也是中国近百年现代化探索的最终选择。通过政治革命、社会革命和文化革命，中国人得以摆脱帝国主义、封建主义以及官僚资本主义"三座大山"，实现"民族意识的现代性启蒙"和"个体的群体性启蒙"。

---

❶❷ 邹诗鹏. 马克思主义中国化与中国现代性的建构 [J]. 中国社会科学，2005 (1).

就民族意识而言，近代中国遭受的每一次耻辱都深深打击了国人的民族自尊心，"东亚病夫"的蔑称，更是难以承受之痛，动摇着国人的民族认同。"但在马克思主义中国化的视野内，正如无产阶级只要具有反抗意识并付之于行动，就一定会成为先进的社会主体，处于被压迫的民族，通过阶级的或民族的自觉也会完成向现代民族性的转换。"❶毛泽东在《新民主主义论》中认为中国的新民主主义革命意义重大，就是在民族自觉和人类使命建构的意义上说的。

个体的群体性启蒙，指的是将个人价值与群体价值有机地结合起来，纳入一个具有人格性的共同体——先进的政党内，个人不再是以前的笼统的群体中无差别的散漫个人，例如，有钱人，下层百姓，而是积极参与集体性事业并成为集体反思自我的战士——成为一名共产党员，并通过民主集中制决定党的政策。这样，成为特定群体中的个人，自觉为群体的目标而奋斗，同时群体也对个人负有责任的观念形成。于是，中国传统文化中被漠视的个人价值得到体现，但又不同于西方文化中纯粹的个人主义，因此，可称为"个体的群体性启蒙"。经过初步启蒙的中华民族，将在一个新的起点上构想并实践中国现代性。

（二）中国现代性的目标构想

新中国在一穷二白的基础上开始社会主义的建设。1953 年，发展国民经济的第一个五年计划实施，中国第一次开始以国家计划的方式进行现代化建设。1956 年，对生产资料的公有制改造基本完成，社会主义制度初步建立。1957 年年底，第一个五年计划超额完成，新中国建立了能够支撑一个民族国家独立自主发展的重要基础——独立的、比较完整的工业体系和国民经济体系。但是，理想与现实之间的巨大差距，使中国现代性的目标构想经历了几个不同的阶段。

1. 共产主义构想

从新中国成立后至改革开放前的一段时期，中国现代性的目标主要是共产主义构想，采取的路线基本上是革命时期激进路线的继续，即通过广泛宣传和

❶ 邹诗鹏. 马克思主义中国化与中国现代性的建构［J］. 中国社会科学，2005（1）.

社会动员，使全体社会成员以极高的革命主体性投入现代化建设中，同时在文化上继续进行革命，从内部保证社会主义的纯粹性。

1958 年制定的社会主义总路线是："鼓足干劲，力争上游，多快好省地建设社会主义。"紧接着，"大跃进"运动和人民公社化运动在全国范围内开展起来。在"人定胜天"的思维指导下，人的主体性力量被过分突出，而当现实顽固地维持原样时，人便遭到了打击。片面地追求工农业生产和建设的高速度，违背客观经济规律，无视农业生产的基本常识，只强调均等不注重效率，结果使国家和人民遭受了极大的经济损失。1966 年发动、持续十年之久的"文化大革命"，更是一场浩劫，国家政权、民主与法制、工农业生产、教育事业都受到严重影响。有研究者指出，"文革充分暴露了中国现代化不同选择道路上的知识精英跟革命政权的矛盾，以及都市文化和农村文化的矛盾和悖论"。❶ 1949 年后逐渐形成的权力精英和知识精英在"文化大革命"中受到最大的冲击，造成一大堆冤、假、错案，这也是"文化大革命"之后党的领导人首先要纠正的错误。

1949—1978 年的中国，并不只是一副狂热和混乱的图景，也可以"集中力量办大事情"。例如，1964 年和 1967 年，第一颗原子弹和氢弹相继爆炸成功，中国掌握了核技术，大大提高了国际地位。1970 年，中国自己的人造地球卫星"东方红"号发射成功，使中国在空间技术领域跻身世界先进国家行列。"两弹一星"的成就充分展示了中国人不同凡响的民族国家认同、自力更生、大力协同等精神和社会主义现代性的合法性。

尽管在冷战氛围中长期遭到美国的四面遏制和围困，中国依靠自己的发展战略，仍然在向现代化目标顽强迈进，创造了当时世界上最高的经济增长率。❷ 实事求是地看，新中国成立后的第一个 30 年（1949—1978 年）与第二

---

❶ 刘康. 中国现代性的不同选择的再反思［G］//张一兵，周晓虹，周宪. 社会理论论丛：第二辑. 南京：南京大学出版社，2004：73.

❷ 根据美国历史学家莫里斯·迈斯纳的研究，毛泽东时期虽然不鼓励中国老百姓的日常生活消费，但并不意味着经济发展缓慢。实际上，"毛泽东时期的工业总产值增长 38 倍，重工业总产值增长 90 倍。从 1950 年到 1977 年工业总产量以年平均 13.5% 的速度增长，这是全世界所有发展中国家和主要发达国家在同一时期取得的最高增长率"。MAURICE MEISNER. Mao's China and after：a history of the People's Republic［M］. New York：Free Press，1999：502. 参见刘康. 中国现代性的不同选择的再反思［G］//张一兵，周晓虹，周宪. 社会理论论丛：第二辑. 南京：南京大学出版社，2004：71.

个 30 年（1979—2008 年）的关系是："前 30 年为后 30 年打下了基础，又为后 30 年留下了问题。"● 既不能用后者否定前者，也不能用前者否定后者。前 30 年取得的伟大的基础性成就，是后 30 年赖以发展的宝贵资源；前 30 年存在和积累的问题，是后 30 年必须面对和处理的痼疾。

2. 社会主义初级阶段构想

中国现代性身份的获得已是异常艰难，现代性的展开、现代性目标的实现更不会指日可待。相反，中国现代性物质基础的极端薄弱与现代性目标的极其宏大之间的巨大差距，是不能仅靠政治手段弥合的。新中国成立后 30 年的实践充分表明，共产主义的最高理想必须经过一系列逐渐递进的环节才能接近。

1978 年，党的十一届三中全会确定了以经济建设为中心，实行改革开放的战略决策。从以革命为核心的现代性话语系统转向以建设为核心的现代性话语系统，并形成社会主义初级阶段的基本论断和基本路线，明确今后百余年的主要任务。

以经济建设为中心的话语，是针对当时中国经济社会的不发达状况而言的。与世界发达国家之间越来越大的差距，也促使中国把发展经济作为现代性构建的核心。从农村开始的改革调动了亿万劳动者的主体性和创造性，在沿海设立经济特区，打开中国对外开放的窗口，中国现代化建设进入一个新的发展时期。受到经济社会发展水平和现代性认识的制约，实现"四个现代化"，即工业、农业、科技、国防的现代化，被认为是中国现代性最主要的体现。"发展是硬道理"所强调的是经济领域，"四个现代化"的核心也在经济领域，"三步走"的经济发展战略——第一步，温饱；第二步，小康；第三步，达到中等发达国家的水平——同样是用经济发展水平衡量国力。这种以经济发展为主要标准的话语体系，没有明确政治、社会、文化等其他领域的现代性目标，一定程度上产生了对现代化建设的负面影响。

从 1978 年开始的社会主义初级阶段构想与实践，差不多有 20 年的时间是沿着初级发展的路径前进的，即中国现代性发展在多个方面显示出初级性。可以概括为：第一，初级的发展目标——脱贫和小康。改革开放初期，国家和人

● 郑杭生. 社会学视野下的"中国经验"［N］. 光明日报，2009 - 12 - 03.

民生活中最大的问题是贫穷，"贫穷不是社会主义"是对社会主义基本性质的认识，是与中国的不发达状态联系在一起的。脱贫致富奔小康，解决的是物质社会的需求，也是社会主义的基本条件，因而具有初级性。第二，初级的发展手段——用经济的办法解决经济的和非经济的问题。过于强调 GDP（国内生产总值）指标的重要性，造成经济与社会发展的不平衡，因而也具有初级性。第三，初级的发展资源——土地、廉价劳动力、自然资源和生态环境。城市化和现代化占用了大量良田，缺乏保障和健康关怀的廉价劳动力提供了世界性的"中国制造"，矿产资源的过度开采和使用，造成一些资源枯竭型的城市，工业生产的无度排放使空气污染、水污染现象严重，生态环境遭受破坏。如此种种，使未来的发展蒙上阴影。第四，社会主要部门之间关系的初级性。改革中，社会三大部门——政府组织、市场组织和社会组织的配合不够协调，突出体现为政府和市场组织的强势存在与社会组织的弱势存在，影响了社会的健康发展。由以上四种初级性可知：第五，发展结果的初级性。从总体上看，国家取得了很大的发展，但是也造成了许多与预定目标相反的实际结果，如腐败、社会不公平，这种"类发展困境"无疑也是初级的。❶

3. 初级阶段构想的科学重建

20 世纪 90 年代后期以来，改革开放进一步深入，中国社会结构的转型进入了关键时期。经济社会生活和社会阶层结构发生了巨大的变化，社会日益分化为若干以利益群体为主要载体的社会阶层，不同利益诉求与情感需求之间的冲突频繁。现代化建设的快速发展使现代性问题凸显出来，越来越多的人开始关注现代性，人们对社会和自身的反思也日渐增强。中国现代性的目标构想，相应地做出调整，从经济发展为主转变为统筹兼顾的科学发展。

进入 21 世纪以来，中国的崛起已经是世界不争的事实，中国所取得的成就被研究者和观察家们称为"中国经验"；在国际上，不仅是经济大国的形

---

❶ 郑杭生教授认为，改革开放 30 年来所形成的"中国经验"，实际上显示出一条从初级发展到科学发展的轨迹。其中，前 20 年的发展具有明显的初步性。参见郑杭生. 社会学视野下的"中国经验"[N]. 光明日报，2009 - 12 - 03.

象，是"金砖四国"❶ 成员之一，而且勇于承担的、负责任的大国形象也树立起来。中国正在形成基于自身的社会传统，同时又具有典范意义的现代化道路和现代性思维。

在社会主义初级阶段的后期，中国现代性的目标被概括为：构建民主法治、公平正义、诚信友爱、充满活力、安定有序、人与自然和谐相处的社会主义和谐社会。在这一目标中，GDP 以外的因素进入了国家发展战略，与人民日常生活关系密切的民生问题成为社会建设的重点，尊重生命、体现大爱的公平正义是社会建设的目标，在社会主义的本质问题上，中国现代性的理解从否定性的陈述"贫穷不是社会主义"，进展到肯定性的表达"社会主义的本质是社会和谐"。国家、社会和个人之间的关系，在新的构想中得到了重建：国家（政府）的定位是"立党为公，执政为民"，个人的定位是"自我完善，个性发展"，社会的定位是"维护个人的独立，促进共同体的和谐"。由于前 20 年乃至于前 50 年积累的社会问题，在当前时期有集中爆发的现象，会使和谐社会的具体落实出现层次性和阶段性，国家、社会、个人的相互关系仍将呈现出复杂性。

中国基于自身文化、历史、国情的因素，不断因时因势调整具体策略，在向现代型社会的快速转变中维护了社会稳定，争取到现代化建设的和平环境，走出了具有自身特色的现代化道路，在世界竞争和对话中努力构建中国标记的现代性。

（三）中国现代性与西方现代性的关系

关于中国现代性及其与西方现代性的关系问题，可以说是一个存在无穷见解、无穷答案的问题。因为现代性问题本身就是一个"问题丛"，它"标志着现时代政治、经济和文化的方方面面及其总体性，现时代种种问题的症结，从科学技术到文学艺术，从国家形态到市民社会，从传媒到生态，从主流话语到

---

❶ "金砖四国"是指，将巴西、俄罗斯、印度、中国四个世界新兴经济体的国名首字母的拼写 B－R－I－C 合在一起，读音恰好与 brick（砖头）相同，而四国在世界经济舞台上的重要性日渐增强，故称为"金砖四国"。2001 年，美国高盛公司首席经济师吉姆·奥尼尔首次提出"金砖四国"这一概念，特指世界新兴市场。2010 年南非作为新兴经济体加入后，其英文单词变为"BRICS"，并改称为"金砖国家"。从 2009 年开始，金砖国家每年举行一次会晤，讨论和维护全球新兴经济体的合作机制。

少数话语，都可借现代性问题予以提纲挈领地把握"。❶ 有关中国现代性问题，同样存在多学科、跨学科的研究与思考，主张不同，观点各异，难以进行系统而全面的概括。

大致看来，主要的倾向有三种：一种是倾向于强调西方现代性的普适性，关注制度、组织意义上的中国现代性，认为具有世界性意义的现代性尚处于"未完成"状态，中国需要进行再启蒙，以便达成真正的现代性。具有这种倾向的多半是自由主义或新自由主义者，其思想假设是以西方现代性的标准为标准衡量一切文化与文明中的现代性。

另一种倾向是强调中国现代性的特殊意涵，关注历史、文化意义上的中国现代性。例如，汪晖称中国现代性为"反现代性的现代性"。汪晖将中国现代性置于全球化的共时性语境和跨世纪的历时性语境中，认为现代性本身是包括各种方案及其实施的现代生活过程，中国现代性是一种"在寻求现代性的过程中展开对现代性的批判性反思"，因而具有"反现代性的现代性"特质。在全球化语境中，秩序与失序、专制与民主是互相映照的；在跨世纪的语境中，20 世纪的问题关联着 19 世纪，21 世纪的问题关联着 20 世纪，换句话说，只有反思过去才能认识当今。❷

从社会学角度考察现代性，并立足于当代中国的发展去看待中国社会学的性质与意义的倾向认为，中国现代性与西方现代性之间的关系是"新型现代性"与"旧式现代性"的关系。所谓"旧式现代性"是指"建立在自然和社会的双重代价基础之上的现代性"。❸ 这种现代性秉承盎格鲁—萨克森的文化价值，以征服和主宰自然作为实现人类自由的前提，造成人和社会与自然的对立，个人与社会的对立。在人赢得了对自然的控制权后，人的自由却变得更加不可思议了。"新型现代性"是指"以人为本，人和自然双盛、人和社会双赢，两者关系协调和谐，并把自然代价和社会代价减少到最低限度的现代

---

❶ 周宪. 现代化研究：主持人絮语 [J]. 南京大学学报，1999（3）.

❷ 周志强，肖寒. 中国现代性的历史反思——汪晖访谈录 [J]. 中国图书评论，2007（3）.

❸ 郑杭生，杨敏. 社会互构论的提出——对社会学学术传统的审视和快速转型期经验现实的反思 [J]. 中国人民大学学报，2003（4）；郑杭生. 本土特质与世界眼光 [M]. 北京：北京大学出版社，2006：288.

性"。❶ 这种现代性立意于扬弃西方"旧式现代性"，发挥自有传统的特色和优势，使科学技术的现代性服务于人类解放的现代性。"新型现代性"并不是已经完成的现代性，而是中国在建设自身特色的现代化过程中，于新型工业化、全面小康、和谐社会等概念、思想和实践中显露出的理念趋势。它的意义在于从深层理念上规约、引导现实，成为社会各个层次的共识。

中国现代性与西方现代性之间存在"同"与"不同"。"同"之处主要有：在形式的表现上相同或同大于异。比如，政治运作的民主政治形式、经济运行的市场行为方式、组织与制度的科层制形式等。除了形式上的同之外，两者在精神追求上也存在契合的部分。理性、主体性、世俗化、现代化等概念和原则是现代性的普遍追求。尤其在利益牵扯的当代语境下，共识与合作的重要性超过分歧与对立，对话变得可行而有效。

中国现代性与西方现代性之间的"不同"之处，突出表现在起点与路径上的不同。西方兴起时，全世界都是资本的处女地，所有国内现代化的问题都可以借助外部得到解决（人力、资源、原材料、商品的消费者），以本土为现代性的核心，向外分摊压力、攫取资源的做法，是西方崛起的重要机制。中国的起点却是失去民族国家主权独立的时候，即使在后来取得了国家独立，也只能在西方制定的不公平规则下求发展。中国现代性的路径是在农业社会的基础上发展工业，为了快速完成工业积累，只能通过先牺牲农业来达到，今天中国的"三农"问题就是历史累积的结果。

第二节　中国现代性中集体认同的建构

中国现代性及其建构问题，既外在地表现在现代化、城市化、物质化方面，也相应地表现在社会心理、思想意识、文化思维、话语表达等内在的方面。"认同问题是一个现代性的问题"之论断，同样适用于中国现代性。各种范围和程度的集体认同，在当代中国的舞台上生成、变化，其密集性、复杂性和多样性甚至要超过西方现代性，因为在当下中国的视野中，前现代的、现代

---

❶ 郑杭生. 新型现代性及其在中国的前景［J］. 学术月刊，2006（2）.

的、后现代的因素一应俱全，认同问题成为理解中国现代性的焦点。

一、共有认同的削弱

就传统中国社会而言，文化认同、国家认同和个人认同长期处于稳定状态中，封建宗法制度和儒学思想文化始终一脉相传，在周而复始的朝代更替中即使有所变化，也是大同小异。"六朝古都"南京，明清帝都北京，纵然有再多的推翻与占领，仍旧是皇权之都。宋代之终结唐代、明代之终结元代、清代之终结明代，只是意味着一轮轮新循环的开始，从皇帝的年号、谥号上就可以发现它们之间惊人的一致性，例如，"开元""乾宁""乾兴""崇宁""泰定""乾隆"等不同朝代的年号，都含有相似的文化期盼。草民、臣民与皇帝构成中国传统认同的两极。文化认同指导着国家（朝代）认同，并成为跨朝代的因素而与个人认同保持联系，个人除了在改朝换代之际能够获得改变自己认同的终极方向之外，其他时间里，他及他们都处在某种稳定的秩序中。

近代中国首先遭遇的是国家认同或民族认同的危机，清政府不能维持独立的国家意志，保护臣民的安全和社会稳定，农民起义组织"义和团"提出"扶清灭洋"的口号，明确表达了国人对于国家认同的渴望。当清政府节节败退，最终离开历史舞台，民国政府也不能建立强有力的国家认同时，文化认同的危机终不可免，新文化运动提出的"民主"与"科学"的口号，则把矛头指向了封建的传统文化及其制度的合法性。文化认同、民族国家认同作为人们社会生活与日常生活的基本背景，为生活于其中的人们提供普遍而基础的意义根据，是人们建构各种具体层次集体或群体认同的环境。民族国家认同与文化认同的危机，动摇了个人认同的根基，"我们是谁"的问题是"我是谁"的组成部分，是人的自我定义中的社会成分。当个人认同失去稳定的集体认同支撑时，人们难免陷入彷徨、焦虑的无意义状态，使生存质量大为下降，人际关系和社会关系中的潜在危害就会越来越明显。

新中国所确立的民族国家认同，以及以马克思主义为指导对中国文化的再造，在新中国成立后成为个人认同的新的依托。严格地说，计划经济时代中国人的认同中缺乏个人的自主性意识，个人的独特性（甚至包括性别）大部分被消融于集体性的事业中，社会主义的生产建设具有革命的性质，个人因此还保留着战士的余风。中国现代性以一种独特的方式，一方面采取了西方现代性的表现形式——与西方类似的政治、经济、社会各部门的构建与运作；另一方面又契合了中国传统文化的精神——个人服从祖国的需要与传统文化中轻个人、重家国的思想具有一致性。改革开放以前，中国社会是一个总体性社会，国家政权垄断所有经济资源和其他资源，对社会生产生活领域实行全面控制。"国家通过意识形态话语和相应的舆论宣传制度与机构强制实现社会认同……政治、社会、生活联动的社会生活模式也使得人们具有高度的同质性。"❶在这种空前同质化的时代，个性式微，个人成为"标准化的个人"。

改革开放打开"单位社会"的缺口，为个人的多样化和社会的多样化提供了机遇。在农村，家庭联产承包责任制的实行，使农民从人民公社制下解放出来，获得了自主决定农务和经济活动的权利；在城市，自谋职业，多种经济形式获得合法性认可，城市个体经济和集体经济获得较快发展。经济特区的推出，户籍制度的松动，都大大解放了社会生产力，为多样化认同奠定了客观基础。关于真理标准的大讨论也拉开了思想解放的序幕，1979—1984 年，全国兴起了一股强劲的读书热潮，人的个性、自主性问题在"读书无禁区"的呼吁下得到了关注和反思。社会的开放化，为人们通过各种体制外的资源构建自我认同提供了机会。

20 世纪 90 年代以后，中国逐步确立了社会主义市场经济体制，计划经济退出历史舞台，中国进入了经济社会生活迅速发展和社会分化加快的时期。"下海"经商潮催生了一批新富阶层，国有企业改革也使一批"4050"人员（指在企业改制和裁员中失业的四五十岁左右的中年人）处于下岗失业的境地。进入城市产业体系，扮演新产业工人角色的"农民工"，是一个游移在农村与城市之间求发展的新阶层。中国社会阶层结构的重新构造，内在地表现为各种集体认同的重构过程。而众多集体认同的建构与重构，发生在市场机制快速扩张和市场逻辑普遍化、社会再分配体制弱化的时代场景下，带来不同认同之间的相互冲突，引发社会矛盾或群体性事件，造成社会生活领域的诸多"失谐"现象。

进入 21 世纪以来，中国卷入经济全球化的程度前所未有地增加，大众消

---

❶ 李友梅，等. 中国社会生活的变迁［M］. 北京：中国大百科全书出版社，2008：86.

费时代、消费社会兴起，"消费"（以及消费服务）取代了"生产"（或制造）成为社会生活和文化生活的中心。一掷千金的炫富性消费、耐用品消费、温饱型消费并存，社会生活市场化所积累起来的分化力量，严重冲击了社会成员对社会公正、公民道德规范以及社会主义初级阶段共同理想的社会认同。归结起来，认同的削弱，共有意义的失落与褪色，一方面是现代社会世界普遍存在的问题；另一方面，体现了中国现代性的特殊轨迹，是社会各阶层间的福利渗透体系失衡、社会组织结构日趋复杂化和话语意义系统趋于多元化的结果。

二、集体认同建构的多样化

中国现代性的进展伴随社会认同的削弱与迷失。在新旧社会结构转型、利益群体角逐、社会规范失灵的特定历史时期，认同问题作为最为突出的议题，进入生活实践和理论思考的视阈。文化传统、地域环境、社会结构、社会关系、产业结构，甚至虚拟的和想象的关系，都是集体认同的塑型因素。"认同的建构所运用的材料来自历史、地理、生物、生产与再生产制度、集体记忆及个人的幻想、权力机器及宗教启示等。但是个人、社会群体及社会，根据源于其社会结构及其时间/空间架构所产生的社会意志及文化计划，处理了这些材料，并重新安排了它们的意义。"❶ 一切既定的认同都有待得到确认、修改或者否定，用偏爱或偏见的方式表现出来。

集体认同的建构关联着自我及其所归属的群体或范畴——如文化、兴趣爱好、某种心境等，而群体或范畴之于现实世界的重要性是不一样的，其所能反映现代性内在品格的代表性也不一样。只有那些具有鲜明的时代性，并引起社会广泛关注、产生较大影响或预示未来方向的集体认同的建构，才是认同研究的重中之重。就我们此处对于中国现代性的内在性质揭示而言，以农民工和其他社会边缘群体的身份认同问题、新兴行业从业者的认同问题以及因社会角色和社会关系重新定位而引起的认同问题，是我们最感兴趣的话题。

农民工和其他社会边缘群体的认同问题，是中国现代性的最大问题。这种

❶ 曼纽尔·卡斯特. 认同的力量 [M]. 夏铸九，黄丽玲，等 译. 北京：社会科学文献出版社，2003：4.

认识的理由主要是：中国经济的崛起依赖于农民工构成的产业大军"中国制造"带来世界影响；中国社会转型的主要力量和问题是农民工，农民工作为庞大的后备军在第二、第三产业中推动经济的发展，农民工作为在传统与现代之间游走的群体，处在体制改革的关键位置。农民工阶层人数众多，构成复杂。从数量上看，2亿多人口似乎不是最多的，但是如果从城市化目标需要农村转移的剩余劳动力来看，数字显然是呈上升趋势的。从构成上看，制造业与服务业对于从业人员的要求有较大的区别，第一代农民工与第二代农民工在年龄结构、知识层次、生活意愿等方面存在明显的差异。许多针对农民工的研究指出，农民工群体虽然数量大、重要性强，但仍处于社会边缘位置。在农村，农民工的"不在场"影响他们参与家乡建设、发挥参政议政的主体性；在城市，农民工的"在场"却是"失语"的状态，城市社会政策在居住、交通、工作、医疗、教育的各个方面缺乏或没有维护好农民工的合法权益。无论是在农村还是城市，农民工的"国民待遇"尚未充分实现。农民工阶层的认同建构，实际上反映了中国现代性推进中遭遇的社会体制的惯性，以及不同认同之间关系的复杂性。

其他边缘群体的数量或许不如农民工群体的大，但是在突出社会公正问题、制度合法性问题等方面，具有代表意义。例如，城市下岗未再就业群体、市郊失地农民群体、农村留守儿童群体等边缘群体，它们的共同点是被抛离了现代制度关怀的轨道，失去传统社会关系渠道的支援，唯一可以依靠的，只有缺乏社会归属的自我。边缘群体的认同危机也折射出民间组织的弱小。

新兴行业从业者的认同建构，揭示的是现代性的前景。职业经理人、自由职业者、专业调查员、电子业务生产商、网络事务经营者等，他们所从事的职业，已经大大超出了我们传统观念中的职业范畴。对他们来说，职业不仅是谋取生活的手段，还需要得到自我与他者的共同认可。职业的形式与工作方式可以与传统的职业有所不同，但是职业的社会价值即职业的正当性是需要加以确认的。

由于社会结构变动而导致的社会角色与社会关系的重新定位，引起社会角色的根本性转变，以及因社会关系重构而获得的新身份，也牵涉到集体认同的建构。例如，随着现代性的反思性增强，以人为本的社会管理理念成为共识，政府职能发生转变，由以管理为主到以服务为主。"官民"思维的翻转，需要得到政府从业者的自我认定和社会大众的他者认可。社会关系的重构反映在家庭中，就是老年人的身份变化。在传统社会关系中德高望重、具有权威或威权的老年人，其权力不仅因子女流动而架空，而且多数成为空巢老人，中国老龄化社会的到来使这一群体迅速壮大。这些老年人如何接受昔日威权的消失、非子女的社会关怀、在人生之暮年重新建立存在的意义，绝不是轻易可以完成的。

三、集体认同建构的引导

经济全球化时代，中国现代性的成长面临着挑战与机遇。在机遇的方面，中国经济体的崛起赢得了世界的重视，中国在国际事务中的声音渐强，越来越多的国家和人民与中国保持友好关系，中国对世界经济和世界和平的贡献受到肯定，于全球经济持续低迷的时期获得难得的历史发展机遇。在挑战的方面，中国现代性与其他现代性的相遇，不同的现代性规划方案和目标引发的意见分歧与利益冲突，构成对中国现代性的考验。中国对转型期国家身份的自我认定与国际社会的他者认可之间，存在不同程度的分歧，善意的和敌意的、客观的和主观的态度都有。"无论如何，中国是一个正在向着发达国家迅速成长的发展中国家，是一个正在向着世界性大国转变并已接近世界性大国的国家，是一个正在向着市场化迅速转变的已相当市场化的国家，是一个国际化程度很高的现有国际秩序的积极参与者和合作者。"[1] 除了外部的认同问题，中国社会内部的政治认同、文化认同、社会认同也是亟待解决的问题。进行社会建设，建设社会主义和谐社会，是解决中国社会认同问题、彰显中国现代性的有效举措。

"在一个市场经济的陌生人世界里，构筑人际关系和谐的、互助合作的新的社会共同体，这是时代提出的新课题……"[2] "在一个价值观开放多元的时代，构建社会认同度高、归属感强的社会共同性……"[3] 这样的社会共同体和

---

[1] 蔚彬. 转型期中国国家身份认同的困境 [J]. 现代国际关系，2007 (7).
[2] 郑杭生. 社会学视野下的"中国经验" [N]. 光明日报，2009 – 12 – 03.
[3] 郑杭生. 论社会建设与"软实力"的培育——一种"大传统"和"小传统"的社会学视野 [J]. 社会科学战线，2008 (10).

社会共同性，就是社会建设的目标。社会共同体的构筑，与以物质利益为主的有形之"硬"的社会资源的合理配置、培育有关；社会共同性的构建，与以文化力量为主的无形之"软"的社会资源的合理培育、增强有关。其中，"软"的社会资源是构成一国"软实力"❶的主要来源，与"硬实力"需要通过经济、军事等外在力量显示出来不同，"软实力"的增强取决于人们内在的对文化价值共同性的认同，以及在此认同基础上积蓄的巨大潜力。

当代中国集体认同在多向度、多领域的不断建构，是社会转型期不同力量角逐相较的结果，也是居于不同共同体中的人们建构努力的反映。以阶层、职业、族群、宗教等各种元素为核心的集体认同林林总总，以互相区隔的方式存在于社会里，把处于不同境遇之中的人们的自主性调动起来，形成各种利益共同体和利益共同性。然而对于一个健康和谐的社会来说，光有利益共同体和利益共同性是不够的。把社会成员内在地联系在一起的，是意义共同性。

"意义共同性或价值共同性，是社会成员、社会群体或社会阶层对自己在社会中所获利益、所处地位，自我赋予相似或相同的认知。"❷ 利益共同性是意义共同性的基础，但并不必然产生意义共同性。意义共同性是协调认同冲突、引导不同层次和领域的认同相互共处的精神纽带。意义共同性也是一种认同，是共同的社会认同，是以社会核心价值体系为主要内容的社会认同。❸

中国社会正值转型加速期，社会结构分化、制度变迁的加速和利益关系的重组，造成社会生活领域的自主性增强，认同分化与冲突问题显露，社会主义价值观受到一定程度的冲击，亟须重建某种能够使全体社会成员共享的基础性社会认同，以有效地实现社会整合，而又不必否定多元化的利益诉求、思想观念和生活方式。

---

❶　"软实力"是相对于"硬实力"而言的。经济、军事被看作硬实力的代表，软实力主要包括国民的文化、教育、心理和身体素质，国家的科技水平，民族文化的优越性和先进性，国家的人才资源和战略人才的储备情况，政府的凝聚力，社会团结和稳定的程度，经济和社会发展的可持续性等。"软实力论"者认为，实力处于转移之中，"软实力"日益成为衡量一个国家国际地位和国际影响力的重要指标。参见门洪华. 中国：软实力方略 [M]. 杭州：浙江人民出版社，2007：4 - 7.

❷　郑杭生. 社会学视野下的"中国经验" [N]. 光明日报，2009 - 12 - 03.

❸　这里所指的是狭义的社会认同，与民族认同、文化认同等并列。广义的社会认同与集体认同或群体认同等义，是相对于个人认同或自我认同而言的。目前学术界关于各种认同的提法并不统一，本书基于个人的理解和社会学界对社会认同的一般认识，为避免混淆，以集体认同代替广义的社会认同，在特指的情况下使用狭义的社会认同概念。

　　2006 年，党的十六届六中全会首次提出"社会主义核心价值体系"，并于《中共中央关于构建社会主义和谐社会若干重大问题的决定》中明确指出："马克思主义指导思想，中国特色社会主义共同理想，以爱国主义为核心的民族精神和以改革创新为核心的时代精神，社会主义荣辱观，构成社会主义核心价值体系的基本内容。"社会主义核心价值体系的内容是我们时代的"伟大传统"，是一种事实性的行动原则体系，涵盖了从终极关怀到日常实践的认同引导。具体地说，"马克思主义指导思想"，内含了对终极实在以及终极关怀的深沉思考、深度探讨和深入研究；"中国特色社会主义共同理想"，即"建设富强、民主、文明、和谐的社会主义现代化国家"，这是对社会的共享性价值取向的概括；"以爱国主义为核心的民族精神和以改革创新为核心的时代精神"，是制度层面的基本导向，前者注重历史形成的诸如自强不息、勤劳勇敢、爱好和平、团结统一等传统优秀品质，后者注重新的历史条件下生出的市场意识、竞争意识、民主法治意识、开放意识和开拓创新精神等时代思维；"社会主义荣辱观"，涉及的是日常实践层面的道德规范，是最为基本的公民道德和伦理行为准则。❶

　　2012 年，党的十八大报告提出建设社会主义文化强国，指出"文化是民族的血脉，是人民的精神家园"。通过社会主义文化建设，"提高国家文化软实力，发挥文化引领风尚、教育人民、服务社会、推动发展的作用"。同时提出加强社会主义核心价值体系建设，"用社会主义核心价值体系引领社会思潮、凝聚社会共识"，并将这种共识具体化为"倡导富强、民主、文明、和谐，倡导自由、平等、公正、法治，倡导爱国、敬业、诚信、友善，积极培育社会主义核心价值观"。❷

　　2013 年 12 月，中共中央办公厅印发《关于培育和践行社会主义核心价值观的意见》，把社会主义核心价值观的培育和践行，上升到实现民族复兴的战略高度，对党的十八大报告中"社会主义核心价值观"的具体内容做了规范

　　❶ 郑杭生. 论社会建设与"软实力"的培育——一种"大传统"和"小传统"的社会学视野 [J]. 社会科学战线，2008 (10).
　　❷ 胡锦涛. 坚定不移沿着中国特色社会主义道路前进　为全面建成小康社会而奋斗——在中国共产党第十八次全国代表大会上的报告 [EB/OL]. [2012 - 11 - 8]. http：//news. china. com. cn/politics/2012 - 11/20/content_27165856. htm.

性解读："富强、民主、文明、和谐是国家层面的价值目标，自由、平等、公正、法治是社会层面的价值取向，爱国、敬业、诚信、友善是公民个人层面的价值准则。"❶ 这种官方释义首先是对社会主义核心价值观内容的明确，厘定社会认同多元化时代的认同混乱，把国家、社会和个人"可以为之""应当为之"的认同期许与规范确立起来、统一起来。其次，上述 24 字内容也是在新的历史时期，"面对世界范围思想文化交流交融交锋形势下价值观较量的新态势，面对改革开放和发展社会主义市场经济条件下思想意识多元多样多变的新特点"，而做出的回应。其中既有为现代世界普遍赞成的民主、文明、自由、平等、法治等价值追求，也有中国文化特别注重的和谐、公正、友善等价值原则，较为全面地构建了社会转型加速时期集体认同的立体框架。

2017 年，党的十九大报告指出，中国特色社会主义进入新时代。从国内看，我国社会生产力水平显著提升，总体上实现小康，社会主要矛盾发生了历史性变化，"已经转化为人民日益增长的美好生活需要和不平衡不充分的发展之间的矛盾"。从国际上看，世界局势正在发生深刻复杂变化，世界经济重心从大西洋向太平洋迁移、政治格局中大国博弈加剧、新一轮科技革命和产业变革后果不明、全球化进程和全球治理面临责权不对称。❷ "世界处于百年未有之大变局"，❸ 我国发展的战略机遇和挑战并存。在这样的关键历史节点，党的十九大报告将社会主义核心价值体系作为"新时代坚持和发展中国特色社会主义的基本方略"之一，并提出"文化自信"。"文化自信是一个国家、一个民族发展中更基本、更深沉、更持久的力量。"以社会主义核心价值观为主导的社会主义先进文化，是新的历史时代对意义共同性的建构，"不忘本来、吸收外来、面向未来，更好构筑中国精神、中国价值、中国力量，为人民提供

❶　中共中央办公厅. 关于培育和践行社会主义核心价值观的意见 ［EB/OL］.［2013 - 12 - 23］. http：//cpc. people. com. cn/n/2013/1223/c64387 -23924110. html.
❷　刘建飞. 把脉百年未有之大变局 ［J］. 瞭望，2019 (9).
❸　服务民族复兴、促进人类进步——习近平总书记在中央外事工作会议上的重要讲话引起热烈反响 ［EB/OL］.［2018 - 06 - 24］. http：//www. xinhuanet. com/politics/leaders/2018 - 06/24/c_1123026158. htm.

精神指引"。❶

2019 年，党的十九届四中全会通过了《中共中央关于坚持和完善中国特色社会主义制度 推进国家治理体系和治理能力现代化若干重大问题的决定》，把社会主义先进文化作为"国家治理体系和治理能力现代化的深厚支撑"，表明"中国精神、中国价值、中国力量"在中国现代性的成长、成熟中具有关键的作用，是改革开放进一步推进，中国走向更高水平、更高质量发展的凝合剂，也是确保社会有序分化、维系社会整合的精神力。

可见，以"社会主义核心价值体系"的基本内容构建的社会认同，能够承担和统摄当前社会对意义共同性的需求，形成集体认同建构的引导力量。而怎样使社会认同的规约为诸多形貌各异的集体认同所认可，则是一件需要在中国现代性未来成长中才能确定的事情。"我们以何种方式走向未来——一致还是分异，整合还是分裂，和谐还是断裂？"如果个人注定不能离开他人和社会，那么，社会认同就不仅是规范、选择或其他，而是我们共有的责任。

---

❶ 习近平. 决胜全面建成小康社会 夺取新时代中国特色社会主义伟大胜利——在中国共产党第十九次全国代表大会上的报告 [EB/OL]. [2017 - 10 - 27]. http://cpc. people. com. cn/GB/n1/2017/1028/c64094 - 29613660. html.

结　论

　　现代性是我们时代的基本特征。多元现代性以及中国现代性问题是社会科学界和人文学科领域普遍关注的话题。我们通过对现代性的观察、追问、诘难和想象，反思自己所在的这个世界，试图用一个名称或一种话语给这个世界定性，不管称它为现代性、后现代性，还是其他。认同问题是我们时代的又一发现和创造。与现代性不同，认同是对统一性的分解，是在统一性的环境里制造隔离、偏见，甚至冲突。然而，吊诡的是，现代性与认同却有秘密的牵手，而且，正在被越来越多的目击证人昭之于众。本书基于建构主义和社会互构论的立场，从社会学的视野辨认现代性和认同的建构特征，寻找二者之间互为映衬的节点，并试图从集体认同的典型建构中获得对二者关系的新认识。本书得出以下基本结论。

一、认同是现代性建构的内在尺度

　　本书认为，现有现代性研究的众多文献为我们提供了认识现代性的多种学科角度和研究路径，建立了关于现代性的特征概括、形成机制、后果影响、发展趋势等比较系统的社会理论，取得了丰硕的成果。但是，由于现代性自身特性——成长性——的缘故，即使是一些研究现代性问题的经典作品，也会逐渐暴露视角或方法等方面的缺憾。现代性研究中一个突出的问题是，在二元思维模式的支配下，将现代性社会中个人与社会的关系对立化，将现代性视为一种外在的规约力量和具有强制性的历史趋势，或者陷入现代性价值判断的泥沼不能自拔。而且，多数现代性研究集中于对宏大社会现象的意义挖掘，忽视了现代性内在品质的重要性。正是基于对以上问题的反思，本书从现代性的建构性入手，把"认同"这一关注人们内在意识的概念纳入现代性描述，提出"认同是现代性建构的内在尺度"的观点。

具体而言，作者认为，从社会建构论的立场看，现代性具有建构性的特征，即人们对于什么是现代性的理解实际上取决于当时理解者的意识水平和社会环境，现代性因而成为不断更新的规划和想象，具有无限的丰富性。虽然建构性是现代性的一个本质属性，但是人们并不是一开始就认识到这一点，相反，早期现代性时期社会人文领域的变革远不及经济政治领域的快，其建构性特征是逐渐显现的。如果将现代性理解为现代化——以 GDP 为衡量指标——的结果，现代性似乎就是对现代化社会的客观概括；如果将现代性理解为指向未来的文化想象与秩序方案规划，以开放性和不确定性为内核，现代性与主体建构的关系就会显示出来。❶

现代性的建构性显示出现代性表现自身的无限丰富的可能性。作者从建构尺度或向度上，将现代性的研究内容归结为外在尺度和内在尺度两大类。对于宏大社会现象、客观社会事实一类的描述与研究，属于现代性的外在尺度；而对于现代性中人们的自我意识、社会心理、思维原则等的研究，构成现代性的内在尺度。现代性给人类带来的影响是全方位的，不仅改变了外在的世界、社会的制度设置与运作，而且完全改变了我们日常生活的实质，❷ 甚至使私人间的亲密关系都发生了嬗变。

认同是现代性建构的内在尺度。历史性的认同问题出现于人们普遍对归属感受、意义感受模糊不清之时，只有在现代社会，迅速变化和流动的现实、不断被修改或抛弃的规则才会将人们抛入认同的危机之中。因此，认同的努力反映了人类意识深处的"本体性安全"需求，通过认同研究，思想观念、情感、利益、身份因素的考量进入现代性的理解之中。现代性的内在性通过认同得到体现，我们比以往任何时候更能反观自己时代的性质与特征。现代性与认同问题不再是两个不同的话题，而是有内在联系的两个面相，其中，认同问题是现代性的问题之一。

---

❶ S. N. 艾森斯塔特. 反思现代性 [M]. 旷新年，王爱松，译. 北京：生活·读书·新知三联书店，2006：7.

❷ 安东尼·吉登斯. 现代性与自我认同 [M]. 赵旭东，方文，译. 北京：生活·读书·新知三联书店，1998：1.

二、现代认同是现代性的内在品质

通过对认同概念历史演变的梳理，本书认为认同问题是逐渐凸显出来的。以理性、自由、解放等为原则开出的现代性世界，首先带给人类的是振奋人心的创造、活力、理想以及巨大的生产力，广为散布的是现代性的外在、客观的成就。启蒙现代性的历史图景尚未展开，现代性逻辑中潜在破坏性的一面也尚不为人所知。那时，认同问题只是一个哲学思辨中的"同一性"问题，还没有演变为社会科学领域中主体性的危机。心理学和社会心理学关于"自我同一性"问题的研究，揭示出人的"自我"概念形成的内在心理机制。埃里克森的"人格发展阶段论"指出，对自我的确认是一个人终其一生都要面对的问题。社会心理学研究了自我意识的组成，将认同从传统心理学的人格范畴中释放到个人与群体的社会关系的确立过程中。当代哲学、社会学对认同问题的讨论，使认同从长期的遮蔽状态中凸显出来。

认同的理论研究指向现代性。通过观察群体行为和群体心理的关系，社会心理学家泰费尔等提出社会认同理论，指出在人们的群体内或群体外行为中，主观的群体归属感与客观的群体利益一样发生作用，影响群体态度和群体关系；人的社会自我的意识是其个人自我的意义来源和组成部分。社会认同理论为社会学研究各种认同现象提供了较为坚实的经验依据。通过将认同现象和认同问题与更为广阔的现代性条件联系起来，我们发现认同其实是一种现代的现象。正如泰勒在《现代性之隐忧》中所传达的，现代性在其繁荣昌盛的表象下，难掩共同性衰落、意义失落和在自由中遭受奴役的困窘，现代性的隐忧其实就是认同的危机。

认同问题的现代性质使其成为"现代认同"，现代认同是现代社会各种认同的共有性质，而认同所具有的意义构造特点，恰与现代性的一极"意向性"（intentionality）——另一极为"外延性"（extensionality）❶——相契合，因

---

❶　吉登斯认为，外延性和意向性是现代性的两极。现代性的外延性就是它的扩张性，意向性是指现代性对人的内在影响，深入人的自我认同。参见安东尼·吉登斯. 现代性与自我认同［M］. 赵旭东，方文，译. 北京：生活·读书·新知三联书店，1998：1.

此，可以认为现代认同是现代性的内在品质。现代社会的认同危机反映的是现代性思维的危机，是现代性中固有的信念冲突和逻辑悖论在人们内心的困扰，现代性不仅与进步、乐观、创造、开放、自由、解放的信念相联系，它还与颓废、奴役、破坏、暴力、毁灭、风险等可怕的后果相联系。

本书认为，通过将现代认同确立为现代性的内在品质，有助于我们深度剖析现代性的内在矛盾性，把握现时代认同危机的根源，为走出时代困境——表现为社会散众化、缺乏共同意义、普遍的焦虑等——反思和修改我们的现代性信念，重建人类的共同意义。

三、多元现代性与集体认同的不同建构模式有关

在现代性的模式上，存在"一元现代性"与"多元现代性"之争论。以经典现代化理论为代表的经典现代性，本质上是一种一元现代性。经典现代性对现代社会各个领域的普遍性原则进行了概括，例如，政治领域的民主选举、代议制、任期制，经济领域的私有化、市场经济制度，文化领域的个体主义、自由主义等，这些具有西方传统社会背景的信念被认为具有普适性，认为欧美国家现代化的模式是不发达国家发展的范本。"一元现代性"的模式论被指责含有"西方中心主义"的意识形态偏见，是一种霸权思维。以艾森斯塔特为代表的"多元现代性"论者认为，从西方社会生发的现代性，是一种拥有独特制度和文化特征的文明形态，它从欧洲向整个世界的扩张，不是原封不动地复制，而是遇到地方情境后，产生"几个基本的变种及其持续反应"，[1] 形成了现代性多元化的发展逻辑。詹姆逊则认为真正的多样化难以实现，在经济、文化和日常生活的许多领域，世界各国不是日渐不同，而是正在变得相似或者标准化，文化和传统正在被改造或被消灭，成为一种"现时的发明"。[2] 本书认为，关于现代性是"一元"还是"多元"的争论，取决于论者对"什么是现代性"问题的理解，本质上是对现代性的影响力及前景的不同判断。作者

---

[1] S. N. 艾森斯塔特. 反思现代性 [M]. 旷新年，王爱松，译. 北京：生活·读书·新知三联书店，2006：8.

[2] 谢少波，王逢振. 文化研究访谈录 [M]. 北京：中国社会科学出版社，2003：104.

以为，无论何种现代性，都需借助认同才能转变为实际的行动和思想，从认同尤其是集体认同入手，既可以避免落入"一元"还是"多元"的选择困境，又可以从集体认同的建构上发现现代性的异同。

依据社会建构论，一切心理现象都有建构的痕迹，认同也不例外。在现代性条件下，认同的集体性、社会性、建构性更加明显。基于"任何认同都是集体认同"的认识，本书选取集体认同作为基本的研究单位，分析认同的建构元素与建构模式，及其与现代性特征之间的关系。本书认为，认同总是发生在社会实践的领域内，人们基于各种特定的考虑和认识选择相应的认同内容和认同方式，因此，种族、性别、阶层、文化、宗教、语言、地域等各种通常用来将人分类的因素都是集体认同的建构元素。然而不同元素之于个人或群体的重要性并不相同，更进一步地看，认同建构也应当是有层次性的。受到方文教授用"群体资格"分析多元社会认同的启发，本书创建了一种"认同的层级体系图"：由居于核心位置的"元认同"、中间位置的"主体认同"以及外围的"衍生认同"三大类认同构成的同心圆式认同体系模型。其中，元认同是关于个体的元特征集的认同建构过程；主体认同是人们通过社会化而习得和认可的认同；衍生认同是人们主动努力选择的认同。本书同时分析了不同位置的认同元素的社会功能。

在"认同的层级体系论"的基础上，本书提出有别于"结构视野的模式"的"元素凸显的模式"。本书认为，由于不同国民对元认同、主体认同、衍生认同中主要建构元素的显要性认识不一，从而使每一层级中得到凸显的元素不同，最终导致认同差异和对现代性理解的分歧，使现代性出现多元化。因此，多元现代性与集体认同的不同建构模式有关。

四、中国现代性的确立与集体认同建构同步

关于中国现代性问题的回答，对于概括中国当代社会的性质，把握中国现代化建设的品格，理解中国现代性与西方现代性的关系，都具有重要的意义。通过回顾中国近代以来一百多年的现代化发展史，本书认为，从鸦片战争到新中国成立的一段时期内，中国的现代化尝试和向现代型国家转型的努力，以及由五四运动开启的文化层面的"启蒙现代性"传播，构成中国现代性的历史

资源。这一时期中国现代性处于艰难的萌生之中，民族认同和文化认同之于中国人的重要性，远远超过了个体的自我认同。新中国的成立，使中国终于争取到现代性的身份与资格，马克思主义在这场斗争中起到了极其重要的作用。从改革开放前的共产主义构想，到改革开放后的社会主义初级阶段构想，中国在探索一条适合自己的道路，建构一种既联系自身传统，又能够被世界接纳的现代性。在有关中国现代性的研究中，郑杭生教授提出"新型现代性"的概念，明确比较和区分了中国现代性的理念追求与西方"旧式现代性"的差异。本书赞同"新型现代性"的观点，并认为中国由于在起点和发展路径上与西方不同，决定了中国现代性的具体特征必然会有所不同。

中国现代性的成长过程同样也伴随认同问题的出现。自改革开放以来，认同的分化加快，认同的建构趋于多样化。本书认为，社会认同的削弱既是现代社会世界普遍存在的问题，也是中国现代性自身的特殊轨迹使然。中国在向现代型社会的转型过程中，以往时期积累的因素，历史资源的贡献与制约，时事事件与传统话语的交织，都会使认同问题增多，认同建构复杂化。本书以农民工阶层的社会认同建构和女权运动为两个典型例证，说明中国现代性中集体认同建构的特点。农民工阶层的社会认同建构，充分体现了中国现代性的特殊性，庞大的农村流动人口要在相对较短的时期内转移出农业，城乡二元的户籍制度壁垒尚未去除，这些制约因素将形塑中国现代性的独特性。而在另一方面，中国的女权运动虽然时间不长，但却映照了西方女权思想的基本思路。作者认为，中国女权运动的兴起说明了中国现代性与西方现代性的共同性。

本书最后认为，在全球化的语境中，中国现代性面临机遇和挑战，如何在一个价值观开放多元的时代，建构有效的社会认同，以意义共同性统摄利益共同性，培育和彰显中国的"软实力"，仍然是有待继续深入讨论的课题。

参考文献

一、著作类

[1] 郑杭生. 中国人民大学社会发展报告（2008）［M］. 北京：中国人民大学出版社，2009.

[2] 郑杭生. 中国特色社会学理论的探索：社会运行论、社会转型论、学科本土论、社会互构论［M］. 北京：中国人民大学出版社，2005.

[3] 郑杭生. 社会学概论新修（修订本）［M］. 北京：中国人民大学出版社，1998.

[4] 郑杭生. 本土特质与世界眼光［M］. 北京：北京大学出版社，2006.

[5] 郑杭生，李路路，等. 当代中国城市社会结构：现状与趋势［M］. 北京：中国人民大学出版社，2004.

[6] 杨敏. 社会行动的意义效应：社会转型加速期现代性特征研究［M］. 北京：中国人民大学出版社，2005.

[7] 于海. 西方社会思想史［M］. 上海：复旦大学出版社，2004.

[8] 周宪. 文化现代性精粹读本［M］. 北京：中国人民大学出版社，2006.

[9] 风笑天. 社会学研究方法［M］. 北京：中国人民大学出版社，2001.

[10] 文军. 西方社会学理论：经典传统与当代转向［M］. 上海：上海人民出版社，2006.

[11] 文军. 承传与创新：现代性、全球化与社会学理论的变革［M］. 上海：华东师范大学出版社，2004.

[12] 李友梅，肖瑛，黄晓春. 社会认同：一种结构视野的分析——以美、德、日三国为例［M］. 上海：上海人民出版社、格致出版社，2007.

[13] 李友梅，等. 中国社会生活的变迁［M］. 北京：中国大百科全书出版社，2008.

[14] 周晓虹. 现代西方社会心理学流派［M］. 南京：南京大学出版社，1990.

[15] 张一兵，周晓虹，周宪. 社会理论译丛：第二辑［M］. 南京：南京大学出版社，2004.

[16] 韩长赋. 中国农民工的发展与终结［M］. 北京：中国人民大学出版社，2007.

[17] 张秋锦，等. 农本论——当代中国农民问题思考 [M]. 北京：中国农业出版社，2008.

[18] 国务院研究室课题组. 中国农民工调研报告 [M]. 北京：中国言实出版社，2006.

[19] 谢建社. 新产业工人阶层——社会转型中的"农民工" [M]. 北京：社会科学文献出版社，2005.

[20] 汪晖. 汪晖自选集 [M]. 桂林：广西师范大学出版社，1997.

[21] 刘小枫. 现代性社会理论绪论 [M]. 上海：生活·读书·新知三联书店，1998.

[22] 王小章. 经典社会理论与现代性 [M]. 北京：社会科学文献出版社，2006.

[23] 段怀清. 传统与现代性 [M]. 杭州：浙江大学出版社，2007.

[24] 钱广华. 现代西方哲学评析 [M]. 合肥：安徽大学出版社，1996.

[25] 冒从虎，张庆荣，王勤田. 欧洲哲学通史：下卷 [M]. 天津：南开大学出版社，1992.

[26] 华红琴. 社会心理学原理和应用 [M]. 上海：上海大学出版社，2004.

[27] 黄平，罗红光，许宝强. 当代西方社会学·人类学新词典 [M]. 长春：吉林人民出版社，2003.

[28] 沙莲香. 社会心理学 [M]. 北京：中国人民大学出版社，1987.

[29] 沙莲香. 社会心理学 [M]. 北京：中国人民大学出版社，2002.

[30] 张春兴. 张氏心理学大词典 [M]. 上海：上海辞书出版社，1992.

[31] 费穗宇，张潘仕. 社会心理学词典 [M]. 石家庄：河北人民出版社，1988.

[32] 贾春增. 外国社会学史（修订本）[M]. 北京：中国人民大学出版社，2000.

[33] 王成兵. 当代认同危机的人学解读 [M]. 北京：中国社会科学出版社，2004.

[34] 谢少波，王逢振. 文化研究访谈录 [M]. 北京：中国社会科学出版社，2003.

[35] 杨莉萍. 社会建构论心理学 [M]. 上海：上海教育出版社，2006.

[36] 李维. 社会心理学新发展 [M]. 上海：上海教育出版社，2006.

[37] 陆学艺. 当代中国社会阶层研究报告 [M]. 北京：社会科学文献出版社，2002.

[38] 宋林飞. 关于新的社会阶层研究的几个问题 [M] //探索 求实 创新. 中共江苏省委统战部，2004.

[39] 中国共产党第十六次全国代表大会文件汇编 [M]. 北京：人民出版社，2002.

[40] 李拓. 和谐的音符——中国新兴社会阶层调查与分析 [M]. 北京：中国方正出版社，2008.

[41] 张英洪. 农民权利论 [M]. 北京：中国经济出版社，2007.

[42] 严行方. 农民工阶层 [M]. 北京：中华工商联合出版社，2008.

[43] 刘传江，徐建玲，等. 中国农民工市民化进程研究 [M]. 北京：人民出版社，2008.

［44］赫广义. 城市化进程中的农民工问题［M］. 北京：中国社会科学出版社，2007.

［45］李强. 农民工与中国社会分层［M］. 北京：社会科学文献出版社，2004.

［46］李培林，李强，马戎. 社会学与中国社会［M］. 北京：社会科学文献出版社，2008.

［47］奚广庆，王谨. 西方新社会运动初探［M］. 北京：中国人民大学出版社，1993.

［48］李银河. 妇女：最漫长的革命［M］. 北京：中国妇女出版社，2007.

［49］李银河. 女性权力的崛起［M］. 北京：文化艺术出版社，2003.

［50］王金铃. 女性社会学［M］. 北京：高等教育出版社，2005.

［51］杨英慧. 女性、女性主义、性革命［M］. 台北：合志文化事业股份有限公司，1988.

［52］马克思，恩格斯. 马克思恩格斯选集：第 3 卷［M］. 北京：人民出版社，1972.

［53］马克思，恩格斯. 马克思恩格斯全集：第 21 卷［M］. 北京：人民出版社，1972.

［54］马克思，恩格斯. 马克思恩格斯全集：第 23 卷［M］. 北京：人民出版社，1972.

［55］全国妇女联合会. 马克思恩格斯列宁斯大林论妇女［M］. 北京：人民出版社，1978.

［56］马克思主义著作选读［M］. 北京：高等教育出版社，1994.

［57］王政，杜芳琴. 社会性别研究选译［M］. 北京：生活·读书·新知三联书店，1998.

［58］陈旭麓. 近代中国社会的新陈代谢［M］. 上海：上海人民出版社，1992.

［59］梁启超. 梁启超选集［M］. 上海：上海人民出版社，1984.

［60］谭琳，姜秀花. 中国妇女组织发展的理论与实践［M］. 北京：社会科学文献出版社，2007.

［61］胡希伟. 观念的选择：20 世纪中国哲学与思想透析［M］. 昆明：云南人民出版社，2002.

［62］冯友兰. 中国哲学史［M］. 北京：中华书局，1985.

［63］门洪华. 中国：软实力方略［M］. 杭州：浙江人民出版社，2007.

［64］侯钧生. 西方社会学理论教程［M］. 2 版. 天津：南开大学出版社，2007.

［65］陈剑. 中国新的社会阶层研究［M］. 北京：学苑出版社，2017.

［66］ABBOTT PAMELA，WALLACE CLAIRE. 女性主义观点的社会学［M］. 台北：巨流文化出版社，1996.

［67］斯蒂文·塞德曼. 有争议的知识——后现代时代的社会理论［M］. 北京：中国人民大学出版社，2002.

［68］阿兰·图海纳. 我们能否共同生存？——既彼此平等又互有差异［M］. 狄玉明，李平沤，译. 北京：商务印书馆，2003.

［69］曼纽尔·卡斯特. 认同的力量［M］. 夏铸九，黄丽玲，等 译. 北京：社会科学文献出版社，2003.

［70］曼纽尔·卡斯特. 认同的力量［M］. 2 版. 曹荣湘，译. 北京：社会科学文献出版社，2006.

［71］马歇尔·伯曼. 一切坚固的东西烟消云散了——现代性体验［M］. 徐大建，张辑，译. 北京：商务印书馆，2003.

［72］齐格蒙特·鲍曼. 流动的现代性［M］. 欧阳景根，译. 上海：上海三联书店，2002.

［73］齐格蒙特·鲍曼. 共同体［M］. 欧阳景根，译. 南京：江苏人民出版社，2003.

［74］齐格蒙特·鲍曼. 个体化社会［M］. 范祥涛，译. 上海：上海三联书店，2002.

［75］尼格尔·多德. 社会理论与现代性［M］. 北京：社会科学文献出版社，2002.

［76］塞谬尔·亨廷顿. 现代化：理论与历史经验的再探讨［M］. 张景明，译. 上海：上海译文出版社，1993.

［77］塞谬尔·亨廷顿. 文明的冲突［M］. 周琪，译. 北京：新华出版社，2013.

［78］米歇尔·艾伦·吉莱斯皮. 现代性的神学起源［M］. 张卜天，译. 长沙：湖南科学技术出版社，2012.

［79］微软（中国）有限公司，清华大学社会学系. 农民工：社会融入与就业［M］. 北京：社会科学文献出版社，2008.

［80］罗洛·梅. 人寻找自己［M］. 冯川，陈刚，译. 贵阳：贵州人民出版社，1991.

［81］乔治·H. 米德. 心灵、自我与社会［M］. 赵月瑟，译. 上海：上海译文出版社，1992.

［82］G. H. 米德. 十九世纪的思想运动［M］. 陈虎平，刘芳念，译. 北京：中国城市出版社，2003.

［83］鲁思·华莱士，艾莉森·沃尔夫. 当代社会学理论——对古典理论的扩展（第六版）［M］. 刘少杰，等 译. 北京：中国人民大学出版社，2008.

［84］RUPERT BROWN. 群体过程（第 2 版）［M］. 胡鑫，庆小飞，译. 北京：中国轻工业出版社，2007.

［85］彼特·布劳. 不平等和异质性［M］. 王春光，谢圣赞，译. 北京：中国社会科学出版社，1991.

［86］戴维·迈尔斯. 社会心理学（第 8 版）［M］. 侯玉波，乐国安，张智勇，等 译. 北京：人民邮电出版社，2006.

［87］E. 迪尔凯姆. 社会学方法的准则［M］. 狄玉明，译. 北京：商务印书馆，1999.

［88］S. N. 艾森斯塔特. 反思现代性［M］. 旷新年，王爱松，译. 北京：生活·读书·新知三联书店，2006.

［89］安德鲁·芬伯格. 可选择的现代性［M］. 陆俊，严耕，等 译. 北京：中国社会科学

出版社，2003.

[90] 布尔迪厄. 文化资本与社会炼金术——布尔迪厄访谈录［M］. 包亚明，译［M］. 上海：上海人民出版社，1997.

[91] 布尔迪厄. 世界的苦难：布尔迪厄的社会调查［M］. 张祖建，译. 北京：中国人民大学出版社，2017.

[92] 西格蒙德·弗洛伊德. 文明及其不满［M］. 严志军，张沫，译. 杭州：浙江文艺出版社，2019.

[93] 弗里德里希·尼采. 快乐的知识［M］. 黄明嘉，译. 北京：中央编译出版社，2009.

[94] 弗兰西斯·福山. 历史的终结［M］. 黄胜强，许铭原，译. 呼和浩特：远方出版社，1998.

[95] 丹尼尔·贝尔. 意识形态的终结：五十年政治观念衰微之考察［M］. 张国清，译. 南京：江苏人民出版社，2001.

[96] 伊曼努尔·华勒斯坦. 自由主义的终结［M］. 郝名玮，张凡，译. 北京：社会科学文献出版社，2002.

[97] 伊曼纽尔·沃勒斯坦. 所知世界的终结——二十一世纪的社会科学［M］. 冯炳昆，译. 北京：社会科学文献出版社，2002.

[98] 亚历山大·温特. 国际政治的社会理论［M］. 秦亚青，译. 上海：上海人民出版社，2008.

[99] 阿列克斯·英克尔斯. 从传统人到现代人：六个发展中国家的个人变化［M］. 顾昕，译. 北京：中国人民大学出版社，1992.

[100] E. 霍鲍姆布斯，T. 兰格. 传统的发明［M］. 顾杭，庞冠群，译. 南京：译林出版社，2004.

[101] 安东尼·吉登斯，克里斯多弗·皮尔森：现代性——吉登斯访谈录［M］. 北京：新华出版社，2001.

[102] 安东尼·吉登斯. 现代性与自我认同［M］. 赵旭东，方文，译. 北京：生活·读书·新知三联书店，1998.

[103] 安东尼·吉登斯. 为社会学辩护［M］. 周红云，陶传进，徐阳，译. 北京：社会科学文献出版社，2003.

[104] 安东尼·吉登斯. 现代性的后果［M］. 田禾，译. 南京：译林出版社，2000.

[105] 安东尼·吉登斯. 社会理论与现代社会学［M］. 文军，赵勇，译. 北京：社会科学文献出版社，2003.

[106] 安东尼·吉登斯. 亲密关系的变革——现代社会中的性、爱和爱欲［M］. 陈永国，

汪民安，等 译. 北京：社会科学文献出版社，2001.

[107] 马泰·卡林内斯库. 现代性的五副面孔 [M]. 顾爱彬，李瑞华，译. 北京：商务印书馆，2004.

[108] 达尼洛·马尔图切利. 现代性社会学：二十世纪的历程 [M]. 姜志辉，译. 南京：译林出版社，2007.

[109] 查尔斯·泰勒. 现代性之隐忧 [M]. 程炼，译. 北京：中央编译出版社，2001.

[110] 查尔斯·泰勒. 自我的根源：现代认同的形成 [M]. 南京：译林出版社，2001.

[111] 乔纳森·特纳. 社会学理论的结构（第6版）[M]. 周艳娟，译. 北京：华夏出版社，2001.

[112] 托马斯·弗里德曼. 世界是平的——21世纪简史 [M]. 何帆，肖莹莹，郝正非，译. 长沙：湖南科学技术出版社，2009.

[113] 尤尔根·哈贝马斯. 重建历史唯物主义 [M]. 郭官义，译. 北京：社会科学文献出版社，2000.

[114] 诺贝特·埃利亚斯. 文明的进程：文明的社会起源和心理起源的研究Ⅱ [M]. 袁志英，译. 北京：生活·读书·新知三联书店，1999.

[115] 诺贝特·埃利亚斯. 个体的社会 [M]. 翟三江，陆兴华，译. 南京：译林出版社，2003.

[116] 杰弗里·亚历山大. 社会学二十讲：二战以来的理论发展 [M]. 北京：华夏出版社，2000.

[117] 埃里克森. 同一性：青少年与危机 [M]. 孙名之，译. 杭州：浙江教育出版社，2000.

[118] 乔纳森·弗里德曼. 文化认同与全球性过程 [M]. 郭建如，译. 北京：商务印书馆，2003.

[119] 玛依玳·阿尔毕丝杜尔·丹尼尔，阿尔莫扎特. 中世纪以来法国女权运动史 [M]. 北京：中国妇女出版社，1977.

[120] 新标准百科全书：W [M]. 美国芝加哥标准教育公司，1982.

[121] M. A. 里夫. 当代政治思想词典 [M]. 英国曼彻斯特大学出版社，1987.

[122] 美利沙·塔特尔. 女权主义百科全书 [M]. 朗曼有限公司，1986.

[123] 卢曼. 社会系统 [M]. Suhrkamp 出版社，1984.

[124] 福柯. 监视和惩罚 [M]. 巴黎：Gallimard 出版社，1975.

[125] S N EISENSTADT. Comparative civilization and multiple modemities：Two vol [M]. Leiden：Brill, 2003.

[126] ANTHONY GIDDENS. Capitalism and modern social theory [M]. Beijing: Peking University Press, 2006.

[127] ULRICH BECK, ANTHONY GIDDENS, SCOTT LASH. Reflexive moderninization: politics, tradition and aesthetics in the modern social order [M]. Polity Press, 1997.

[128] JANE KROGER. Discussions on ego identity [M]. London: Lawrence Erlbaum Associates, 1993.

[129] JOSEPH E DAVIS. Identity and social change [M]. Transaction Publishers, New Brunswick, 2000.

[130] H TAFEL. Differentiation between social groups: studies in the social psychology of intergroup relations [M]. London: Academic Press, 1978.

[131] MCCALL, SIMMONS. Identity and interaction [M]. New York: Basic Books, 1960.

[132] H TAJFEL, J C TURNER. The social identity theory of intergroup behavior [J]. Psychology of Intergroup Relations, 1986 (3).

[133] JAMES D FAUBIAN. Modern Greek lessons: a primer in historical constructivism [M]. Princeton: Princeton University Press, 1933.

[134] P L BERGER, T LUCKMANN. The social construction of reality [M]. New York: Doubleday, 1997.

[135] G W ALLPORT. Handbook of social psychology [M]. Clark Univ. Press, 1935.

[136] D RICHARDSON, V ROBINSON. Introducing women's studies [M]. Macmillan, 1993.

[137] SIMONE DE BEAUVOIR. The second sex Harmondsworth (Middx) [M]. Penguin, 1972.

[138] GERARD DELANTY. Social theory in a changing world: conceptions of modernity [M]. Cambridge: Polity, 1999.

[140] OAKLEY AN. Sex, gender, and society [M]. Oxford, Martin Robertson, 1972.

[141] MILLER C TREITEL C. Feminist research methods: an annotated bibliography [M]. Greenwood Press, 1991.

[142] GEORG SIMMEL. The conflict in modern culture [M]. New York: Tearcher College, Columbia University, 1968.

[143] VIVIEN BURR. Social constructionism [M]. Routledge, 2003.

[144] VIVIEN BURR. An introduction to social constructionism [M]. Routledge, 1995.

[145] IRIGARAY. Je, Tu, Nous: Toward a culture of difference [M]. New York and London: Routedge, 1993.

二、学术论文

[1] 郑杭生. 新型现代性及其在中国的前景 [J]. 学术月刊, 2006 (2).

[2] 郑杭生. 论社会建设与"软实力"的培育——一种"大传统"和"小传统"的社会学视野 [J]. 社会科学战线, 2008 (10).

[3] 郑杭生. 社会学视野下的"中国经验" [N]. 光明日报, 2009 – 12 – 03.

[4] 郑杭生, 杨敏. 社会互构论的提出——对社会学学术传统的审视和快速转型期经验现实的反思 [J]. 中国人民大学学报, 2003 (4).

[5] 郑杭生, 杨敏. 社会实践结构性巨变下的社会矛盾 [J]. 探索与争鸣, 2006 (10).

[6] 郑杭生, 刘精明. 转型加速期城市社会分层结构的划分 [J]. 社会科学研究, 2004 (2).

[7] 郑杭生. 改革开放 30 年: 日趋成熟的中国社会学——有关中国社会学发展全局的几个重大问题 [J]. 江苏社会科学, 2008 (3).

[8] 郑杭生. 农民市民化: 当代中国社会学的重要研究主题 [J]. 甘肃社会科学, 2005 (4).

[9] 郑杭生, 潘鸿雁. 社会转型期农民外出务工现象的社会学视野 [J]. 探索与争鸣, 2006 (1).

[10] 郑杭生. 社会互构的理路与东亚的共同繁荣 [J]. 河北学刊, 2005 (2).

[11] 江立华. 论农民工在城市的生存与现代性 [J]. 郑州大学学报, 2004 (1).

[12] 江立华, 等. 居村农民与农民工的社会风险意识考察 [J]. 学术界, 2005 (4).

[13] 江立华. 论农民工权益保障的环境建构 [J]. 华中师范大学学报 (人文社会科学版), 2006 (6).

[14] 江立华. 转型期城市农民工的犯罪与社会控制 [J]. 江苏社会科学, 2002 (2).

[15] 江立华. 论城市农民工的平等竞争权问题 [J]. 华中师范大学学报 (人文社会科学版), 2002 (4).

[16] 江立华. 城市性与农民工的城市适应 [J]. 社会科学研究, 2003 (5).

[17] 谢立中. "现代性"及其相关概念词义辨析 [J]. 北京大学学报 (哲学社会科学版), 2001 (5).

[18] 孔诰烽. 从"早期现代性"、"多元现代性"到"儒家现代性" [J]. 读书, 2002 (4).

[19] 刘少杰. 当代社会学的理性化反省与感性论转向 [J]. 中国人民大学学报, 2008 (3).

[20] 刘少杰. 中国社会调查的理论前提 [J]. 社会学研究, 2000 (2).

[21] 苏国勋. 社会学与社会建构论 [J]. 国外社会科学, 2002 (1).

[22] 张友庭. 多元现代性理论及其对中国研究的启示 [J]. 人文杂志, 2008 (2).

[23] 刘金增. 泰勒现代认同思想的体系 [J]. 广西社会科学, 2006 (5).

[24] 马珂. 哈贝马斯集体认同理论的发展及其对中国的意义 [J]. 学术探索, 2007 (5).

[25] 万俊人. 普世伦理及其方法问题 [J]. 哲学研究, 1998 (10).

[26] 万俊人. "现代性"的"中国知识" [J]. 学术月刊, 2001 (3).

[27] 方敏. 现代性的历史进程、内涵和实质 [J]. 安徽师范大学学报（人文社会科学版）, 2007 (5).

[28] 王贵楼. 现代性：多元动荡下的恒定质追问与求解 [J]. 中国人民大学学报, 2008 (4).

[29] 庞立生, 王艳华. 现代性的变革与当代社会学理论的发展趋向 [J]. 吉林大学社会科学学报, 2008 (3).

[30] 赵景来. 关于"现代性"若干问题研究综述 [J]. 中国社会科学, 2001 (4).

[31] 周宪. 现代性与本土问题 [J]. 文艺研究, 2000 (2).

[32] 周宪. 现代化研究：主持人絮语 [J]. 南京大学学报, 1999 (3).

[33] 金耀基. 论中国的"现代化"与"现代性"——中国现代的文明秩序的建构 [J]. 北京大学学报（哲学社会科学版）, 1996 (1).

[34] 张琳. 现代性：规范、反思、建构——对当代中国现代性建构的思考 [J]. 江海学刊, 2006 (1).

[35] 张莹瑞, 佐斌. 社会认同理论及其发展 [J]. 心理科学进展, 2006, 14 (3).

[36] 王沛, 刘峰. 社会认同理论视野下的社会认同威胁 [J]. 心理科学进展, 2007, 15 (5).

[37] 周晓虹. 认同理论：社会学与心理学的分析路径 [J]. 社会科学, 2008 (4).

[38] 李慧敏, 张洁. 选择与自恋：现代性条件下自我认同的机制 [J]. 河南大学学报（社会科学版）, 2006 (1).

[39] 洪小雁. 现代性自我认同中的二律背反 [J]. 科教文汇（上旬刊）, 2007 (11).

[40] 郁晓晖, 张海波. 失地农民的社会认同与社会建构 [J]. 中国农村观察, 2006 (1).

[41] 李春玲. 阶层的身份认同 [J]. 江苏社会科学, 2004 (6).

[42] 杨芳. "现代性是一项未竟的事业"——哈贝马斯现代性理论探究 [J]. 贵州大学学报（社会科学版）, 2006 (6).

[43] 安秋玲, 王小慧. 社会同一性理论述评 [J]. 石家庄学院学报, 2007 (3).

[44] 靖建新, 王兰锋. Erikson 的自我同一性理论及其评价 [J]. 华北水利水电学院学报（社科版）, 2008 (1).

[45] 陶日贵. 从马克思到鲍曼：现代性理论的转型 [J]. 广东社会科学, 2008 (2).

[46] 郭金山. 西方心理学自我同一性概念的解析 [J]. 心理科学进展, 2003, 11 (2).

[47] 王成兵, 张志斌. 认同危机：一个现代性问题 [J]. 新视野, 2005 (4).

[48] 王成兵. 试论个体认同与集体认同之间的内在关系 [J]. 理论学刊, 2007 (8).

[49] 周晓虹. 流动与城市体验对中国农民现代性的影响 [J]. 社会学研究, 1998 (5).

[50] 李世涛. 现代性的多元之维——艾森斯塔特的"多元现代性"观念及其对中国的启发 [J]. 厦门大学学报 (哲学社会科学版), 2007 (2).

[51] 李世涛. 现代性视域中的中国问题——詹姆逊与中国现代性道路的选择 [J]. 东南学术, 2005 (5).

[52] 查尔斯·泰勒. 现代认同——在自我中寻找人的本性 [J]. 陶庆, 译. 求是学刊, 2005 (5).

[53] 杨正喜. 经典现代化理论的源流与评估 [J]. 社会, 2004 (11).

[54] 邰哈斯其木格. 经典现代化理论的局限性及其重要启示 [J]. 内蒙古大学学报 (哲学社会科学版), 2009 (2).

[55] 陆扬. 关于后现代话语中的现代性 [J]. 文艺研究, 2003 (4).

[56] 李友梅. 重塑社会认同与探索社会自我调适系统 [J]. 探索与争鸣, 2007 (2).

[57] 新社会阶层释义 [J]. 现代班组, 2008 (4).

[58] 张卫, 张春龙. 新社会阶层的社会特征分析——以江苏为例 [J]. 江海学刊, 2006 (4).

[59] 文道贵. 当代中国新社会阶层的特点解析 [J]. 理论月刊, 2004 (1).

[60] 李强. 改革开放 30 年来中国社会分层结构的变迁 [J]. 北京社会科学, 2008 (5).

[61] 王兴周, 张文宏. 城市性: 农民工市民化的新方向 [J]. 社会科学战线, 2008 (12).

[62] 甘满堂. 社会学的内卷化理论与城市农民工问题 [J]. 福州大学学报 (哲学社会科学版), 2005 (1).

[63] 张翼, 薛进军. 中国的阶层结构与收入不平等 [J]. 甘肃社会科学, 2009 (1).

[64] 刘传江, 程建林. 第二代农民工市民化: 现状分析与进程测度 [J]. 人口研究, 2008 (5).

[65] 潘泽泉. 底层生态和秩序建构: 基于农民工问题的实证研究 [J]. 湖南师范大学社会科学学报, 2008 (5).

[66] 刘传江. 中国农民工市民化研究 [J]. 理论月刊, 2006 (10).

[67] 王春光. 农民工的社会流动和社会地位的变化 [J]. 江苏行政学院学报, 2003 (4).

[68] 王春光. 新生代农村流动人口的社会认同与城乡融合的关系 [J]. 社会学研究, 2001 (3).

[69] 谢勇. 农民工劳动权益影响因素的实证研究——以南京市为例 [J]. 中国人口科学, 2008 (4).

[70] 徐增阳, 姬生翔. 农民工维权行为选择偏好的测量及其影响因素——基于武汉市 1120 份调查问卷的分析 [J]. 四川大学学报 (哲学社会科学版), 2017 (2).

［71］殷娟，姚兆余. 新生代农民工身份认同及影响因素分析——基于长沙市农民工的抽样调查［J］. 湖南农业大学学报（社会科学版），2009（3）.

［72］王美艳，蔡昉. 户籍制度改革的历程与展望［J］. 广东社会科学，2008（6）.

［73］陈映芳. "农民工"：制度安排与身份认同［J］. 社会学研究，2005（3）.

［74］徐延辉，袁兰. 资本积累与农民工群体的阶层认同［J］. 社会建设，2019（1）.

［75］陈咏媛. 新中国70年农村劳动力非农化转移：回顾与展望［J］. 北京工业大学学报（社会科学版），2019（4）.

［76］丁惠峰，王克焕，郎需武. 如何提高新生代农民工就业质量［J］. 职业，2015（22）.

［77］邓睿. 身份的就业效应——"城市人"身份认同影响农民工就业质量的经验考察［J］. 经济社会体制比较，2019（5）.

［78］周贤润. 从生产主体到消费主体：消费认同与新生代农民工的身份建构——基于珠三角地区的分析［J］. 福建论坛（人文社会科学版），2018（8）.

［79］吴丽丽. 新媒体对新生代农民工市民化进程影响研究［J］. 农业经济，2017（4）.

［80］孟利艳. 新生代农民工的文化适应偏好与影响因素——基于河南省18个城市的调查［J］. 中国青年社会科学，2016（6）.

［81］李艳，孟凡强，陈军才. 新生代农民工劳资冲突行为决策——基于适应性马尔科夫链的解释［J］. 西北人口，2019（1）.

［82］周绍雪. 女性主义运动：历史与理论的演进逻辑［J］. 湖南社会科学，2009（6）.

［83］罗萍. 略论女性主义诸流派的理论与实践［J］. 浙江学刊，2000（6）.

［84］贾格尔，等. 女权主义理论概览［J］. 国外社会学，1989（1）.

［85］刘霓. 社会性别——西方女性主义理论的中心概念［J］. 国外社会科学，2001（6）.

［86］二十世纪中国女性发展史，http：//www. cctv. com/life/38/20fzs02. html.

［87］王新田. 中国近代女学发展概说［J］. 镇江师专学报，1990（4）.

［88］韩志俊，等. 我国近代史上三次妇女文化教育运动探讨［J］. 唐都学刊，1989（3）.

［89］沈智. 辛亥革命时期的女知识分子［J］. 上海社会科学院学术季刊，1991（4）.

［90］陈独秀. 东西民族根本思想之差异［J］. 青年杂志，1915（4）.

［91］张文娟. 近代妇女解放思想与五四新文化运动［J］. 齐鲁学刊，2008（1）.

［92］程绍珍. 宋庆龄民主革命时期的妇女解放思想［J］. 郑州大学学报，1991（5）.

［93］陈明秀. 中国女性文学的崛起、发展及其现代性特征［J］. 安徽农业大学学报（社会科学版），2006（3）.

［94］刘慧英. 女权/女性主义——重估现代性的基本视角［J］. 中国现代文学研究丛刊，1996（3）.

［95］陈引弛. 类型与时代：中西文化之别——"多元现代性"视野下的回顾［J］. 史林, 2005（2）.

［96］冯友兰. 中国现代民族运动之总动向［J］. 社会学界, 1936（9）.

［97］邹诗鹏. 马克思主义中国化与中国现代性的建构［J］. 中国社会科学, 2005（1）.

［98］周志强, 肖寒. 中国现代性的历史反思——汪晖访谈录［J］. 中国图书评论, 2007（3）.

［99］蔚彬. 转型期中国国家身份认同的困境［J］. 现代国际关系, 2007（7）.

［100］林聚任. 论多元现代性及其社会文化意义［J］. 文史哲, 2008（6）.

［101］刘建飞. 把脉百年未有之大变局［J］. 瞭望, 2019（9）.

［102］GLEASON P. Identifying identity：a semantic history［J］. The Journal of American History, 1983, 69（4）.

［103］BOROWSKI E J. Identity and personal identity［J］. Mind, New Series, 1976, 85（340）.

［104］MICHAEL A HOGG, DEBORAH J TERRY, KATHERINE M WHITE. A tale of two theories：a critical comparison of identity theory with social identity theory［J］. Social Psychology Quarterly, 1995, 58（4）.

［105］K J GERGEN. The social constructionist movement in modern psychology［J］. American Psychologist, 1985, 40（3）.

［106］JULIET MITCHELL. Women：the longest revolution［J］. New Left Review, 1966（11/12）.

三、文件文献

［1］共产党新闻网. 中共中央关于巩固和壮大新世纪新阶段统一战线的意见［EB/OL］. (2006 - 07 - 24). http：//cpc. people. com. cn/GB/64162/71380/102565/182142/10993375. html.

［2］人民网. 中国共产党统一战线工作条例（试行）［EB/OL］. (2015 - 09 - 23). http：//politics. people. com. cn/n/2015/0923/c1001 - 27623257. html.

［3］人民网. 全国新的社会阶层人士统战工作会议在京召开［EB/OL］. (2017 - 02 - 25). http：//politics. people. com. cn/n1/2017/0225/c1024 - 29106871. html.

［4］统战新语. 全国新的社会阶层人士统战工作会议定调，回答您最关心的两个问题！［EB/OL］. (2017 - 03 - 31). http：//www. zytzb. gov. cn/xdzcjd/84407. jhtml.

［5］国家统计局. 2009 年全国农民工监测调查报告［EB/OL］. (2010 - 03 - 19). www. stats. gov. cn/ztjc/ztfx/fxbg/201003/t20100319_16135. html.

［6］国家统计局. 2012 年全国农民工监测调查报告［EB/OL］.（2013 – 05 – 27）. http：//
www. stats. gov. cn/tjsj/zxfb/201305/t20130527_12978. html.

［7］国家统计局. 2019 年农民工监测调查报告［EB/OL］.（2020 – 04 – 30）. http：//
www. stats. gov. cn/tjsj/zxfb/202004/t20200430_1742724. html.

［8］国务院办公厅转发教育部等部门关于进一步做好进城务工就业农民子女义务教育工作的
意见［EB/OL］.（2003 – 10 – 08）. http：//www. china. com. cn/policy/txt/2003 – 10 –
08 – content_5417420. htm.

［9］中共中央国务院关于加快发展现代农业进一步增强农村发展活力的若干意见［EB/OL］.
（2012 – 12 – 31）. http：//www. gov. cn/gongbao/content/2013/content_2332767. htm.

［10］中共中央关于全面深化改革若干重大问题的决定［EB/OL］.（2013 – 11 – 15）.
http：//www. scio. gov. cn/zxbd/nd/2013/document/1374228/1374228. htm.

［11］中共中央办公厅. 关于培育和践行社会主义核心价值观的意见［EB/OL］.（2013 –
12 – 23）. http：//cpc. people. com. cn/n/2013/1223/c64387 – 23924110. html.

［12］新华网. 服务民族复兴、促进人类进步——习近平总书记在中央外事工作会议上的
重要讲话引起热烈反响［EB/OL］.（2018 – 06 – 24）. http：//www. xinhuanet. com/
politics/leaders/2018 – 06/24/c_1123026158. htm

［13］中共中央关于构建社会主义和谐社会若干重大问题的决定［EB/OL］.（2006 – 10 –
11）. http：//www. gov. cn/gouweb/gongba/content/2006/content_453176. html.

［14］胡锦涛. 坚定不移沿着中国特色社会主义道路前进　为全面建成小康社会而奋斗——
在中国共产党第十八次全国代表大会上的报告［EB/OL］.（2012 – 11 – 8）. http：//
news. china. com. cn/politics/2012 – 11/20/content_27165856. htm.

［15］习近平. 决胜全面建成小康社会 夺取新时代中国特色社会主义伟大胜利——在中国
共产党第十九次全国代表大会上的报告［EB/OL］.（2017 – 10 – 27）. http：//
cpc. people. com. cn/GB/n1/2017/1028/c64094 – 29613660. html.

［16］新华社. 中共中央关于坚持和完善中国特色社会主义制度 推进国家治理体系和治理
能力现代化若干重大问题的决定［EB/OL］.（2019 – 11 – 05）. http：//www. gov. cn/
zhengce/2019 – 11/05/content_5449023. htm.

后　记

多年前读鲁迅作品，记得他说到，每读书便要先翻看前言和后记。若是没有后记，心中顿生遗憾。此后，我也生出同样的习惯和感受，仿佛前言和后记是作者与读者间的隔空交流。由前言或序，而知所著述内容的学术初衷及知识背景与脉络，相对严肃，使读者在切入正题前有一个感觉温暖的序曲；后记则大不一样，自由得多。作者终于完成向读者呈现的全部内容，可以表达一下私人感受，或是告慰亲人或自己，为著作画上圆满的句号。因为平时心中是这样期待他人的，轮到自己出版著作时，自然不好意思省略后记。但是一时之间却又不知如何恰当且充分地表达。

本书是由我的博士论文修改而成。从生命历程的角度，博士论文不单是学术能力和水平的检验，还是青春和奋斗的见证。对读者来说，这本书所谈的是一个社会学理论的话题；对作者来说，这本书既意味着成长、见识、快乐，也意味着无奈、痛苦、挣扎。它是一段人生最重要岁月的证明和证据。下面这段文字，是当初博士论文"后记"中的一部分：

吾攻博数年，四季轮替，寒暑往来，其间有暴雪漫天，举步难行之日，亦有骤雨倾盆，令人望珠兴叹之时。爆竹声中新岁又至，心底愁云文却未绪。诸种心境，难以尽述，唯过来之人方能感同身受。某最愿记述回忆龙河之春夏。吾所居之校园，美景颇多。中有湖二座，一曰鹅池，为黑白天鹅之家；一曰眼镜湖，为画者写生、离人垂泪之雅境。校内树茂林密，花红草绿。尤怜楼角墙边之野生蔷薇。寒风犹烈时，即可见叶芽挺突，枝干劲韧，坚毅不屈；待春风拂柳，便纷出众叶，速伸茎条，一派生机；四五月间，万千幼苞竞相出世，于人所不留意处绽放，一树繁华，满枝喧闹，忽然间校园宛若花之海洋和仙境，可令一切阴霾尽散，一切忧伤遁形。吾家楼东，蔷薇高攀杉木，绽放之时，满树皆花，如天降一幕花帘。昨夜忽有风雨，今晨便落英飘荡，一地嫣红。余每至于树下，感怀无限。又因某亦名薇，更生爱情，确信花之语与我通。不畏冬之严寒，不求人之呵护，不图人之赞誉，耐得三季寂寞，只为一春绚丽。其丰满生命之激情，实为吾之向往矣。

时过境迁，当日我伏案写作的楼宇、上文极尽赞美之词的蔷薇花连同它攀援的高大水杉，已随着校园宿舍区拆迁而灰飞烟灭、不知所终了。那原地建起的高楼和将来住进高楼的人们，不会知道这块土地上的故事，那些曾经的喜怒哀乐的场景，如今保存在我的记忆里——也只能住在记忆里。同时被留在记忆里的，还有我敬爱的导师——郑杭生教授。郑老师虽然离开了我们，但是他留下的事业、他对社会学人才的关爱、对祖国的眷恋，一点都没有变少。因为，我们沿着他的脚步继续向前。即将出版的这本书，把那段博士求学时光和今日岁月，无缝连接起来。回首过去，总是难免有蹉跎岁月的慨叹。作为一个知识人，不会自我满足或许是一项基本品质。毕竟，生命越往前，自我安慰的心灵鸡汤就越令人觉得香。

最后，还是借用原后记的最后一句结束后记，希望读者能够体谅：

感怀甚深，语不择句，词不达意，不知所言，是为后记。